Português
para provas
e concursos

Dados Internacionais de Catalogação na Publicação (CIP)
(Câmara Brasileira do Livro, SP, Brasil)

Henriques, Tânia Dutra
Português para provas e concursos / Tânia Dutra Henriques. – Petrópolis, RJ : Vozes, 2019.

4ª reimpressão, 2023.

Bibliografia.
ISBN 978-85-326-6116-6

1. Português 2. Português – Concursos 3. Português – Gramática 4. Português – Problemas, exercícios etc. 5. Português – Redação I. Título

14-02725   CDD-469

Índices para catálogo sistemático:
1. Português : Linguística   469

Tânia Dutra Henriques

Português
para provas e concursos

- Ortografia
- Classes gramaticais
- Concordância nominal e verbal
- Análise sintática
- Interpretação de textos
- Redação
- Novo acordo ortográfico
- Questões com gabaritos

EDITORA VOZES

Petrópolis

© 2014, 2019, Editora Vozes Ltda.
Rua Frei Luís, 100
25689-900 Petrópolis, RJ
www.vozes.com.br
Brasil

Todos os direitos reservados. Nenhuma parte desta obra poderá ser reproduzida ou transmitida por qualquer forma e/ou quaisquer meios (eletrônico ou mecânico, incluindo fotocópia e gravação) ou arquivada em qualquer sistema ou banco de dados sem permissão escrita da editora.

CONSELHO EDITORIAL

Diretor
Volney J. Berkenbrock

Editores
Aline dos Santos Carneiro
Edrian Josué Pasini
Marilac Loraine Oleniki
Welder Lancieri Marchini

Conselheiros
Elói Dionísio Piva
Francisco Morás
Gilberto Gonçalves Garcia
Ludovico Garmus
Teobaldo Heidemann

Secretário executivo
Leonardo A.R.T. dos Santos

Diagramação: Samuel Tabosa de Castro
Capa: SGDesign

ISBN 978-85-326-6116-6

Este livro teve uma edição em 2011 pela LGE Editora e em 2014 pela Editora Vozes, com o título Português Contemporâneo.

Este livro foi composto e impresso pela Editora Vozes Ltda.

Eu queria
Agradecer, do fundo do meu coração, a Deus,
Luz do meu caminho, por mais esta realização na minha vida.
Ao Elton, querido esposo, e aos nossos preciosos filhos, Leonardo e Alvaro,
companheiros fiéis de nossa jornada, elos fortes de nossa união.
À querida Léa Maffioletti e aos caros alunos
pelo apoio e incentivo dados a esta nova edição.

Sumário

Capítulo I: Ortografia

Orientações Ortográficas, 17
Acentuação Gráfica, 25
Síntese da Unidade, 29
Hífen, 33
Divisão Silábica, 40
Exercícios de Fixação, 23, 31, 38, 41
Gabarito, 42

Capítulo II: Morfologia

Substantivo, 50
Adjetivo, 63
Artigo, 77
Numeral, 77
Pronome, 78
Advérbio, 91
Preposição, 94
Conjunção, 96
Interjeição, 98
Verbo, 99
Exercícios de Fixação, 61, 74, 75, 76, 88, 89, 90, 153
Gabarito, 161

Capítulo III: Sintaxe

Termos Essenciais da Oração, 171
Tipos de Sujeito, 172
Tipos de Predicado, 175
Transitividade dos Verbos, 176
Termos Integrantes da Oração, 178
Complemento Nominal, 181
Exercícios de Fixação, 174, 175
Gabarito, 182

Capítulo IV: Sintaxe

Orações Coordenadas, 187
Orações Subordinadas, 190
Exercícios de Fixação, 195
Gabarito, 199

Capítulo V: Sintaxe

Concordância Nominal, 203
Síntese do Assunto, 210
Exercícios de Fixação, 212
Gabarito, 215

Capítulo VI: Sintaxe

Concordância Verbal, 219
Síntese da Unidade, 229
Exercícios de Fixação, 232
Gabarito, 237

Capítulo VII: Sintaxe

Regência Verbal, 241
Síntese da Unidade, 253
Exercícios de Fixação, 255
Gabarito, 257

Capítulo VIII: Sintaxe

Colocação Pronominal, 261
Exercícios de Fixação, 267
Gabarito, 270

Capítulo IX: Sintaxe

Crase, 275
Exercícios de Fixação, 278
Gabarito, 281

Capítulo X: Sintaxe

Pontuação Gráfica, 285
Síntese da Unidade, 297
Exercícios de Fixação, 299
Gabarito, 301

Capítulo XI: Dificuldades Ortográficas

Uso dos Porquês, 305
Emprego de Senão, Se não, 306
Emprego das Interjeições Ó e Oh!, 306
Emprego de Mal, Mau, Má, 307
Emprego do Infinitivo, 308
Uso de Onde, Aonde e Donde, 310
Exercícios de Fixação, 315
Gabarito, 317

Capítulo XII

Funções do Que, 321
Pronome relativo: Que, 323
Pronome relativo: Quem, 324
Pronome relativo: Cujo(s), Cuja(s), 325
Pronome relativo: O Qual, A Qual, Os Quais, As Quais, 325
Pronome relativo: Onde, Como, Quanto, 326
Funções do Se, 326
Exercícios de Fixação, 329
Gabarito, 332

Capítulo XIII: Estilística

Vícios de Linguagem, 335
Figuras de Linguagem, 337

Capítulo XIV

Redação, 343
- Descrição, 344
- Narração, 344
- Dissertação, 345

Linguagem Literária e Não Literária, 352
Redação Oficial, 353
- Memorando, 357
- Requerimento, 358
- Ofício, 360
- Relatório, 361
- *Curriculum Vitae*, 365

Exercícios de Fixação, 358, 361
Gabarito, 367

Capítulo XV: Semântica

Palavras Parônimas e Homônimas, 371
Exercícios de Fixação, 377
Gabarito, 378

Capítulo XVI: Revisão Gramatical

Dificuldades Ortográficas, 381
- A fim de, afim, de repente e por isso, 385
- Mal, mau, má, 385, 389
- Mas, mais, 385
- Demais, de mais, 386
- Porque, porquê, por que, por quê, 386
- A, à, há, 388
- Acerca, há cerca, 388
- Hora, ora, 388
- Vês, vez, 390
- Senão, 390
- Palavras parônimas e homônimas, 391
- Concordância verbal, 393
- Concordância nominal, 399
- Crase, 404
- Pronomes relativos, 405
- Pronomes pessoais, 411
- Regência verbal, 412
- Onde, aonde, 413

Gabarito, 414

Capítulo XVII: A interpretação de texto e suas implicações

Atitudes importantes que devem ser evitadas pelo leitor, 431
Alguns hábitos para uma eficaz interpretação, 432
Definições de paráfrases, 433
Históricos de um bom leitor, 433
Textos para interpretação, 435
Gabarito, 470
Referências, 473

História de uma língua

"Como se sabe, a evolução é singularmente complexa. A história de uma língua não é um esquema rigorosamente preestabelecido, não é um problema algébrico. Não se pode partir do latim e chegar diretamente aos dias de hoje, saltando por sobre vários séculos de palpitante vida.

A evolução, repetimos, é complexa e melindrosa, relacionada com mil e um acidentes, cruzada, recruzada e entrecruzada – porque não representa a evolução de uma coisa feita e acabada, mas as vicissitudes de uma atividade em perpétuo movimento".

Serafim da Silva Neto

CAPÍTULO I

ORTOGRAFIA

- Orientação Ortográfica
- Acentuação Gráfica
- Síntese da Unidade
- Emprego do Hífen
- Divisão Silábica
- Dica Preciosa
- Exercícios de Fixação
- Gabarito

ORIENTAÇÕES ORTOGRÁFICAS

DICAS PRECIOSAS

1 – S (e não C e Ç)

Usa-se **S** nos nomes relacionados a verbos cujos radicais terminem em **ND, RG, RT, PEL, CORR e SENT:**

Exemplos:

preten**d**er = preten**são**	im**pel**ir = impul**sivo**
expan**d**ir = expan**são**	com**pel**ir = compul**sório**
ascen**d**er = ascen**são**	re**pel**ir = repul**sa**
aspe**rg**ir = asper**são**	re**corr**er = recur**so**
subme**rg**ir = submer**são**	dis**corr**er = discur**so**
inve**rt**er = inver**so**	**sent**ir = sen**sível**
dive**rt**ir = diver**são**	con**sent**ir = consen**sual**

2 – S (e não Z)

2.1 – Nos sufixos – **ês – esa – esia – isa**, quando o **radical é substantivo**, ou **em gentílicos** e **títulos nobiliárquicos.**
Exemplos:
burgu**ês**, burgu**esa**, burgu**esia** (burgo); mar**esia** (mar); poet**isa** (poeta); franc**ês**, franc**esa**; chin**ês**, chin**esa**. Baron**esa**, Princ**esa**, Duqu**esa**, Marqu**ês**.

2.2 – Nos sufixos gregos – **ase – ese, – ise, ose.**
Exemplos:
metást**ase** – catequ**ese** – hemopt**ise** – metamor**fose**

2.3 – Nos nomes relacionados a **verbos cujos radicais terminem em D.**
Exemplos:
alu**d**ir – alu**são**
deci**d**ir = deci**são**

2.4 – Nas formas verbais de **PÔR e QUERER.**
Exemplos:
pus – pôs – compuseram – dispuseste/ quis – quisera – quiseste

CAPÍTULO I – **ORTOGRAFIA** | 17

2.5 – Em **diminutivos** cujo radical termine em "**S**".
Exemplos:
Luisinho (Luís) – Teresinha (Teresa) – Rosinha, Rosita (Rosa)

2.6 – Após **ditongos**.
Exemplos:
pouso – coisa – lousa – pausa – gêiser – maisena – Sousa – Neusa – Moisés

2.7 – Em verbos derivados de nomes cujos radicais terminem em – **is**, – **isa**, – **ise**, – **iso**. Aqui se acrescenta a desinência verbal "**ar**".
Exemplos:
a-**lis** (o) – ar = ali**sar**   Impro**vis** (o) – ar = improvi**sar**
aná**lis** (e) – ar = anali**sar**   Pes**quis** (a) – ar = pesqui**sar**

3 – SS (e não C e Ç)

3.1 – Em nomes relacionados com verbos cujos radicais terminem em: **GRED, CED, PRIM** ou com verbos terminados por **TIR** ou **METER**.
Exemplos:
a**gred**ir = a**gres**sivo   re**gred**ir = re**gres**são   **ced**er = ce**ssão**
im**prim**ir = impre**sso**   o**prim**ir = opre**ssão**   admi**tir** = admi**ssão**
percu**tir** = percu**ssão**   sub**meter** = submi**sso**   compro**meter** = compromi**sso**

3.2 – Dobra-se o **s (SS)**, quando a uma palavra iniciada por "**S**" se junta um prefixo terminado por vogal.
Exemplos:
a-sistemático = **assistemático**   re-surgir = **ressurgir**

3.3 – **No imperfeito do subjuntivo.**
Exemplos:
realiza**sse** – quise**sse** – disse**sse**

4 – C ou Ç (e não S e SS)

4.1 – Na correlação **T** – **C (Ç)**.
Exemplos:
a**to** = a**ção**   infra**tor** = infra**ção**   Mar**te** = mar**ciano**
execu**tar** = execu**ção**   isen**to** = isen**ção**   reden**tor** = reden**ção**

4.2 – Vocábulos de origem árabe.
Exemplos:
cetim – açucena – açúcar – açafrão – muçulmano

4.3 – Vocábulos de origem tupi, africana ou exótica.
Exemplos:
paçoca – caiçara – cipó – Iguaçu – Juçara – miçanga – caçula – cacimba – cachaça – cacique

4.4 – Nos sufixos – aça, – aço, – ação, – çar, – ecer, – iça, – iço, – nça, – uça, – uço.
Exemplos:
barcaça – ricaço – armação – aguçar – embranquecer – carniça – caniço – esperança – carapuça – dentuço

4.5 – Em nomes relacionados com verbos terminados em TER.
Exemplos:
abster = abstenção/ deter = detenção/ ater = atenção/ reter = retenção

4.6 – Após ditongos.
Exemplos:
louça – coice – eleição – traição – fauce – Joice

5 – Z (e não S)

5.1 – Nos sufixos – ez, – eza – das palavras derivadas de adjetivos.
Exemplos:

altivez (altivo)	maciez (macio)	riqueza (rico)
singeleza (singelo)	palidez (pálido)	surdez (surdo)

5.2 – Nos sufixos – izar.
Exemplos:

agonizar (agonia)	amenizar (ameno)	finalizar (final)

5.3 – Como consoante de ligação "ligando" a palavra ao sufixo.
Exemplos:

pá-ada = pazada	pé-inho = pezinho
caqui-eiro = caquizeiro	café-al = cafezal

Observações

a) Quando o radical termina em **S**, o **Z** não é usado.
Exemplos:
lápis = lapisinho; mês = mesada; siso = sisudo.

b) Quanto ao plural, só conservarão o "**S**" os vocábulos diminutivos que já o possuíam no seu radical.
Exemplos:
chinesinhos (chinês); adeusinhos (adeus); lapisinhos (lápis). Do contrário o "**S**" como marca de plural, desaparece no meio da palavra, dando lugar apenas ao "**Z**".
Exemplos:
caracolzinho (caracol – caracóis) = caracoizinhos
coraçãozinho (coração – corações) = coraçõezinhos.

5.4 – Nas terminações – **az**, – **ez**, – **iz**, – **oz**, – **uz**, correspondentes a formas latinas.
Exemplos: cap**az** – d**ez** – fel**iz** – fer**oz** – l**uz**

5.5 – **Vocábulos árabes e de línguas exóticas**.
Exemplos: ala**zão** – alga**z**arra – a**z**ar – xa**drez** – a**z**enha – alca**çuz** – a**z**eite – vi**z**ir – a**z**ambuja

6 – G (e não J)
Usa-se G nos seguintes casos:

6.1 – **Palavras de origem latina, grega ou árabe.**
Exemplos: falan**ge** – ti**ge**la – ál**ge**bra – **gi**rafa

6.2 – **Estrangeirismos aportuguesados que já têm essa letra na língua originária.**
Exemplos: sar**ge**nto (**fr.**)   **ge**losia (**it.**)   **gi**tano (**esp.**)   **gi**m (**ingl.**)

6.3 – Terminações – **agem**, – **igem**, – **ugem**, – **ege**, – **oge**.
Exemplos: pass**agem** – vert**igem** – pen**ugem** – fr**ege** – parag**oge**

Observação

Existem algumas exceções à regra.

6.4 – Terminações – **ágio, – égio, – ígio, – ógio, – úgio.**
Exemplos: ped**ágio** – sortil**égio** – lit**ígio** – rel**ógio** – ref**úgio**

6.5 – Verbos em – **ger** e – **gir.**
Exemplos: prote**ger** – ele**ger** – ru**gir** – fin**gir**

6.6 – Depois de **R** (desde que não haja **J** no radical).
Exemplos: conve**rgir** – eme**rgir** – aspe**rgir**

Observação
Existem algumas exceções à regra.

6.7 – Depois do "**A**" **inicial**, desde que não haja **J** no radical.
Exemplos: **ag**ente – **ág**il – **ag**itar

Observação
Poucas exceções à regra.

7 – J (e não G)
Usa-se J nos seguintes casos:

7.1 – Palavras de origem latina que, na língua originária, eram escritas com:
i (j), bi, di, hi, si, vi.
Exemplos: **j**eito – ma**j**estade – ho**j**e

7.2 – **Palavras de origem árabe, tupi, africana ou exótica.**
Exemplos: alfor**j**e – **j**erivá – **j**iboia – caçan**j**e – man**j**erona – **j**iu-**j**itsu

7.3 – Terminações – **aje.**
Exemplos: la**je** – ultr**aje**

8 – X (e não CH)
Usa-se X nos seguintes casos:

8.1 – **Palavras de origem tupi, africana ou exótica.**
Exemplos: **x**avante – abaca**xi** – mu**x**o**x**o – **x**ingar – **x**ucro

8.2 – **Palavras de origem inglesa (SH) e espanhola (J).**
Exemplos: **x**ampu – **x**elim – **x**erez – lagarti**x**a

8.3 – Depois de **ditongo**.
Exemplos: cai**x**a – fei**x**e – frou**x**o

8.4 – Depois de **EN**.
Exemplos: **enx**ame – **enx**oval – **enx**ada

Observação
Algumas exceções à regra: enchova – encharcado – enchente – enchapelar – enchumaçar.

8.5 – Depois da inicial **ME**.
Exemplos: **me**xer – **me**xicano – **me**xilhão

Observação
Algumas exceções à regra: – mecha

9 – CH (e não X)
Usa-se CH nos seguintes casos:

9.1 – Palavras de origem latina (**cl, fl, pl**), francesa (**ch**), espanhola (**ch**), italiana (**ci, cci**), alemã, inglesa (ch) e árabe (j).
Exemplos: **ch**ave – **ch**eirar – **ch**umbo – **ch**assi – **ch**uchu – **ch**iripá – mo**ch**ila – espada**ch**im – salsi**ch**a – **ch**ope – **ch**ecar – sanduí**ch**e – azevi**ch**e

10 – USO do E (e não I)

Os verbos terminados em **UAR, OAR** são escritos com a letra "E" **nas formas do presente do subjuntivo.**
Exemplos: efet**uar** = efet**ue**, efet**ues**
continu**ar** = continu**e**, continu**es**
mag**oar** = mag**oe**, mag**oes**
vo**ar** = vo**e**, vo**es**

11 – USO do I (e não E)

Os verbos terminados em **UIR** são escritos com a letra "**I**" na segunda e na terceira pessoa do singular do presente do indicativo.

Exemplos: poss**uir** = poss**uis**, poss**ui**
contrib**uir** = contrib**uis**, contrib**ui**
atrib**uir** = atrib**uis**, atrib**ui**

Observe ainda

Escreve-se com "e": anteontem, cadeado, campeão, carestia, cedilha, creolina, destilar, empecilho, encarnado, paletó, penico, periquito, quase, sequer, seringa.

Escreve-se com "i": aborígene, ansiar, casimira, crânio, criação, dispêndio, escárnio, esquisito, imbuia, invólucro, lampião, meritíssimo, pátio, penicilina, pontiagudo, privilégio.

Exercícios de Fixação

I – Complete de acordo com o RADICAL e siga o modelo:

apree**nd**er	**ND = S**	apreen _s_ ão
con**s**entir	_____	consen _____ o
a**ced**er	_____	ace _____ ível
diste**nd**er	_____	disten _____ ão
ex**ced**er	_____	exce _____ o
in + sub**met**er	_____	insubmi _____ ão
perve**rt**er	_____	perver _____ ão
defe**nd**er	_____	defen _____ ivo
trans**corr**er	_____	transcur _____ o
i + reve**rt**er	_____	irrever _____ ível
su**ced**er	_____	suce _____ ão
in**corr**er	_____	incur _____ o
emi**tir**	_____	emi _____ ão
ob**ter**	_____	obten _____ ão
isen**t**ar	**T = C**	isen _____ ão
suave + izar	=	suavi _Z_ ar
friso + isar	=	fri _____ ar
iris + ar	=	iri _____ ar
colono + izar	=	coloni _____ ar

eletrólise + ar	=	eletroli ____ ar
en + verniz + ar	=	enverni ____ ar
matiz + ar	=	mati ____ ar
aviso + ar	=	avi ____ ar
piso + ar	=	pi ____ ar
simbolo + ar	=	simboli ____ar
a + juízo + ar	=	ajui ____ ar

II – Complete com **C, Ç, S, SS, SC, SÇ, X, XC, XS** ou **Z**:

____ inamomo	e ____ ten ____ ão	entarde ____er
e ____ pontâneo	repercu ____ão	____ ílfide
e ____ udativo	e ____ e ____ o	____ ilogismo
mi ____ anga	incande ____ ente	____ ectário
re ____ u ____ itar	e ____ pul ____ o	____ irrose
vero ____ ímil	e ____ cur ____ ão	e ____el____ o
a ____ u ____ ena	con ____ e ____ ionário	en ____ efalite
e ____ trangeiro	inten ____ o	____ edro
la ____ idão	inten ____ ão	e ____ e ____ão
velo ____	afei ____ ão	discu____ão
a ____ en ____ão	realiza ____e	compreen___ão

III – Complete com **CH** ou **X**:

pi ____ e	ca ____ imbo	____ oupana
en ____ arcar	ca ____ umba	____ ocalho
____ ará	____ iripá	pa ____ á
en ____ oval	____ ampu	enfai___ar
____ u ____ u	____antungue	en___uto
____ ale	____ arope	en___apelar
____ alé	____ ute	en___umaçar
sei ____ o	me ____ ilhão	en___ente

IV – Complete com **J** ou **G**:

drá ____ ea	ti ____ ela	____ iboia
o ____ iva	tra____ e	____ ipe
ri ____ eza	pa___ em	pedá___io
ri ____ idez	an ____ élico	gor___eta

ACENTUAÇÃO GRÁFICA

Para melhor entender as regras de acentuação gráfica, devemos observar que em todos os vocábulos da Língua Portuguesa há uma sílaba tônica qual deve ou não ser acentuada, dependendo das regras de acentuação.

É importante não confundir **acento gráfico** com o **acento tônico**.

ACENTO GRÁFICO: é o sinal utilizado na escrita para indicar a sílaba tônica de algumas palavras com base nas regras de acentuação gráfica:
Exemplos: guara**ná** – **ál**bum – **céu** – meri**tís**simo – ju**í**zes.

ACENTO TÔNICO ou **PROSÓDICO:** refere-se à fala e marca a sílaba de uma palavra que é pronunciada mais fortemente.
Exemplos: ju**iz** – tribu**nal** – a**nel** – me**ni**no – jus**ti**ça.

Quanto à **tonicidade** as palavras podem ser classificadas em:

> **PROPAROXÍTONAS** – acento na antepenúltima sílaba.
> (Ex.: be**né**fico, **mé**todo).
> **PAROXÍTONAS** – penúltima sílaba tônica.
> (Ex.: **san**to, **ar**te, **lá**pis, **sá**bio).
> **OXÍTONAS** – última sílaba tônica.
> (Ex.: ca**fé**, adicio**nal**, Ama**pá**, a**mém**).

Regra das Proparoxítonas

Coloca-se acento gráfico sobre a sílaba tônica de todas as palavras proparoxítonas.
Exemplos: **câ**mara – pa**rá**grafo – **á**rabe – fa**lá**vamos – A**mé**rica – **ú**nico.

Observação
As **paroxítonas** terminadas em ditongo oral crescente são também denominadas **proparoxítonas relativas** ou **eventuais**, porque, embora, modernamente, a separação desse ditongo não seja quase usada, a mesma pode ocorrer em nível fonético. Exemplos: **mágoa** = **má**-<u>goa</u> > paroxítona terminada em ditongo (oa) **má**-go-a > proparoxítona (nível fonético) **série** = sé-<u>rie</u> > paroxítona terminada em ditongo (ie) **sé**-ri-e > proparoxítona (nível fonético)

> **Dica Preciosa**
>
> Tal eventualidade pode ocorrer, entretanto é deselegante em textos de redação, quando se preza por não dividir a sílaba, principalmente, sendo ela apenas uma vogal isolada na linha anterior ou na seguinte.
>
> Exs.: ....mago-a...
>
> ....á-gua...

Regra das Oxítonas

a) Acentuam-se as palavras oxítonas terminadas por **O – E – A**, abertas ou fechadas, seguidas ou não de **S**.

b) Acentuam-se as palavras oxítonas terminadas por **EM, ENS**, quando tiverem mais de uma sílaba.

Exemplos:

guara**ná**	a**té**	moco**tó**	po**rém**	re**féns**
Para**ná**	jaca**ré**	ci**pó**	vin**tém**	vin**téns**
ilus**trá**-lo	escre**vê**-lo	pro**pôs**	al**guém**	para**béns**

ACENTUAÇÃO DOS MONOSSÍLABOS

Acentuam-se os monossílabos tônicos terminados em "**a, e, o**" (seguidos ou não de **s**).

Exemplos: **pá, lá, pôs, vê, lês**.

Regra das Paroxítonas

Acentuam-se as paroxítonas terminadas em:

L – **fá**cil	**PS** – **bí**ceps
N – **pó**len	**ÃO** (s), **Ã** (s) – **ór**fão, **ór**fã
R – ca**dá**ver	**EI, EIS** – **jó**quei, **tú**neis
X – **tó**rax	**US** – **ví**rus
I, IS – **jú**ri, **lá**pis	**UM, UNS** – **ál**bum, **ál**buns

> **Observações**
>
> a) As **paroxítonas** terminadas em **ens** <u>não são acentuadas</u>.
> Exemplos: <u>hifens</u> – <u>jovens</u> – <u>nuvens</u>.
>
> b) Não são acentuados os **prefixos** terminados em **i** e **r**.
> Exemplos: **semi – super – hiper – inter – arqui**.

> **Dica Preciosa**
>
> Se o vocábulo é **paroxítono não acentuado** e termina com um encontro vocálico, que **aparentemente é ditongo**, não confunda! É hiato, pois, se houvesse acento, certamente seria um paroxítono terminado em ditongo crescente.
>
> Exemplos: fazia   – fa – **zi** – a
> drogaria – dro – ga – **ri** – a
> magoa   – ma – **go** – a
> sabia   – sa – **bi** – a
>
> * Quando **terminadas em ditongos**, são **paroxítonas** e a separação será feita assim:
> Exemplos: **má** – goa   **sá** – bia   i – **ní** – cio

Regra do "I" e do "U" tônicos dos hiatos

O "**i**" e "**u**" serão acentuados, quando:

1ª) forem tônicos (sa-**ú**-de);
2ª) vierem antecedidos de vogal diferentes de si próprios (sa-**í**-da);
3ª) formarem sílaba sozinhos ou acompanhados de "s" (e-go-**ís**-ta);
4ª) não forem seguidos de "nh" (ra-**í**-zes);
5ª) não forem precedidos de ditongo (a-ta-**ú**-de).

> **Observações**
>
> Segundo a última reforma ortográfica é importante que sejam observadas as cinco cláusulas anteriormente exigidas para a acentuação, porque, onde uma delas falhar, o "**i**" ou o "**u**" **não serão acentuados**.
>
> Exemplos: miu**d**eza (o **u** não é tônico);
> item (o **i** não vem antecedido de vogal);
> miite (vogal **i** não é diferente do **i**);
> juiz (o **i** não forma sílaba sozinho);
> rai**nh**a (o **i** vem seguido de **nh**);
> Ra**ul** (o **u** não forma sílaba sozinho);
> fei**u**ra (o **u** é precedido de ditongo).

Regra dos Ditongos Abertos

Acentua-se a primeira vogal dos ditongos abertos **ÓI, ÉU, ÉI**, se forem **monossílabos tônicos ou oxítonos.**

Exemplos: c**éu** v**éu** m**ói** **(monossílabos tônicos)**

bachar**éis** rouxin**óis** chap**éu** (éi, ói, éu – **nas oxítonas**)

Regra do Til

O til é usado para indicar a nasalidade das vogais "**A**" e "**O**" e valerá como acento tônico, se outro acento não figurar na palavra.

Exemplo: expos**ição** <u>órfão</u>

prop**ões** <u>ímã</u>

m**ãe** <u>órgão</u>

c**ãi**bra <u>bênção</u>

Regra do Acento Diferencial

Diferencial de timbre

O acento diferencial de timbre é aquele que serve para distinguir palavras homógrafas de pronúncia fechada das outras de pronúncia aberta. **Continua acentuado, para diferenciar a terceira pessoa do singular do Presente do Indicativo da terceira pessoa do singular do Pretérito Perfeito do Indicativo,** o verbo "**PODER**".

Ele pode (terceira pessoa do **presente do indicativo**)

Ele pôde (terceira pessoa do **pretérito perfeito do indicativo**)

Diferencial morfológico

O acento diferencial morfológico é aquele que **aparece na terceira pessoa do plural** dos verbos **TER** e **VIR** (e seus derivados) **para diferenciá-la da terceira pessoa do singular.**

Exemplos: ele tem = eles têm

ele vem = eles vêm

ele detém = eles detêm

ele provém = eles provêm

---

por - preposição

pôr - verbo (manteve o acento no verbo)

Observações gerais

1 – Nas formas verbais em que se inclui um pronome oblíquo deve-se atentar para as duas partes em que se dividiu a forma verbal.

Ignora-se o pronome e, se a forma verbal pertencer a alguma das regras, deve-se acentuar tanto uma como a outra.

Exemplos: escrevê-lo   pô-lo
esperá-la-íamos   pô-lo-ás
amá-la   fi-lo (sem acento)

2 – O **til** usado nas palavras primitivas permanece nas derivadas:
Exemplos: **vã** – **vã**mente   **irmã** – irm**ã**zinha

3 – **Não é mais acentuada a sequência dos hiatos oo:**
Exemplos: mag**oo** – v**oo** – ent**oo** – perd**oo** – enj**oo** – ent**oo**

4 – **Não há mais trema** no **u** das sílabas **qui** ou **gui** onde o **u** é pronunciado.
Exemplos: lin**gui**ça – tran**qui**lo – se**quê**ncia – delin**que**nte

5 – **Não há mais acento nos ditongos abertos "eu, ei, oi" das paroxítonas:**
Exemplos: id**ei**a – jib**oi**a – assembl**ei**a – paran**oi**a – gel**ei**a

6 – **Não há mais acento na terceira pessoa do plural dos verbos (crer, dar, ler, ver).**
Exemplos: eles cr**eem** – eles d**eem** – eles l**eem** – eles v**eem**

SÍNTESE DA UNIDADE

Acentuam-se:			
1.	MONOSSÍLABOS TÔNICOS TERMINADOS EM	A, E, O (s)	Má, más, dê, lês, sós
		(EM nos verbos ter e vir, na 3ª pessoa do plural)	Eles têm, eles vêm
2.	OXÍTONOS TERMINADOS EM	A, E, O (s) EM, ENS	Sofá, jacaré, atrás, através, avós, alguém, parabéns

3.	PAROXÍTONOS TERMINADOS EM	L	Amável, nível
		I, IS	Táxi, tênis, júri
		N (en, on, ons)	Hífen, nêutron, prótons
		US	Bônus, Vênus
		UM (uns)	Álbum
		R	Dólar, mártir
		X	Ônix, fênix
		Ã (s) ÃO (s)	Órfã, órgão
		Ditongos	Série, árduo, água, amáveis
		PS	Bíceps
4.	PROPAROXÍTONOS	Todos são acentuados	Árvore, exército, oxítono
5.	DITONGOS ÉI, ÉU, ÓI QUANDO FOREM OXÍTONOS OU MONOSSÍLABOS TÔNICOS	Abertos e tônicos	Anéis, anzóis, chapéu Réu, céu, véu, rói, mói Enéi, Elói
6.	VOGAIS I, U (HIATOS) QUANDO	Tônicas, formarem hiato com a vogal anterior e vierem sozinhas na sílaba ou seguidas de "s".	Sa-í-da, sa-ú-de Pa-ís, ba-ú

Ortoépia ou Ortoepia

Ortoépia (ou ortoepia) é a parte da Gramática Normativa que trata da correta pronúncia das palavras.

Por outro lado, pronunciar incorretamente uma palavra é cometer **cacoépia**. Tanto **ortoépia** como **cacoépia** são palavras formadas por radicais gregos (orto = correto, certo; caco = feio, mau; épos = palavra). Da mesma forma podemos falar em **ortofonia** e **cacofonia**.

É comum encontrarmos **erros de ortoépia** na linguagem popular, mais descuidada e com tendência natural para a simplificação.

Como exemplos de **erros de ortoépia**, podemos citar:

"abóboda"	em vez de	**abóbada**
"alejar"	em vez de	**aleijar**
"adivogado"	em vez de	**advogado**
"frustado"	em vez de	**frustrado**
"guspe"	em vez de	**cuspe**

Prosódia

Prosódia é a parte da Gramática Normativa que trata da correta acentuação tônica das palavras.

Assim, cometer um erro de prosódia é, por exemplo, transformar uma palavra oxítona em paroxítona, ou uma proparoxítona em paroxítona. Os **erros de prosódia** são chamados de **silabadas**.

Chamamos a atenção para a correta pronúncia de algumas palavras:
a) **São oxítonas:** no**bel**, no**vel**, re**fém**, ure**ter**.
b) **São paroxítonas:** a**va**ro, a**zia**go, ci**clo**pe, de**ca**no, filan**tro**po, misan**tro**po, gra**tui**to, for**tui**to, i**be**ro, pe**ga**da, pu**di**co, ru**bri**ca, **têx**til.
c) **São proparoxítonas:** a**mál**gama, **ô**mega, pro**tó**tipo, **trâns**fuga, **zê**nite, **ín**terim.

Observe, porém, que algumas palavras admitem dupla pronúncia, ambas consideradas corretas, como no caso de **ortoépia** ou **ortoepia**.

Outros exemplos:	acró**ba**ta	ou	acro**ba**ta
	hie**ró**glifo	ou	hiero**gli**fo
	oce**â**nia	ou	ocea**ni**a
	réptil	ou	rep**til**
	pro**jé**til	ou	proje**til**

Exercícios de Fixação

1. Corrija o texto abaixo, colocando os acentos que faltam.

Durante decadas ele foi colocado na lista negra dos responsaveis por muitos problemas de saude e estetica. Para muitas pessoas ele foi proibido com aval de estudos cientificos. A simples proibição medica não era, porem, suficiente para elimina-lo. Sua proibição acabou se transformando em tortura para as pessoas que não podiam consumi-lo. Seu nome: açucar.
(Isto é/ Senhor)

2. Da relação abaixo, acentue apenas as palavras que devem ser acentuadas graficamente.

omega	rubrica	pudico	quiromancia	alcool
arquetipo	leucocito	prototipo	aziago	condor

novel	recem	refem	ureter	avaro
filantropo	gratuito	ibero	maquinaria	pegada
textil	interim	pantano	vermifugo	zenite

3. Acentue, se necessário, as formas verbais.

a) ele tem	eles tem	e) ela le	elas leem
b) ele vem	eles vem	f) ele cre	eles creem
c) ele contem	eles contem	g) ele rele	eles releem
d) ela intervem	elas intervem	h) ele preve	eles preveem

4. Destaque, da relação abaixo, as palavras que devem receber acento gráfico, acentuando-as corretamente.

Novel	Recem	Refem	Ureter	Avar
ceu	chapeu	aneis	carreteis	mausoleu
camafeu	plebeu	heroico	anzois	meia
coisa	abençoo	enjoos	tubaina	saida
saimos	juizo	contribuirmos	raiz	raizes
xampu	quente	guerra	aguentar	apazigue
aquoso	tranquilo	extinguir	liquidação	linguiça

5. (FUVEST – SP) No texto abaixo há palavras em que se omitiu o acento gráfico. Destaque-as:

"As pessoas presentes na assembleia receberam vários itens do programa e a incumbencia de analisá-los e difundi-los junto aos orgãos públicos."

Leia o texto abaixo para resolver as questões seguintes:

A travessia do Mar Vermelho

Os hebreus viviam como escravos no Egito havia 4 séculos quando Deus mandou que seu líder, Moisés, os levasse de volta à Terra Santa, o chamado Êxodo. Instável, o faraó mandou o seu exército atrás do povo que havia recém-libertado. Os egípcios alcançaram os hebreus quando eles atravessaram o mar Vermelho, aberto apenas para sua passagem.

(o texto acima foi extraído da revista SUPERINTERESSANTE
ed. 285 – Dezembro – 2010, SUPER 88)

6. Dê o que se pede a respeito do texto:

a) Dez palavras do texto foram acentuadas. Justifique o acento de cada uma delas:

séculos_____ egípcio_____
êxodo_____ recém_____
exército_____ Moisés_____
estável_____ atrás_____
líder_____ faraó_____

b) No fragmento: "... Deus mandou que seu líder, Moisés, **os** levasse de volta..." O pronome oblíquo "os", destacado no texto, refere-se a, (aos):

(a) Hebreus (b) Deus (c) escravos (d) Moisés (e) Egípcios

c) Justifique o uso da crase em: "...Moisés os levasse de volta à Terra Santa."

_____ .

7. (ESPM-SP) **Como se chama a parte da Fonologia que trata da pronúncia correta das palavras seguindo o padrão da língua culta?**

_____ .

HÍFEN

Os casos que comumente provocam dúvidas referem-se ao emprego do hífen nas palavras com prefixos ou elementos prefixados. O quadro apresentado a seguir esclarece as normas a serem seguidas nas situações mais usuais de acordo com a nova Reforma Ortográfica.

USA-SE HÍFEN COM:	QUANDO A PALAVRA SEGUINTE INICIAR COM:	
Inter, hiper, super	H - R	
	super-**h**erói, hiper-**r**eligioso, inter-**r**elação	
Infra, supra, ultra, extra, intra, contra (A + A) (mesma vogal = hífen)	H - A	
	infra-**he**pático supra-**ho**mem ultra-**hu**mano	infra-**a**ssinado supra-**a**xilar ultra-**a**pressado

Entre, sobre (E + E) mesma vogal = hífen)	H - E	
	sobre-humano sobre-erguer	entre-hostil entre-estadual
Anti, semi, arqui (I + I) (mesma vogal = hífen)	H - I	
	anti-inflamatório semi-infantil arqui-inimigo	anti-horário semi-habitável arqui-hipérbole
Pseudo, auto proto, neo (O + O) (mesma vogal = hífen)	H - O	
	pseudo-heroico neo-otoplastia proto-histórico auto-oscilação	
ab, ad, ob, sob	R - B - H	
	sob-roda ab-rogar	
Sub	R - B - H	
	sub-reitor, sub-base	
além, aquém, nuper recém, sem, sota soto, vice, ex (no sentido de estado anterior)	DIANTE DE QUALQUER PALAVRA	
	vice-rei, ex-aluno, soto-mestre recém-nascido, além-mar	
pós, pré, pró (tônicos e com significado próprio)	DIANTE DE QUALQUER PALAVRA	
	pós-graduação, pré-escolar, pró-americano	
pan - mal - circum	DIANTE DE QUALQUER VOGAL - H	
	pan-americano, mal-estar mal-humorado, circum-ambiente	

Observações

a) O prefixo **bem** é separado por hífen quando for seguido de palavra que tem vida autônoma ou quando a pronúncia o exigir. Exemplos: bem-querer, bem-aventurado.

b) O prefixo **sobre** apresenta algumas exceções, tais como: sobressalto, sobressaltar, sobressalente.

c) O prefixo **CO** é usado com hífen quando o 2º elemento inicia-se com H.
Exemplo: co-herdeiro

- Entretanto, segundo o VOLP, une-se ao segundo elemento, mesmo que este comece por **H** ou **O**, no sentido de contiguidade e companhia.
Exemplos: coabitar (Habitar), coerdeiro, coobrigação, cooperar

d) Os prefixos **ex - sota - soto** exigem hífen em qualquer situação.

Exemplos: **ex**-deputado   **sota**-capitão

ex-ministro   **soto**-mestre

e) O prefixo **vice** exige sempre o hífen.

Exemplos: **vice**-almirante   **vice**-presidente

vice-diretor   **vice**-versa

f) Os prefixos **pós, pré, pró** – assim, **tônicos e de timbre aberto** – **requerem hífen sempre**.

Exemplos: **pós**-escrito   **pós**-guerra

pós-moderno   **pós**-natal

pré-aviso   **pré**-nupcial

pró-republicano   **pró**-alfabetização

g) Mas sem hífen quando átonos (e, normalmente, fechados):

Exemplos: posfácio   pospor

predeterminar   predizer

preestabelecer   preestipulado

preexistir   prejulgar

h) As palavras que se iniciam por "**r e s**" que eram escritas com hífen depois de alguns prefixos como: **anti-, arqui-, semi e outros que terminem** por **vogal**, agora não têm **mais hífen antes de palavras iniciadas** por "**r e s**". Tais consoantes devem ser dobradas e a grafia correta passa a ser assim:
Exemplos:

anti + social = **antissocial**   semi + selvagem = **semisselvagem**

arqui + religioso = **arquirreligioso**   ultra + som = **ultrassom**

EXCEÇÃO:

Os prefixos que terminam por "**r**" como: **super, hiper, inter** mantêm o hífen antes de **h** ou **r**:
Exemplos:

super-herói   **hiper-romântico**   **inter-regional**   **super-homem**

USO DE SINAIS

1 – Hífen

O hífen ou traço de união é um sinal usado para ligar os elementos de palavras compostas: couve-flor, vice-ministro; para unir pronomes átonos a verbos: agradeceu-lhe, dar-se-ia; e para, no final de uma linha, indicar a separação das sílabas de uma palavra em duas partes (a chamada translineação): com-/parar; Gover-/no. Analisemos, a seguir, o uso do hífen em alguns casos principais.

1.1 Hífen entre Vocábulos

a) Na composição de palavras em que os elementos constitutivos mantêm sua acentuação própria, compondo, porém, novo sentido:
decreto-lei
licença-prêmio
mão-de-onça
matéria-prima
salário-família

b) na composição de palavras em que o primeiro elemento representa forma reduzida:
afro-americano   (afro = africano)
nipo-brasileiro   (nipo = nipônico)
franco-suíço   (franco = francês)

c) nos **adjetivos gentílicos** (que indicam nacionalidade, pátria, país, lugar ou região de procedência) quando derivados de nomes de lugar (topônimos) compostos:
belo-horizontino
norte-americano
porto-riquenho
rio-grandense-do-norte

d) nas palavras compostas em que o adjetivo geral é acoplado ao substantivo que indica função, lugar de trabalho ou órgão:
diretor-geral
inspetoria-geral

procurador-geral
secretaria-geral

e) a preposição **sem: liga-se com hífen** a alguns substantivos para indicar noções de "exclusão", "ausência", "indeterminação":
sem-fim, sem-número, sem-terra, sem-sal, sem-vergonha, sem-par

f) nas palavras compostas que designam espécies botânicas e zoológicas, estejam ou não ligadas por preposição ou qualquer outro elemento:

abóbora-menina	erva-doce	ervilha-de-cheiro
cobra-d'água	formiga-branca	bem-te-vi

1.2 Hífen e Prefixos

Os prefixos utilizados na Língua Portuguesa provieram do latim e do grego, línguas em que funcionavam como preposições ou advérbios, isto é, como vocábulos autônomos. Por essa razão, os prefixos têm significação precisa e exprimem, em regra, circunstâncias de lugar, modo, tempo etc. Grande parte das palavras de nossa língua é formada a partir da utilização de um prefixo associado a outra palavra. Em muitos desses casos, é de rigor o emprego do hífen, seja para preservar a acentuação própria (tônica) do prefixo ou sua evidência semântica, seja para evitar pronúncia incorreta do vocábulo derivado.

a) os seguintes prefixos nunca vêm seguidos de hífen (ligam-se, portanto, diretamente ao vocábulo com o qual compõem uma unidade):

aer(o), aerotransporte	**fil(o)**, filogenético
agro, agroindústria	**fisio**, fisioterapia
ambi, ambidestro	**fon(o)**, fonoaudiólogo
anfi, anfiteatro	**fot(o)**, fotolito
audio, audiovisual	**gastr(o)**, gastr(o)enterologia
bi, bicentenário	**ge(o)**, geotécnica
bio, biogenético	**hemi**, hemicírculo
cardio, cardiovascular	**hepta**, heptassílabo
cis, cisplatino	**hexa**, hexafluoreno
de(s), desserviço	**hidr(o)**, hidr(o)elétrica
di(s), dissociação	**hipo**, hipotensão

ele(c)tro, eletroímã
in, inapto
intro, introversão
justa, justaposição
macro, macroeconomia
micr(o), microrregião
mono, monoteísmo
moto, motociclo
multi, multinacional
para, parapsicologia
penta, pentacampeão
per, perclorato

homo, homossexual
pluri, plurianual
poli, polivalente
psic(o), psicossocial
radio(o), radioamador
re, reversão
retro, retroativo
tele, teledinâmica
term(o), termoelétrico
trans, transalpino
tri, tricelular
uni, unidimensional

Observação

O emprego do hífen suscita muitas dúvidas, portanto é bom que, em caso de incerteza sobre o uso ou não do hífen, consultar várias gramáticas e dicionário.

Exercícios de Fixação

Nos exercícios 1 a 5, em cada grupo de quatro palavras, duas foram incorretamente escritas. Assinale-as.

1. a) autopeça
b) semi-morto
c) sobreloja
d) sub-diretor

2. a) anti-poluidor
b) antiracista
c) subchefe
d) contragolpe

3. a) semi-círculo
b) recém-formado
c) antieducativo
d) contrasenso

4. a) mal-humorado
b) mal-estar
c) sobrehumano
d) auto-didata

5. a) antiinflamatório
b) anti-ácido
c) super-herói
d) superinteressante

6. **Junte os prefixos e forme palavras, usando o hífen quando necessário.**

Exemplos: (anti) + biótico = antibiótico
(extra) + escolar = extraescolar

1. (ultra) + som   = _____
2. (extra) + fino   = _____
3. (supra) + citado   = _____
4. (ante)   + véspera = _____
5. (além)   + mar   = _____
6. (ex)   + combatente = _____
7. (anti)   + submarino = _____
8. (super) + sônico   = _____

7. **Preencha, com as palavras contidas nos parênteses, os espaços em branco, observando o correto emprego do hífen.**

a) "O Presidente dá apoio à _____ em São Paulo". (O Globo)
    (pré-convenção, preconvenção)

b) "UniCeub terá em breve _____". (Comunidade)
    (mega-biblioteca – megabiblioteca)

c) "O candidato a _____ considerou que toda eleição implica um risco". (vice-governador – vice governador) (Diário de Pernambuco)

d) "... o Governo espanhol emitiu uma declaração _____".
    (O Globo)   (pró-Argentina, pró Argentina)

e) "... não há mais qualquer resistência à candidatura do_____".
    (O Globo)   (ex-governador, ex governador)

f) "Então eu só podia ver o chão, os tufos de grama e o _____ dos galhos". (Guimarães Rosa)   (sem – sol, sem sol)

8. **Assinale o item no qual todas as palavras não devem ter hífen.**

(a) infra-estrutura, super-homem, auto-educação
(b) bem-vindo, ante-sala, contra-regra
(c) proto-história, contra-mestre, infra-vermelho
(d) neo-escolástico, ultra-som, pseudo-herói
(e) extra-oficial, infra-estrutura, semi-reta

DIVISÃO SILÁBICA

I – Regra Geral

A separação das sílabas de um vocábulo se faz sempre foneticamente e não pelos elementos constitutivos segundo a etimologia.

Ex.: Bra-sil,   trân-si-to,   bi-sa-vô

1 – Regras Especiais

1.1 – **Não se separam** as letras que representam **ditongos e tritongos**.
Exs.: **cau**-sa, pá-tr**ia**, q**uais**.

1.2 – **Separam-se** as vogais dos hiatos.
Exs.: ra-**i**-nha, ju-**í**-zes, c**o-o**r-de-nar.

1.3 – **Não se separam** as letras que formam os dígrafos **ch, nh, lh, qu, gu**
Exs.: **ch**a-ve, ni-**nh**o, fi-**lh**a, **qu**e-ro, fo-**gu**e-te.

1.4 – **Separam-se** as letras dos **dígrafos rr, ss, sc, sç, xc**
Exs.: ca**r-r**o, pá**s-s**a-ro, fa**s-c**i-nar, de**s-ç**a, e**x-c**e-ção.

1.5 – **Não se separam** as letras dos encontros consonantais em que a segunda é a consoante "l" ou "r"
Exs.: **cl**a-ro, **gl**o-bo, Á-**fr**i-ca, **cr**a-vo.

No grupo **bl**, entretanto, pode ocorrer, em alguns casos, a separação, mantendo-se a autonomia fonética.
Exs.: **sub**-lo-car, **sub**-li-nhar, **sub**-lin-gual.

1.6 – **Consoante não seguida de vogal**, no interior da palavra, **fica na sílaba que a antecede.**
Exs.: ca-**rac**-te-rís-ti-co, **bis**-ne-to, su-**pers**-ti-ção.

1.7 – **Consoante não seguida de vogal**, no início da palavra, **junta-se à sílaba que a segue.**
Exs.: **pneu**-má-ti-co, **psi**-co-se, **gno**-mo.

2 – Observações sobre translineação

Na translineação, deve-se evitar:

a) Isolamento de uma letra

Ex.:...Ita-
ú

....í-
mã

....mai-
o

....**a-**
plicar

b) Ocorrência de palavras desagradáveis ou ridículas

Ex.:..tre-
mula

....após-
tolo

....**fede-**
rativa

....promul-
gado

GABARITO

Capítulo I – Ortografia

Exercícios de Fixação

I – Complete de acordo...

apreender	ND no radical	apreensão
consentir	SENT no radical	concessão
aceder	CED no radical	acessível
distender	ND no radical	distensão
exceder	CED no radical	excesso
in + submeter	METER no radical	insubmissão
perverter	RT no radical	perversão
defender	ND no radical	defensivo
transcorrer	CORR no radical	transcurso
ir + reverter	RT no radical	irreversível
suceder	CED no radical	sucessão
incorrer	CORR no radical	incursão
emitir	TIR no radical	emissão
obter	TER no radical	obtenção
isentar	T > C no radical	isenção

suaviZar	suave	+	izar
frisar	friso	+	ar
irisar	íris	+	ar
colonizar	colono	+	izar
eletrolisar	eletrólise	+	ar
envernizar	en + verniz	+	ar
matizar	matiz	+	ar
avisar	aviso	+	ar
pisar	piso	+	ar
simbolizar	símbolo	+	izar
ajuizar	a + juízo	+	ar

II – Complete com C, Ç, S, SS, SC, SÇ, XC, XS ou Z:

cinamomo	extensão	entardecer
espontâneo	repercussão	sílfide
exsudativo	excesso	silogismo
miçanga	incandescente	sectário
ressuscitar	expulso	cirrose
verossímil	excursão	excelso
açucena	concessionário	encefalite
estrangeiro	intenso	cedro
lassidão	intenção	exceção
veloz	afeição	discussão
ascensão	realizasse	compreensão

III – Complete com CH ou X:

piche	cachimbo	choupana
encharcar	caxumba	chocalho
xará	chiripá	paxá
enxoval	xampu	enfaixar
chuchu	xantungue	enxuto
xale	xarope	enchapelar
chalé	chute	enchumaçar
seixo	mexilhão	enchente

IV – Complete com J ou G:

drágea	tigela	jiboia
ogiva	traje	jipe
rijeza	pajem	pedágio
rigidez	angélico	gorjeta

Exercícios de Fixação – Acentuação Gráfica

1) décadas   responsáveis   saúde
     estética   científicos   médica
     porém   eliminá-lo   açúcar

2) ômega leucócito protótipo vermífugo álcool
arquétipo recém refém zênite
têxtil ínterim pântano

3) a) ele tem eles têm
 b) ele vem eles vêm
 c) ele contém eles contêm
 d) ela intervém elas intervêm
 e) ela lê elas leem
 f) ele crê eles creem
 g) ele relê eles releem
 h) ele prevê eles preveem

4) céu recém refém carretéis mausoléu
saímos chapéu anéis anzóis saída
juízo tubaína raízes

5) incumbência / órgãos

6) a) Séculos, Êxodo, Exército: são proparoxítonas, portanto acentuados;
  Líder: paroxítona terminada em R;
  Instável: paroxítona terminada em L;
  Egípcios: paroxítona terminada em ditongo crescente;
  Atrás, Moisés, Faraó, recém: oxítonas terminadas em A, E, O (S), EM, ENS.

 b) (a) Os hebreus.
 c) Usa-se crase antes da palavra "terra" quando estiver determinada.

7) Ortoépia

Exercícios de Fixação – Emprego do Hífen

1) b) semimorto
 d) subdiretor

2) a) antipoluidor
 b) antirracista

3) a) semicírculo
   d) contrassenso

4) c) sobre-humano
   d) autodidata

5) a) anti-inflamatório
   b) antiácido

6) 1. ultrassom
   2. extrafino
   3. supracitado
   4. antevéspera
   5. além-mar
   6. ex-combatente
   7. antissubmarino
   8. supersônico

7) a) pré-convenção
   b) megabiblioteca
   c) vice-governador
   d) pró-Argentina
   e) ex-governador
   f) sem-sol

8) Letra:
   (e) Correto: Extraoficial, infraestrutura, semirreta

CAPÍTULO II

MORFOLOGIA

- Substantivo
- Adjetivo
- Artigo
- Numeral
- Pronome
- Advérbio
- Preposição
- Conjunção
- Interjeição
- Verbo
- Exercícios de Fixação
- Gabarito

CLASSES GRAMATICAIS

Existem, na Língua Portuguesa, dez classes gramaticais, cada uma delas exercendo uma determinada função. As dez classes gramaticais e suas principais funções são:

Classe Gramatical	Função
substantivo	dá nome aos seres em geral: coisas, pessoas, animais, lugares, ações, estados ou qualidades, tomados como seres
adjetivo	caracteriza o substantivo, indicando qualidade, estado, modo de ser ou aspecto
artigo	precede o substantivo, indicando o gênero e o número; ao mesmo tempo determina-o de modo vago ou preciso
numeral	indica quantidade ou ordem de sucessão
pronome	representa ou acompanha o substantivo, indicando-o como pessoa do discurso
verbo	exprime um fato (ação, estado ou fenômeno) situando-o no tempo
advérbio	modifica o verbo, o adjetivo ou ainda outro advérbio, exprimindo determinada circunstância
preposição	relaciona dois termos da oração, subordinando um ao outro
conjunção	relaciona orações ou termos da oração que exercem a mesma função
interjeição	exprime emoções súbitas

SUBSTANTIVO

**Substantivo é a palavra variável em gênero, número e grau
que dá nome aos seres em geral.**

Tomemos as seguintes palavras: caderno, relógio, cachorro, Cássia, Amazonas, Araguaia, trabalho, tristeza, largura.

Você deve ter observado que elas admitem flexões e servem para dar nome aos seres em geral, isto é, coisas, pessoas, animais, ações, estados e qualidades. São, portanto, **substantivos**. Definindo:

Quanto à sua **formação**, o substantivo pode ser:

1. primitivo: quando não é originário de outra palavra existente na língua portuguesa.
Exs.: casa, pedra, jornal.

2. derivado: quando provém de outra palavra da língua portuguesa.
Exs.: casebre, pedreiro, jornalista.

3. simples: quando é formado por um único radical.
Exs.: couve, moleque, água.

4. composto: quando é formado por mais de um radical.
Exs.: couve-flor, pé de moleque, água-de-colônia.

Quanto à sua **classificação**, o substantivo pode ser:

1. comum: quando designa de maneira genérica qualquer elemento da espécie.
Exs.: rio, aluno, país, cidade.

2. próprio: quando designa especificadamente um ser, individualizando-o.
Exs.: França, Rio de Janeiro, Rio Amazonas, Fátima.

3. concreto: quando designa os seres propriamente ditos, com existência própria, real ou não.
Exs.: cadeira, fada, bruxa, saci, Deus.

4. abstrato: quando designa ações, qualidades e estados, tomados como seres.
Exs.: corrida, trabalho, amizade, tristeza, altura.

Observações

1. Um mesmo substantivo pode ser comum e concreto (cadeira, por exemplo) ou comum e abstrato (tristeza, por exemplo).

2. Os substantivos próprios são sempre concretos e devem ser grafados com inicial maiúscula.

Dentre os substantivos comuns, merecem destaque os **coletivos**, substantivos que, mesmo no singular, designam um conjunto de seres da mesma espécie.

Observe os coletivos mais importantes:

acervo:	de obras artísticas
alcateia:	de lobos
antologia:	de trechos literários
arquipélago:	de ilhas
assembleia:	de parlamentares, de pessoas em geral
atilho:	de espigas de milho
atlas:	de mapas
banca:	de examinadores
banda:	de músicos
bando:	de pessoas, de animais
batalhão:	de soldados
cacho:	de uvas, de bananas
cáfila:	de camelos
cancioneiro:	de poemas, de canções
caravana:	de viajantes
cardume:	de peixes
clero:	de sacerdotes
flora:	de vegetais de uma região
frota:	de navios mercantes, de veículos
galeria:	de objetos de arte
girândola:	de fogos de artifício
grei:	de gado miúdo, paroquianos, políticos
junta:	de bois, de médicos, de examinadores
júri:	de jurados
manada:	de bois, de elefantes
matilha:	de cães de caça
molho:	de chaves

Capítulo II – Morfologia | 51

ninhada:	de pintos
nuvem:	de gafanhotos, de insetos
orquestra:	de músicos
panapaná:	de borboletas
pelotão:	de soldados
pinacoteca:	de pinturas
plantel:	de animais de raça, de atletas
quadrilha:	de ladrões, de bandidos
ramalhete:	de flores
récua:	de animais de carga
resma:	de papel
réstia:	de alhos, de cebolas
revoada:	de pássaros
romanceiro:	de poesias populares
súcia:	de pessoas desonestas
tertúlia:	de amigos, intelectuais em reunião
vara:	de porcos
vocabulário:	de palavras
xiloteca:	de amostras de espécies de madeiras para estudo e pesquisas florestais

Flexão dos Substantivos

Conforme você viu anteriormente, o substantivo varia em **gênero, número e grau.**

Gênero

Há, em português, **dois gêneros** para o substantivo: o **masculino** e o **feminino. Quanto ao gênero, os substantivos podem ser:**

1. biformes: apresentam duas formas: uma para o masculino, outra para o feminino.

Observações

Exs.: gato/gata, menino/menina, boi/vaca, homem/mulher
Você deve ter notado que, muitas vezes, a mudança do gênero é dada pelas desinências **(o para o masculino, a para o feminino)**, como em aluno/

aluna. Noutras vezes, entretanto, a mudança de gênero é marcada pela alteração do próprio radical (como em **boi/vaca**). A esses substantivos biformes, **cuja mudança de gênero é marcada não pela desinência, mas pelo próprio radical**, damos o nome de **substantivos heterônimos**. Veja mais exemplos:
Exs.: bode/cabra, cavaleiro/amazona, carneiro/ovelha

2. uniformes: apresentam uma única forma para ambos os gêneros. Observe:
Exs.: jacaré, dentista, vítima, testemunha

Os substantivos uniformes subdividem-se em:
a) epicenos: substantivos uniformes que designam **animais** de ambos os sexos.
Exs.: jacaré, cobra, onça, peixe (macho ou fêmea)

b) comum de dois gêneros: substantivos uniformes que designam pessoas. Nesse caso, a distinção entre o masculino e o feminino é feita pelo artigo, ou por qualquer outra palavra determinante.
Exs.: **o** artista/**a** artista, **aquele** dentista/**aquela** dentista,
jovem **bonito**/jovem **bonita**

3. sobrecomuns: apresentam um só gênero gramatical para designar pessoas de ambos os sexos.
Exs.: a testemunha, a criança, o cônjuge, a vítima

Observações
Não podemos **confundir o gênero gramatical com o sexo** dos seres designados pelos substantivos. Verifique:
Caneta é um substantivo feminino; **o objeto**, evidentemente, **não possui sexo.**
Testemunha é um substantivo feminino apesar de designar **pessoas de ambos os sexos.**
Jacaré é um substantivo **epiceno**; para distinguir **o sexo do animal (utilizamos as palavras macho ou fêmea).** Outros possuem o nome específico para determinar o sexo como:
Cão – cadela boi – vaca carneiro – ovelha gato – gata leão – leoa Substantivos que, de acordo com o padrão culto, podem suscitar dúvidas.

Substantivos exclusivamente do gênero masculino

o alvará
o anátema
o aneurisma
o apêndice
o axioma
o champanha
o clã
o cônjuge
o cós
o decalque
o delta
o diadema
o dó (pena; nota musical)
o eclipse
o eczema
o estigma
o estratagema
o formicida
o gengibre
o guaraná
o herpes
o lança-perfume
o magazine
o magma
o matiz
o plasma
o proclama
o puma
o telefonema
o tracoma
o xerox (ou xérox)

Substantivos exclusivamente do gênero feminino

a abusão
a acne
a agravante
a aguardente
a aguarrás
a alface
a apendicite
a bacanal
a couve (-flor)
a cal
a cataplasma
a cólera
a comichão
a derme
a dinamite
a echarpe
a elipse
a ênfase
a entorse
a faringe
a ferrugem
a gênese
a ioga
a libido
a matinê
a nuança
a omoplata
a sentinela

Substantivos classificáveis indistintamente como do gênero masculino ou feminino

o/a ágape
o/a aluvião
o/a amálgama
o/a caudal
o/a diabete (ou o/a diabetes)
o/a ilhós
o/a laringe
o/a preá
o/a sabiá
o/a suéter
o/a tapa
o/a usucapião

PLURAL COM METAFONIA

Metafonia é uma palavra de origem grega formada por um prefixo (**meta** = mudança) e um radical (**fono** = som). Portanto, metafonia significa "mudança de som"; é o que ocorre com alguns substantivos que, no singular, têm o **o** tônico fechado e, **quando se pluralizam, trocam o "o" tônico fechado pelo o tônico aberto**. É o caso, por exemplo, das palavras **olho, osso** e **ovo** (leia-se ôlho. ôsso, ôvo) que, **no plural, apresentam o "o" tônico aberto** (leia-se ólhos, óssos, óvos).

Apresentamos, a seguir, uma relação das principais palavras que apresentam plural com metafonia:

Singular (ô)	Plural (ó)	Singular (ô)	Plural (ó)	Singular (ô)	Plural (ó)
aposto	apostos	fogo	fogos	poço	poços
caroço	caroços	forno	fornos	porco	porcos
corno	cornos	foro	foros	porto	portos
coro	coros	fosso	fossos	posto	postos
corpo	corpos	imposto	impostos	povo	povos
corvo	corvos	jogo	jogos	reforço	reforços
despojo	despojos	miolo	miolos	socorro	socorros
desporto	desportos	olho	olhos	tijolo	tijolos
destroço	destroços	osso	ossos	troco	trocos
esforço	esforços	ovo	ovos		

O GÊNERO E A SEMÂNTICA

"O **cabeça** da rebelião teve sua **cabeça** posta a prêmio."

Você observou que, no exemplo acima, a mudança de gênero da palavra **cabeça** não é um caso de flexão de gênero, mas uma maneira de alterar o significado da palavra. Na língua portuguesa encontramos várias palavras que apresentam comportamento semelhante.

Entretanto, é interessante observar que as gramáticas costumam apresentar simples relações dessas palavras, sem atentar para o fato de que em alguns casos não há mudança do gênero, e sim etimologias diferentes. É o que ocorre, por exemplo, nas frases:

Não pise a **grama**. (planta rasteira)

Um **grama** de ouro custa muito caro. (unidade de massa)

Apresentam etimologias distintas: **a grama** vem do latim; **o grama** vem do grego.

Por esse motivo, apresentamos duas relações: uma em que as palavras possuem a mesma origem, outra em que as palavras apresentam origens distintas.

a) Palavras de mesma origem

Cabeça **Masculino:** o chefe, o dirigente, o líder.
Feminino: parte do corpo; pessoa muito inteligente; extremidade mais dilatada de um objeto; pessoa ou animal considerados numericamente (cabeças de gado).

Caixa **Masculino:** livro contábil.
Feminino: recipiente; seção de pagamentos; estabelecimento financeiro (Caixa Econômica Federal). Comum de dois gêneros: aquele ou aquela que trabalha na seção de pagamentos.

Capital **Masculino:** riqueza, conjunto de bens.
Feminino: cidade onde se localiza a sede do Poder Executivo.

Crisma **Masculino:** óleo usado em alguns sacramentos religiosos.
Feminino: cerimônia religiosa.

Cura **Masculino:** vigário.
Feminino: ato ou efeito de curar.

Guarda **Masculino:** vigia, sentinela.
Feminino: ato ou efeito de guardar, vigilância; destacamento militar.

Guia **Masculino:** aquele que serve de guia, cicerone.
Feminino: documento, formulário: fileira de pedras que limitam a calçada.

Língua **Masculino:** intérprete; poliglota.
Feminino: músculo do aparelho fonador e digestivo; idioma.

Moral **Masculino:** ânimo, brio.
Feminino: conjunto de regras de comportamento; parte da filosofia que estuda essas regras; conclusão que se tira de uma história.

Rádio **Masculino:** elemento químico; aparelho emissor e receptor.
Feminino: estação emissora.

Vigia **Masculino:** sentinela, guarda.
Feminino: guarita; orifício pelo qual se espreita; abertura para ventilação e iluminação nos navios.

b) Palavras de etimologia distinta

o cisma: (do grego *schísma*): separação, dissidência de doutrina religiosa.

a cisma: derivação regressiva de **cismar**, devaneio, sonho; preocupação; suspeita.

o coma: (do grego *kôma*): sonolência, estado mórbido, apatia; nesta acepção, o substantivo pode ser usado tanto no masculino como no feminino.

a coma: (do grego *kome*): cabeleira abundante.

o espia: aquele que espreita, substantivo comum de dois gêneros.

a espia: aquela que espreita, substantivo comum de dois gêneros.

a espia: (do gótico *spaíha*): cabo para atracar navios: amarra.

o grama: (do grego *grámma*): unidade de massa.

a grama: (do latim *gramen*): erva, relva, planta rasteira.

o lama: (do tibetano *blama*): sacerdote budista.

a lama: (do latim lama): lodo.

o lente: (do latim *legente*): literalmente significa "leitor"; também usado para designar o professor de escola superior ou secundária; é um substantivo comum de dois gêneros.

a lente: (do latim *lente*): lentilha; instrumento óptico.

o lhama: (do quíchua *lhama*): animal mamífero dos Andes.

a lhama: (do espanhol *llama*): certo tipo de tecido.

o rádio: (do latim *radius*): osso do antebraço, ou aparelho.

a rádio: abreviação vocabular de **radiofonia**, estação emissora.

Número

Os substantivos flexionam-se em número, podendo estar no singular ou no plural.

Exs.: alun**o**/alun**os**, tigr**e**/tigr**es**, estudant**e**/estudant**es**.

Há, no entanto, alguns substantivos que só são usados no plural.

Veja alguns:

os anais, as cócegas, as condolências, as férias, as fezes, as núpcias, os óculos, as olheiras, os parabéns, os pêsames, os afazeres, as cãs, as exéquias, as hemorroidas, os víveres.

Plural dos substantivos simples

Para formar o plural dos substantivos simples, observe as seguintes regras:

CAPÍTULO II – MORFOLOGIA | 57

1. Os substantivos terminados em vogal ou ditongo formam o plural pelo acréscimo da desinência -s.

Exs.: porta/portas, caneta/canetas, **pa**i/**pa**is, de**grau**/de**grau**s, tro**féu**/tro**féu**s.

Observações
Os substantivos terminados no ditongo nasal – **ão** fazem o plural de três maneiras: a) terminação – **ões**: balão/balões canção/canções opinião/opiniões b) terminação – **ães**: alemão/alemães cão/cães escrivão/escrivães c) terminação – **ãos**: cidadão/cidadãos cristão/cristãos irmão/irmãos

2. Os substantivos terminados em – "**r** ou **z**" – formam o plural pelo acréscimo de – **es** ao singular.

Exs.: ma**r**/ma**res**, açúca**r**/açúca**res**, rapa**z**/rapa**zes**, cru**z**/cru**zes**, aprendi**z**/aprendi**zes**.

3. Os substantivos terminados em – "**s**" – que forem oxítonos formam o plural pelo acréscimo de -**es**.

Exs.: pa**ís**/pa**íses**, ana**nás**/ana**nases**, chi**nês**/chi**neses**.

Observação
*Os substantivos terminados em – "**s**" – **que não forem oxítonos** ficam invariáveis. Nesse caso, a indicação de plural é feita pelo artigo.* *o lápis/**os** lápis   o atlas/**os** atlas   o ônibus/**os** ônibus*

4. Aos substantivos terminados em -**n** acrescenta-se -**s** ou -**es** (a primeira forma é mais utilizada).

Exs.: hífen/hifens ou hífen**es**,   abdômen/abdomens ou abdômen**es**.

5. Os substantivos terminados em – "**x**" – **não variam**. A indicação de plural deve ser feita pelo artigo.

Exs.: **o** tórax/**os** tórax, **o** látex/**os** látex.

6. Os substantivos terminados em – "**l**" –, precedidos de **a**, **e**, **o**, **u**, formam o plural trocando o **l** por **is**.

Exs.: anima**l**/anima**is**, pape**l**/pap**éis**, faro**l**/far**óis**, pau**l**/pau**is**.

Observação
Se a letra l vier precedida por i, o plural pode ser formado de duas formas: *a) os oxítonos trocam o l por s.*   *b) os não oxítonos trocam o l por eis.* *barril/barris*   *funil/funis*   *fóssil/fósseis*   *míssil/mísseis*

7. Os substantivos terminados pelos sufixos diminutivos -**zinho(a)**, -**zito(a)** formam o plural da seguinte forma:
a) coloca-se a palavra primitiva no plural;
b) retira-se o "**s**" do plural da palavra primitiva;
c) acrescenta-se o sufixo diminutivo seguido de **s**.
Exs.: mulher/mulherzinha   mulheres/mulherezinhas

Plural dos substantivos compostos

Não é tarefa simples a **formação do plural dos substantivos compostos**, já que ocorrem muitas variações, mesmo na língua culta. Para auxiliá-lo nessa tarefa, siga as seguintes regras:

1. Os substantivos compostos sem hífen formam o plural como se fossem substantivos simples.
Exs.: pontapé/pontapés,   aguardente/aguardentes.

2. Nos **substantivos compostos** formados por **palavras repetidas** (ou muito parecidas), só **o segundo elemento vai para o plural**.
Exs.: reco-reco/**reco-recos**, pingue-pongue/**pingue-pongues**.

Observação
Nos **substantivos compostos** formados por **verbos opostos, nenhum elemento varia.**   o ganha-perde/**os ganha-perde**   o vai-volta/**os vai-volta**

3. Nos **substantivos compostos** que têm seus elementos **ligados por preposição, só o primeiro elemento vai para o plural.**
Exs: água-**de**-colônia/**águas-de**-colônia
      mula **sem** cabeça/**mulas sem** cabeça

4. Nos **substantivos compostos** em que o primeiro elemento é **verbo ou palavra invariável** e o segundo elemento é substantivo ou adjetivo, **só o segundo vai para o plural**.

Exs.: vira-lata/**vira-latas**   ex-aluno/**ex-alunos**
     beija-flor/**beija-flores**   guarda-roupa/**guarda-roupas**
     bem-amado/**bem-amados**   vice-rei/**vice-reis**

5. Nos **substantivos compostos** em que **os dois elementos são variáveis** (substantivos, adjetivos e numerais), **ambos devem ir para o plural**.

Exs.: couve-flor/**couves-flores**   cobra-cega/**cobras-cegas**
     quinta-feira/**quintas-feiras**   amor-perfeito/**amores-perfeitos**

6. Nos **substantivos compostos por elemento invariável + palavra variável** (advérbio + substantivo ou adjetivo). **Só o segundo elemento vai para o plural.**

Exs.: a sempre-viva/**as sempre-vivas**   o abaixo-assinado/**os abaixo-assinados**

Observações

1. Quando a palavra **"guarda" se referir à pessoa, será substantivo e irá para o plural.**

   guarda-civil / **guardas-civis**   guarda-noturno / **guardas-noturnos**

2. Nos **compostos** formados **por dois substantivos, caso o segundo elemento limite o primeiro**, indicando tipo ou finalidade, **a variação pode ocorrer apenas no primeiro elemento**. A tendência moderna, porém, é a de *pluralizar os dois elementos*.

Banana-maçã / **bananas-maçã** ou **bananas-maçãs**
Peixe-espada / **peixes-espada** ou **peixes-espadas**
Samba-enredo / **sambas-enredo** ou **sambas-enredos**
Peixe-boi / **peixes-boi** ou **peixes-bois**

3. **Compostos que os dois elementos ficam invariáveis quando houver: verbo + advérbio**

   os bota-fora   *os pisa-mansinho*

Casos Especiais:
o louva-a-deus – os louva-a-deus
o arco-íris – os arco-íris
o bem-te-vi – os bem-te-vis
o bem-me-quer – os bem-me-queres

Dica Preciosa

Como há muitas controvérsias entre os grandes gramáticos de nossa Língua Portuguesa quanto ao plural de substantivos compostos, nunca os escreva sem consultar o que dizem sobre eles várias gramáticas e o dicionário.

Exercícios de Fixação

1. Escreva, no plural, os substantivos abaixo.

degrau	_____	tico-tico	_____
opinião	_____	chá de cozinha	_____
tabelião	_____	guarda-comida	_____
cidadão	_____	guarda-civil	_____
açúcar	_____	ex-aluno	_____
atlas	_____	amor-perfeito	_____
hífen	_____	segunda-feira	_____
álcool	_____	vira-lata	_____
barzinho	_____	boa-vida	_____
planalto	_____	abaixo-assinado	_____

2. Aponte a diferença de sentido entre os substantivos:

a) o cabeça _____ a cabeça _____

b) o grama _____ a grama _____

c) o moral _____ a moral _____

3. Na relação, quanto ao gênero, só aparecem substantivos uniformes. Sua tarefa consistirá no seguinte: coloque o artigo definido adequado antes de cada substantivo e, a seguir, classifique-os em (epiceno, comum de dois gêneros e sobrecomum).

a) _____ cobra _____

b) _____ jovem _____

c) _____ estudante _____

d) _____ pessoa _____

e) _____ criatura _____

f) _____ artista _____

g) _____ dentista _____

h) _____ vítima _____

i) _____ criança _____

4. As frases abaixo apresentam algum erro com relação ao substantivo. Corrija-as devidamente.

a) Carlos perguntou a sua cônjuge se ela era feliz. _____

b) Ele foi agredido sem nenhuma dó. _____

c) Na festa ela tomava sossegadamente sua champanhe._____

d) Os amigos sempre se reuniam nos barzinhos da cidade._____

e) Os guarda-noturnos reuniram-se em assembleia._____

5. Passe para o plural a frase abaixo, fazendo as devidas modificações.
O primeiro-ministro, em seu abaixo-assinado, pedia ao vice-reitor que o ex-aluno fosse homenageado.

_____

_____

_____

_____

6. (UFPR)
1) O cônjuge se aproximou.
2) O servente veio atender-nos.
3) O gerente chegou cedo.

Não está claro se é homem ou mulher:
a) no primeiro período;
b) no segundo período;
c) no terceiro período;
d) no primeiro e no segundo períodos;
e) no segundo e no terceiro períodos.

ADJETIVO

Adjetivo é uma palavra variável em gênero, número e grau que caracteriza o substantivo, atribuindo-lhe qualidade, estado ou modo de ser.

Observe os exemplos:

aluno **estudioso**   comida **saudável**   tempo **nublado**

Os termos destacados referem-se aos substantivos e têm a função de atribuir-lhes uma característica, ou seja, uma qualidade, um estado ou um modo de ser. As palavras que exercem esse tipo de função são chamadas de **adjetivos**.

Existem adjetivos que se referem a países, estados, cidades, continentes, regiões etc. e indicam a nacionalidade ou a origem de algum ser. São denominados **adjetivos pátrios**. Normalmente são formados pelo acréscimo de um sufixo ao substantivo de que se originam. Apresentamos, a seguir, uma lista de adjetivos pátrios, precedidos dos substantivos próprios de que se originam.

Acre	acreano
Afeganistão	afegão ou afegane
Alagoas	alagoano
Amapá	amapaense
Amazonas	amazonense
Angola	angolano
Atenas	ateniense
Áustria	austríaco
Austrália	australiano
Bahia	baiano
Bélgica	belga
Belo Horizonte	belo-horizontino
Bizâncio	bizantino
Brasília	brasiliense
Buenos Aires	buenairense ou portenho
Bulgária	búlgaro
Cairo	cairota
Calábria	calabrês

Capítulo II – **Morfologia** | 63

Cartago	cartaginês ou púnico
Catalunha	catalão
Ceará	cearense
Chipre	cipriota
Córsega	corso
Creta	cretense
Croácia	croata
Cuiabá	cuiabano
Curdistão	curdo
Dinamarca	dinamarquês ou danês
Distrito Federal	candango ou brasiliense
Egito	egípcio
El Salvador	salvadorenho
Equador	equatoriano
Espírito Santo	espírito-santense ou capixaba
Estados Unidos	estadunidense ou norte-americano
Etiópia	etíope
Fernando de Noronha	noronhense
Filipinas	filipino
Finlândia	finlandês
Flandres	flamengo
Florença	florentino
Florianópolis	florianopolitano
Gália	gaulês
Goiânia	goianiense
Goiás	goiano
Grécia	grego ou helênico
Guatemala	guatemalteco
Honduras	hondurenho
Iêmen	iemenita
Irã	iraniano
Iraque	iraquiano
Israel	israelense

Japão	japonês ou nipônico
Jerusalém	hierosolimita ou hierosolimitano
Londres	londrino
Maceió	maceioense
Madagascar	malgaxe
Madri	madrilense
Malta	maltês
Manaus	manauense
Marajó	marajoara
Maranhão	maranhense
Marrocos	marroquino
Mato Grosso do Sul	mato-grossense-do-sul
Mato Grosso	mato-grossense
Minas Gerais	mineiro
Mônaco	monegasco
Moscou	moscovita
Nápoles	napolitano
Nova Iorque	nova-iorquino
Nova Zelândia	neozelandês
País de Gales	galês
Panamá	panamenho
Pará	paraense
Paraíba	paraibano
Paraná	paranaense
Paris	parisiense
Parma	parmesão
Pequim	pequinês
Pernambuco	pernambucano
Petrópolis	petropolitano
Piauí	piauiense
Porto Alegre	porto-alegrense
Porto Rico	porto-riquenho
Provença	provençal

Rio de Janeiro	fluminense (estado)
Rio de Janeiro	carioca (cidade)
Rio Grande do Norte	rio-grandense-do-norte, norte-rio-grandense ou potiguar
Rio Grande do Sul	rio-grandense-do-sul, sul-rio-grandense ou gaúcho
Rondônia	rondoniano
Roraima	roraimense
Rússia	russo
Santa Catarina	catarinense ou barriga-verde
São Paulo	paulista (estado)
São Paulo	paulistano (cidade)
Sardenha	sardo
Sergipe	sergipano
Teresina	teresinense
Terra do Fogo	fueguino
Tibete	tibetano
Tirol	tirolês
Tocantins	tocantinense

Muitas vezes os adjetivos pátrios são compostos, referindo-se a duas ou mais nacionalidades ou regiões. Nesse caso, assumem sua forma reduzida e erudita, com exceção do último adjetivo, que se apresentará em sua forma normal. Por exemplo, um acordo entre a França, a Itália e o Brasil é um acordo **franco-ítalo-brasileiro**.

Veja agora algumas formas reduzidas de adjetivos pátrios:

anglo (inglês)   **ítalo** (italiano)
afro (africano)   **luso** (português, lusitano)
austro (austríaco)   **nipo** (japonês, nipônico)
greco (grego)   **sino** (chinês)
franco (francês)   **teuto** (alemão, teutônico)

Há casos em que o adjetivo não é representado por uma única palavra, e sim por uma expressão formada de uma preposição e um substantivo (ou advérbio), que equivale a um adjetivo. Essas expressões recebem o nome de **locuções adjetivas**. Observe:

dia **de chuva**   –   dia **chuvoso**

carne **de boi**   –   carne **bovina**

Algumas **locuções adjetivas** e seus adjetivos correspondentes:

de abdômen	abdominal	de campo	rural, campestre
de abelha	apícola	de cão	canino
de abutre	vulturino	de carneiro	arietino
de águia	aquilino	de cavalo	equino, hípico
de aluno	discente	de chumbo	plúmbeo
de andorinha	hirundino	de chuva	pluvial, chuvoso
de anjo	angelical	de cidade	citadino, urbano
de asno	asinino	de cinza	cinéreo
de baço	esplênico	de cobra	viperino
de bispo	episcopal	de cobre	cúprico
de boca	bucal ou oral	de coelho	cunicular
de bode	hircino	de coração	cardíaco, cordial
de boi	bovino	de crânio	craniano
de bronze	brônzeo ou êneo	de correio	postal
de cabeça	capital	de criança	pueril, infantil
de cabelo	capilar	de dedo	digital
de cabra	caprino	de diamante	adamantino
de dinheiro	pecuniário	de nádegas	glúteo
de estômago	estomacal ou gástrico	de nariz	nasal
de estrela	estelar	de neve	níveo
de fábrica	fabril	de olho	ocular
de face	facial	de orelha	auricular
de farelo	furfúreo	de osso	ósseo
de farinha	farináceo	de ouro	áureo
de fêmur	femural	de ovelha	ovino
de ferro	férreo	de pai	paterno, paternal
de fígado	hepático	de paixão	passional
de fogo	ígneo	de pedra	pétreo

de galinha	galináceo	de peixe	písceo
de garganta	gutural	de pele	epidérmico, cutâneo
de gato	felino	de pescoço	cervical
de gelo	glacial	de pombo	columbino
de gesso	gípseo	de porco	suíno
de guerra	bélico	de prata	argênteo
de homem	humano, viril	de professor	docente
de ilha	insular	de pulmão	pulmonar
de inverno	hibernal	de raposa	vulpino
de irmão	fraternal	de rato	murino
de lago	lacustre	de rim	renal
de leão	leonino	de rio	fluvial
de lebre	leporino	de selo	filatélico
de leite	lácteo	de selva	silvestre
de lobo	lupino	de sonho	onírico
de macaco	simiesco	de touro	taurino
de madeira	lígneo	de trigo	tritíceo
de mãe	materno, maternal	de umbigo	umbilical
de marfim	ebúrneo	de vaca	vacum
de mestre	magistral	de velho	senil
de monge	monástico	de vento	eólio
de morte	mortal, letal	de verão	estival
de moeda	monetário	de vidro	vítreo

FLEXÃO DOS ADJETIVOS

**O adjetivo varia em gênero, número e grau, concordando
com o substantivo a que estiver se referindo.**

Gênero

Quanto ao gênero, o adjetivo pode ser:

1. **uniforme:** quando apresenta uma única forma para ambos os gêneros (masculino e feminino).

Exs.: homem **jovem**   aluno **inteligente**

       mulher **jovem**   aluna **inteligente**

2. biforme: quando apresenta duas formas, uma para o masculino, outra para o feminino.

Exs.: homem **honesto**   aluno **estudioso**
      mulher **honesta**   aluna **estudiosa**

Número

Quanto ao número, o adjetivo se flexiona em singular e plural, concordando com o substantivo a que se refere.

Observe a seguir as regras para a flexão em número dos adjetivos:

1. adjetivos simples: os adjetivos simples, em geral, formam o plural da mesma maneira que os substantivos simples.

Exs.: deputado **democrata** – deputados **democratas**
      pessoa **agradável**   – pessoas **agradáveis**

Observação
Substantivos utilizados como adjetivos ficam invariáveis.
mulher **monstro** – mulheres **monstro**   carro **vinho** – carros **vinho**
blusa **laranja** – blusas **laranja**   farda **oliva** – fardas **oliva**

2. adjetivos compostos: os adjetivos compostos (formados por mais de um elemento), como regra geral, apresentam **flexão apenas no último elemento**, tanto em número, quanto em gênero.

Exs.: lente côncavo-**convexa**   lentes côncavo-**convexas**
      exposição sino-franco-**lusitana** exposições sino-franco-**lusitanas**
      cabelos castanho-**escuros**   conflitos afegão-**americanos**

As exceções são:
a) caso o último elemento seja substantivo, o adjetivo composto permanecerá invariável.

Exs.: tapete **verde-esmeralda**   tapetes **verde-esmeralda**
      camisa **amarelo-ouro**   camisas **amarelo-ouro**

b) os adjetivos compostos azul-marinho e **azul-celeste** são **invariáveis.**

Exs.: blusa **azul-marinho**   blusas **azul-marinho**
      camisa **azul-celeste**   camisas **azul-celeste**

Capítulo II – Morfologia | 69

c) no adjetivo composto **surdo-mudo, ambos os elementos flexionam** (em gênero e número).

Exs.: menino **surdo-mudo**   meninos **surdos-mudos**

   menina **surda-muda**   meninas **surdas-mudas**

d) Invariáveis ficam os adjetivos compostos por locuções adjetivas formadas de **cor + de + substantivo** e com **certas palavras invariáveis.**

Exs.: luvas **cor-de-rosa**   olhos **cor de mar**   raios **ultravioleta**

   botões **rosa**   alegrias **sem-par**   anedotas **sem-sal**

e) Os componentes sendo **palavra** (ou elemento) **invariável + adjetivo,** somente esse último se flexionará.

Exs.: meninos **mal-educados**   povos **semisselvagens**

   esforços **sobre-humanos**   crianças **recém-nascidas**

Grau

O adjetivo, além do grau normal, pode apresentar-se no **grau comparativo** e no **grau superlativo.**

1. grau comparativo: quando sua função é comparar uma mesma qualidade entre dois ou mais seres, ou duas ou mais qualidades de um mesmo ser. Verifique:

   Luciana é **mais alta (do) que** Lúcia.

   Luciana é **mais bonita (do) que** simpática.

O comparativo pode ser:

a) de igualdade: quando a qualidade expressa pelo adjetivo aparece com a mesma intensidade em todos os elementos envolvidos na comparação.

   Esta caneta é **tão velha quanto** aquela.

   Lúcia é **tão esperta quanto** simpática.

b) de superioridade: quando a qualidade expressa pelo adjetivo aparece mais intensificada no primeiro elemento da comparação. **Compara um ser ou coisa com outro ser** ou coisa.

   Esta caneta é **mais velha (do) que** aquela.

   Lúcia é **mais esperta (do) que** simpática.

c) **de inferioridade:** quando a qualidade expressa pelo adjetivo aparece menos intensificada no primeiro elemento da comparação.

Esta caneta é **menos velha (do) que** aquela.

Lúcia é **menos simpática (do) que** esperta.

De modo geral, no grau comparativo, o adjetivo se apresenta de maneira analítica, conforme as fórmulas abaixo:

comparativo de **igualdade:** tão + adjetivo + quanto (ou como)

comparativo de **superioridade:** mais + adjetivo + (do) que

comparativo de **inferioridade:** menos + adjetivo + (do) que

Os adjetivos **bom, mau, grande** e **pequeno**, no grau comparativo de superioridade, apresentam as formas sintéticas **melhor, pior, maior** e **menor**, respectivamente.

Com esses adjetivos, devemos utilizar, no comparativo de superioridade, as formas sintéticas, exceto quando se comparam duas qualidades do mesmo ser, ocasião em que utilizaremos as formas analíticas.

Veja os exemplos:

Esta sala é **maior** que aquela.

Mas:

Esta sala é **mais grande** do que **arejada**.

Observação

As formas **menor** e **mais pequeno** podem ser utilizadas indiferentemente, sendo a forma sintética mais usual.

Esta casa é **menor** (do) que aquela.

Ou:

Esta casa é **mais pequena** (do) que aquela.

---

2. grau superlativo: quando a função do adjetivo é **comparar**, exprimir uma qualidade em grau muito elevado, ou muito intenso, **entre um único ser ou coisa com muitos ou todos**. Verifique:

João é o mais veloz entre os corredores brasileiros.

João é muito **veloz.**

João é **velocíssimo.**

Observando os exemplos acima, você pode verificar que a qualidade expressa pelo adjetivo (**veloz**) pode aparecer intensificada, tomando-se como ponto de referência um determinado universo (os corredores brasileiros), ou algum ser, independentemente do universo a que ele pertença. Nessa segunda hipótese, verifique ainda que a qualidade expressa pelo adjetivo **veloz** pode ser **intensificada de maneira analítica (muito veloz)**, ou **sintética (velocíssimo)**. Com base nisso, podemos dividir o grau superlativo em:

a) superlativo absoluto: quando **a qualidade expressa pelo adjetivo não é relacionada à de outros elementos** de um determinado universo. O superlativo absoluto pode ser:

- **sintético:** quando a alteração de grau é feita com o auxílio de um sufixo superlativo (**-íssimo, -ílimo, -érrimo**).
  João é **velocíssimo**.
- **analítico:** quando a alteração de grau é feita com o acréscimo de alguma palavra que modifica o adjetivo.
  João é **muito veloz**.

b) superlativo relativo: quando **a qualidade expressa pelo adjetivo é relacionada**, favorável ou desfavoravelmente, **à de outros elementos** de um determinado universo.

Giba é **o mais veloz** dentre os atletas do vôlei brasileiro.

Pedro é **o menos veloz** dentre os amadores.

Observe que o **superlativo relativo** pode ser de **superioridade ou de inferioridade**.

Os adjetivos no **grau superlativo absoluto sintético** costumam aparecer de **forma erudita**.

Observação

Alguns adjetivos sofrem alterações gráficas quando recebem o sufixo do superlativo.

a) Adjetivos teminados em "**-il**" acrescenta-se "**imo**":

ágil – agílimo	dócil – docílimo	fácil – facílimo
grácil – gracílimo	hábil – habílimo	senil – senílimo

b) Adjetivos teminados em "**-z**" trocam o "**z**" por "**c**" mais o sufixo "**íssimo**":

audaz – audacíssimo	feliz – felicíssimo	veloz – velocíssimo
eficaz – eficacíssimo	falaz – falacíssimo	contumaz – contumacíssimo

c) Adjetivos teminados em "**-vel**" trocam o "**-vel**" por "**bilíssimo**":

amável – amabilíssimo	visível – visibilíssimo	notável – notabilíssimo
louvável – louvabilíssimo	móvel – mobilíssimo	horrível – horribilíssimo

Veja uma lista de alguns superlativos absolutos sintéticos.

Adjetivos	Superlativo absoluto sintético	Adjetivos	Superlativo absoluto sintético
acre	acérrimo	magro	macérrimo; magríssimo
amargo	amaríssimo		
amigo	amicíssimo	maledicente	maledicentíssimo
áspero	aspérrimo	maléfico	maleficentíssimo
belo	belíssimo	manso	mansuetíssimo
benévolo	benevolentíssimo	negro	nigérrimo
bom	boníssimo	nobre	nobilíssimo
célebre	celebérrimo	original	originalíssimo
cristão	cristianíssimo	pessoal	personalíssimo
cruel	crudelíssimo	pio	piíssimo
doce	dulcíssimo/docíssimo	pobre	paupérrimo
feliz	felicíssimo	pródigo	prodigalíssimo
fértil	fertilíssimo	público	publicíssimo
fiel	fidelíssimo	pudico	pudicíssimo
frio	frigidíssimo	regular	regularíssimo
geral	generalíssimo	sábio	sapientíssimo
honorífico	honorificentíssimo	sagrado	sacratíssimo
íntegro	integérrimo	salubre	salubérrimo
jovem	juveníssimo	sério	seriíssimo
livre	libérrimo	soberbo	superbíssimo

Exercícios de Fixação

1. Dê os adjetivos pátrios correspondentes a:

I	Acre	_____
II	Alagoas	_____
III	Bélgica	_____
IV	Bulgária	_____
V	Ceará	_____
VI	Espírito Santo	_____
VII	Goiás	_____
VIII	Irã	_____
IX	Manaus	_____
X	Minas Gerais	_____
XI	Paraná	_____
XII	Porto Alegre	_____
XIII	Rio de Janeiro (estado)	_____
XIV	São Paulo (estado)	_____
XV	Afeganistão	_____
XVI	Bahia	_____
XVII	Brasília	_____
XVIII	Cairo	_____
XIX	Chipre	_____
XX	Etiópia	_____
XXI	Goiânia	_____
XXII	Iraque	_____
XXIII	Marajó	_____
XXIV	Pará	_____
XXV	Paraíba	_____
XXVI	Petrópolis	_____
XXVII	Rio de Janeiro (cidade)	_____
XXVIII	São Paulo (cidade)	_____

2. Dê o adjetivo correspondente aos seguintes substantivos:

a)	abdômen _____	e)	boca	_____
b)	abelha _____	f)	cabelo	_____
c)	águia _____	g)	cão	_____
d)	aluno _____	h)	chuva	_____

i) dedo _____	o) marfim _____
j) estômago _____	p) olho _____
k) fígado _____	q) ouro _____
l) gato _____	r) paixão _____
m) gelo _____	s) prata _____
n) guerra _____	t) professor _____

3. Faça de acordo com o modelo:

conflito entre Grécia e Chipre – Conflito greco-cipriota

a) acordo entre Inglaterra e Alemanha _____

b) relações entre Brasil e Japão _____

c) estradas entre Itália e França _____

d) relações entre China e Áustria _____

4. Escreva no plural:

a) sapato marrom-café _____

b) sapato marrom-escuro _____

c) lente côncavo-convexa _____

d) tratado nipo-austro-húngaro _____

e) blusa amarelo-ouro _____

f) blusa amarelo-dourada _____

g) camisa azul-marinho _____

h) menina surda-muda _____

i) blusa gelo _____

5. Dê o superlativo absoluto sintético de:

a) amigo _____	f) magnífico _____
b) antigo _____	g) provável _____
c) fiel _____	h) sábio _____
d) benéfico _____	i) terrível _____
e) doce _____	j) vulnerável _____

6. Indique em que grau se encontram os adjetivos das frases abaixo.

a) Isaura é extremamente simpática. _____

b) Aquele livro é tão antigo quanto a Bíblia. _____

c) Sua atitude foi corretíssima. _____

d) Esta observação foi a mais correta de todas. _____

e) Este livro é melhor que aquele. _____

f) Os jovens estão mais ágeis que seus pais. _____

g) Lia era a menos esforçada da classe. _____

7. As frases abaixo apresentam erro com relação ao grau do adjetivo. Reescreva-as, corrigindo-as.

a) Esta fazenda é mais grande do que aquela ao lado.

_____

b) Sua redação está mais boa do que o texto.

_____

c) João era uma pessoa pobríssima.

_____

8. As frases abaixo apresentam algum erro com relação à flexão do adjetivo. Reescreva-as, corrigindo-as.

a) Compraram vários tapetes verde-esmeraldas.

_____

b) Várias borboletas azul-clara voavam pelos campos.

_____

c) Compareceram a várias clínicas médicas-cirúrgicas.

_____

9. Dê os adjetivos equivalentes às expressões em destaque.

a) modificação **da paisagem** _____

b) atitudes **de criança** _____

c) imagem **do espelho** _____

d) representante **dos alunos** _____

e) máquina **de guerra** _____

f) carne **de carneiro** _____

ARTIGO

Os artigos são: **Definidos: o, a, os, as** (o sol, a terra, os mares).
Indefinidos: um, uma, uns, umas (um planeta, uma lua).

1. Não se deve utilizar artigo depois do pronome relativo **cujo** e suas flexões. Portanto, não se deve dizer:

Feliz é o pai **cujos os** filhos são ajuizados.

ERRADO

Corrija-se para:

Feliz é o pai **cujos** filhos são ajuizados.

CERTO

2. É obrigatório o uso do artigo definido entre o numeral **ambos** e o substantivo a que se refere.

O juiz solicitou a presença de <u>ambos</u> **os** <u>cônjuges</u>.

3. Antes de pronomes possessivos, **o uso do artigo é facultativo**. É uma questão de estilo e gosto pessoal.

O meu amigo não conhece **a** sua cidade.

Ou:

Meu amigo não conhece sua cidade.

NUMERAL

1. Para designar séculos, reis, papas, capítulos, utiliza-se o numeral ordinal até **décimo**. A partir daí, utilizam-se os **numerais cardinais**. Observe:

Ordinal (de I a X)		Cardinal (de XI em diante)	
Século III	(século **terceiro**)	Século XI	(século **onze**)
Século X	(século **décimo**)	Século XXI	(século **vinte e um**)
Dom Pedro II	(Dom Pedro **segundo**)	João XXIII	(João **vinte e três**)
Henrique VIII	(Henrique **oitavo**)	Luís XVI	(Luís **dezesseis**)
Capítulo IX	(capítulo **nono**)	Capítulo XV	(capítulo **quinze**)

Observação

Caso o numeral venha antes do substantivo, será obrigatório o ordinal independente de qualquer número:

I capítulo   (**primeiro** capítulo)
III capítulo   (**terceiro** capítulo)
X capítulo   (**décimo** capítulo)
XV capítulo   (**décimo quinto** capítulo)

2. Como você deve ter observado, o **numeral** que precede o substantivo deve ser sempre **lido como ordinal, concordando com o substantivo.** Observe:

VIII   Copa do Mundo   **(Oitava Copa do Mundo)**
V   Salão do Automóvel   **(Quinto Salão do Automóvel)**
XXIII   Fenit   **(Vigésima Terceira Fenit)**

PRONOME

Márcia é excelente aluna; **ela** tira sempre boas notas.
Os jogadores estavam bem; o técnico convocou-**os**.
Estas alunas organizaram o baile.
Aqueles jogadores estavam machucados.

Observe atentamente os termos destacados: nos dois primeiros exemplos sua função é substituir o nome; já nos dois últimos exemplos, sua função é acompanhar o substantivo, determinando a extensão de seu significado. Tais palavras são denominadas **pronomes**. Podemos, pois, apresentar a seguinte definição.

Pronome

É a palavra variável em gênero, número e pessoa que substitui ou acompanha o nome, indicando-o como pessoa do discurso.

Quando o pronome tem a função de substituir o substantivo, evidentemente ele exercerá a mesma função do substantivo, daí ser denominado **pronome substantivo**.

Ex.: **Paulo** tem vinte anos e **ele** já prestou serviço militar. (pronome substantivo)

Quando o pronome acompanha o substantivo, ele exerce a função de adjetivo, daí ser chamado **pronome adjetivo**.

Ex.: <u>Aquele</u> aluno estuda à noite. (pronome adjetivo)

AS PESSOAS DO DISCURSO

São três as pessoas do discurso:

1ª pessoa: aquele que fala, portanto, **o emissor**. São pronomes de primeira pessoa, entre outros: eu, nós, me, mim, comigo, conosco, meu, minha, nosso, nossa, este, esta, isto.

2ª pessoa: aquele com quem se fala, portanto, **o receptor**. São pronomes de segunda pessoa, entre outros: tu, vós, te, ti, contigo, convosco, teu, vosso, esse, essa, isso.

3ª pessoa: aquele de que ou de quem se fala, portanto, **o referente**. São pronomes de terceira pessoa entre outros: ele, ela, eles, elas, se, si, consigo, o, a, lhe, aquele, aquela, aquilo.

CLASSIFICAÇÃO DOS PRONOMES

Dependendo do que indica, o pronome pode ser:

1. pronome pessoal
2. pronome possessivo
3. pronome demonstrativo
4. pronome relativo
5. pronome indefinido
6. pronome interrogativo

Pronomes Pessoais

Pronomes pessoais são aqueles que indicam uma das três pessoas do discurso.

Os pronomes pessoais admitem **flexões de gênero, número e pessoa**, e apresentam variações de forma, dependendo da função que exercem na frase. Assim, o pronome será **reto** quando exercer a função de **sujeito** na frase, e **oblíquo** quando exercer a função de **complemento**. Observe os exemplos:

Eu te amo.   **Ela** deu-**me** flores.

Temos, aí, dois pronomes: **eu / ela** que exercem a função de **sujeito** da frase, são pronomes retos, e **te / me** que exercem a função de **complemento**, são pronomes oblíquos.

Dependendo da acentuação, os pronomes oblíquos podem ser:
a) **átonos**: não apresentam acentuação própria, e nunca virão precedidos de preposição. São pronomes oblíquos átonos, entre outros: **o, a, lhe, se.**
b) **tônicos**: como possuem acentuação própria, virão sempre precedidos de preposição. São pronomes oblíquos tônicos, entre outros: **mim, ti, si.**

Alguns pronomes oblíquos tônicos são formas combinadas com a preposição **com**; é o caso dos pronomes **comigo, contigo, conosco** e **convosco.**

Veja agora o quadro dos pronomes pessoais:

Número	pessoa	caso reto	caso oblíquo
Singular	1ª	eu	me, mim, comigo
	2ª	tu	te, ti, contigo
	3ª	ele, ela	se, si, consigo, o, a, lhe
Plural	1ª	nós	nos, conosco
	2ª	vós	vos, convosco
	3ª	eles, elas	se, si, consigo, os, as, lhes

Dentre os pronomes pessoais, merecem destaque os **pronomes de tratamento**.

O pronome de tratamento é empregado para nos dirigirmos a alguém, embora a concordância gramatical seja feita sempre com a terceira pessoa. Os pronomes de tratamento, com exceção do pronome **"você", são utilizados no tratamento cerimonioso e se escrevem com iniciais maiúsculas.** Observe alguns exemplos de pronome de tratamento:

pronome	abreviatura	emprego
Vossa Alteza	V.A.	príncipes, duques
Vossa Eminência	V.Em.ª	cardeais
Vossa Excelência	V.Ex.ª	altas autoridades em geral
Vossa Magnificência	V.Mag.ª	reitores de universidades
Vossa Reverendíssima	V.Rev.ᵐᵃ	sacerdotes em geral
Vossa Santidade	V.S.	papas
Vossa Senhoria	V.S.ª	funcionários graduados
Vossa Majestade	V.M.	reis, imperadores
Meritíssimo	V.Ex.ª	juízes de direito

EMPREGO DOS PRONOMES PESSOAIS

1. Os **pronomes retos** exercem a **função de sujeito da oração**, ao passo que o **pronome oblíquo** exerce a **função de complemento**. É errado, portanto, o emprego do pronome reto na função de complemento. Assim não se deve dizer "Convidei ele", e sim "Convidei-o".

2. Quando precedidos de preposição, os pronomes retos, com exceção de "eu e tu", passam a funcionar como pronomes oblíquos. Poderão, portanto, ser usados na função de complemento, como nos exemplos a seguir:

Convidei **a ele**.   Entregaram **a nós**.

3. Os pronomes retos **"eu e tu" não podem vir precedidos de preposição, exceto no caso de funcionarem como sujeito de um verbo no infinitivo.** Assim, são consideradas erradas as seguintes construções:

Entre eu e tu, não há qualquer divergência.

Ninguém sairá **sem eu**.   ERRADO

Devemos corrigi-las para:
Entre **mim** e **ti**, não há qualquer divergência.

Ninguém sairá **sem mim**.   CERTO

Já as seguintes construções:

Emprestaram o dinheiro para **eu** pagar a despesa.

Deram o livro para **tu** leres.   CERTO

Ninguém sairá sem **eu** autorizar.

São consideradas corretas, uma vez que os pronomes **eu e tu** estão **exercendo a função de sujeito de verbos no infinitivo**.

4. Os pronomes oblíquos **se, si** e **consigo devem ser sempre empregados como pronomes reflexivos**, como nos exemplos a seguir:

Ele machucou-**se**.

Cada um faça o exercício por **si**. CERTO

O turista trazia o passaporte **consigo**.

CAPÍTULO II – MORFOLOGIA | 81

Considera-se errado o emprego desses pronomes, caso não sejam reflexivos, como nos exemplos a seguir:

Maria Helena, preciso **falar consigo.**

Querida, gosto **muito de si.** | ERRADO |

5. Os pronomes oblíquos **conosco** e **convosco** normalmente são utilizados nessa forma sintética, isto é, combinados com a preposição **com.** Só se deve utilizar a forma analítica, isto é, não combinada com a preposição, quando vierem reforçados. Veja os exemplos a seguir:

Eles saíram **conosco.**

Eles saíram **com nós todos.**

6. Os pronomes oblíquos **me, te, lhe, nos** e **vos** podem aparecer combinados com os pronomes oblíquos **o, a, os, as.** Observe alguns exemplos dessas combinações:

me	+	o	=	**mo**	nos	+	o	=	**no-lo**
me	+	os	=	**mos**	nos	+	as	=	**no-las**
te	+	o	=	**to**	vos	+	o	=	**vo-lo**
lhe	+	a	=	**lha**	vos	+	as	=	**vo-las**

As formas de tratamento (**Majestade, Alteza, Excelência etc.**) serão precedidas de **Vossa, quando nos dirigimos diretamente à pessoa** representada pelo pronome, e de **Sua, quando fazemos referência a ela.** Observe:

Apresentou-se ao rei e perguntou-lhe:

— **Vossa Majestade** parece preocupado com seus problemas.

Sua Santidade, o Papa, deverá visitar o Brasil.

Pronomes Possessivos
São aqueles que dão ideia de posse com relação às pessoas do discurso.

Os pronomes possessivos **concordam em gênero e número com a coisa possuída, e em pessoa com o possuidor.**

Conheço **meu** bairro.

Viste **tua** colega chegar.

Conhecemos muito bem **nossos** alunos.

Observe agora a relação dos pronomes possessivos.

número	pessoa	pronomes possessivos
singular	1ª	meu, minha, meus, minhas
	2ª	teu, tua, teus, tuas
	3ª	seu, sua, seus, suas
plural	1ª	nosso, nossa, nossos, nossas
	2ª	vosso, vossa, vossos, vossas
	3ª	seu, sua, seus, suas

Emprego dos Pronomes Possessivos

1. Embora o pronome possessivo venha normalmente antes do nome a que se refere, nada impede que ele apareça depois do substantivo, como nos exemplos abaixo:

"E se isso lhe trouxer saudades **minhas**..."
(Roberto Carlos e Erasmo Carlos)

Observação

O pronome possessivo colocado depois do substantivo a que se refere pode alterar o sentido da frase. Compare:

Recebi **notícias suas.** (isto é, notícias sobre você)
Recebi **suas notícias.** (isto é, notícias transmitidas por você)

2. O emprego do pronome possessivo de terceira pessoa **seu** (e suas flexões) pode dar duplo sentido a uma frase (ambiguidade). Para evitar essa ambiguidade, deve-se substituir o possessivo **seu** (e suas flexões) por **dele** (e suas flexões).

Observe:

A ministra disse **ao deputado** que concordava com **sua** nomeação.
(nomeação de quem? da ministra? do deputado? ou do interlocutor?)
A ministra disse ao deputado que concordava com a nomeação **dela.**

• Dessa maneira, desfaz-se a ambiguidade, já que **fica claro que se trata da nomeação da ministra.**

Pronomes Demonstrativos

Pronomes demonstrativos são aqueles que **indicam a posição de algum ser em relação às pessoas do discurso, situando-o no tempo e/ou no espaço.**

São os seguintes os pronomes demonstrativos:

1ª pessoa	Este, esta, estes, estas, isto
2ª pessoa	Esse, essa, esses, essas, isso
3ª pessoa	Aquele, aquela, aqueles, aquelas, aquilo

Observação

Dependendo do contexto, também podem desempenhar o papel de pronome demonstrativo: **mesmo, próprio, semelhante, tal** e **o, as, os, as** (quando equivalendo a aquele(s), aquela(s), aquilo).

Exemplos: Não me preocupo com **tal** problema. (aquele)

O **próprio** pai veio denunciar o filho. (em pessoa)

Eu **mesma** comprovei que tudo estava certo. (em pessoa)

Não sei **o** que ele quer. (o = aquilo)

• Todo **o** antes de **que** é pronome demonstrativo

Emprego dos pronomes demonstrativos

1. **Na indicação de localização no espaço, utilizam-se:**

a) os demonstrativos de primeira pessoa (**este, esta, isto**), para indicar que o ser está relativamente próximo à pessoa que fala.

Exs.: **Este** livro (que trago nas mãos) é um romance.

Isto (que está) aqui (comigo) é um presente para você.

b) os demonstrativos de segunda pessoa (**esse, essa, isso**), para indicar que o ser está relativamente próximo à pessoa com quem se fala.

Exs.: **Esse** livro (**que está com você**) é um romance.

Isso (que está contigo) é um presente.

c) os demonstrativos de terceira pessoa (**aquele, aquela, aquilo**), para indicar que o ser está relativamente próximo da pessoa de quem se fala, ou ainda distante dos interlocutores.

Exs.: **Aquele** livro (que está com o professor) é um romance.

Aquilo (que está com o diretor) é um presente.

2. Na indicação de localização no tempo, utilizam-se:

a) os demonstrativos de primeira pessoa (**este, esta, isto**), **para indicar tempo presente**, ou bastante próximo do momento em que se fala.
Ex.: Pretendo entrar na faculdade ainda **este** ano.

b) os demonstrativos de segunda pessoa (**esse, essa, isso**), **para indicar tempo passado** relativamente próximo ao momento em que se fala.
Ex.: No ano passado fui à Bahia: **nesse** ano pulei carnaval.

c) os demonstrativos de terceira pessoa (**aquele, aquela, aquilo**), **para indicar tempo passado** remoto, ou bastante vago.
Ex.: Em 1950 a Copa do Mundo ocorreu no Brasil: **naquele** ano o Uruguai sagrou-se campeão.

3. Os pronomes demonstrativos também são utilizados com referência ao que ainda será falado, ou àquilo de que já se falou.

a) Os demonstrativos de primeira pessoa (**este, esta, isto**) são utilizados com referência àquilo de que ainda se vai falar.
Exs.: **Estas** são as alunas aprovadas: Lúcia, Luciana e Sandra.
Desejo sinceramente **isto**: que todos voltem.

b) Os demonstrativos de segunda pessoa (**esse, essa, isso**) são utilizados com referência àquilo que foi falado.
Exs.: Lúcia, Luciana e Sandra, **essas** são as aprovadas.
Que todos voltem, **isso** é o que mais desejo agora.

Pronomes Relativos

Pronomes relativos são aqueles que **retomam um termo expresso anteriormente**, por isso mesmo chamado **antecedente**.

Observe o exemplo:
Não vi os alunos **que** chegaram.

Note que o pronome relativo **que** retoma o termo antecedente alunos, introduzindo-o na oração seguinte.

São os seguintes os pronomes relativos:

que (quando equivale a **o qual** e flexões)
quem (quando equivale a **o qual** e flexões)
onde (quando equivale a **no qual** e flexões)
o qual, a qual, os quais, as quais
cujo, cuja, cujos, cujas
quanto, quanta, quantos, quantas

Observe que apenas os pronomes relativos **que, quem** e **onde** são invariáveis. Os demais admitem flexões de gênero e de número.

Emprego dos pronomes relativos

1. O pronome relativo **quem** é empregado com relação a pessoas ou seres personificados e será sempre precedido de preposição.

Esta é a aluna **a quem** você quer bem.

Observação
Há casos em que o pronome relativo **"quem"** é empregado sem antecedente claro. Quando isso ocorre, é classificado como **relativo indefinido**, e não vem precedido de preposição. **Quem** casa quer casa.

2. O pronome relativo **que** tanto pode ser empregado com relação a coisas quanto a pessoas. Observe:

João é o aluno **que** mais faltou.

Não recolheram os papéis **que** sobraram.

3. O pronome relativo **cujo** (e flexões) é empregado para dar ideia de posse. **Tem função de adjunto adnominal**.

Este é o aluno de **cujo** pai lhe falei. (pai do aluno)

4. O pronome relativo **quanto** (e flexões) normalmente **tem por antecedente os pronomes indefinidos tudo, tantas** etc.

Falou **tudo quanto** queria falar.

5. Atenção: a forma **quanta** não é pronome relativo.

Pronomes Indefinidos

Pronomes Indefinidos são aqueles que **se referem à terceira pessoa do discurso** quando considerada **de modo impreciso, vago, genérico.**

São os seguintes os pronomes indefinidos:

Invariáveis	Variáveis
quem, alguém, ninguém, tudo, nada, onde, outrem, que, cada, algo	algum, nenhum, todo, vário, certo, muito, pouco, tanto, qual, qualquer

Exemplos:
Alguém me roubou a carteira.
Algo aconteceu naquela cidade.

Observe que os pronomes indefinidos podem se referir a:
a) pessoas: **quem, alguém** etc.
b) coisas: **algo, tudo** etc.
c) lugares: **onde, alhures** etc.

Alguns pronomes indefinidos podem dar ideia de conjunto ou quantidade indeterminada. Observe:

Todos saíram.   **Muitos** faltaram.   **Poucos** vieram.

Emprego dos pronomes indefinidos

1. O pronome indefinido **"algum"**, **quando vier depois do nome a que se refere, assume valor negativo**, equivalendo **a nenhum.**
Computador **algum** resolveria esse problema.

2. O pronome indefinido **"cada" deve ser sempre seguido de um substantivo, ou numeral**.
Receberam dez discos **cada** um.

3. "Certo" é pronome indefinido quando vier antes do nome a que estiver se referindo. Se vier posposto ao nome, será adjetivo.
Certas pessoas estudam com as pessoas **certas**.
    ↓   ↓
pronome   adjetivo
indefinido

CAPÍTULO II – MORFOLOGIA | 87

Pronomes Interrogativos

Pronomes interrogativos são aqueles com os quais formulamos frases interrogativas, diretas ou indiretas.

São os seguintes os pronomes interrogativos:

invariáveis	**variáveis**
quem, que	qual, quanto

Exemplos:

Quem resolveu este exercício?
Que você pretende fazer hoje?
Quais alunos saíram?
Quantas pessoas faltaram?

Observe que os pronomes interrogativos assemelham-se muito aos pronomes indefinidos. A diferença consiste no seguinte: **os pronomes "quem", "que", "qual" e "quanto" só serão classificados como interrogativos quando aparecerem em frases interrogativas, caso contrário, serão classificados como indefinidos.**

Exercícios de Fixação

1. Complete com as formas de tratamento adequadas:

a) _____, o príncipe William, casou-se em 2011.

b) _____, o Papa, visitará o Brasil.

c) _____, o Ministro da Fazenda, garantiu um melhor salário-mínimo.

d) _____, o Cardeal de São Paulo, fará sua conferência amanhã.

e) _____, a rainha da Inglaterra, parte para o Oriente.

f) _____, o Reitor da Universidade Mackenzie, fará uma palestra hoje.

g) _____, o Sr. Presidente da República, veio a São Paulo.

h) Pedimos a _____, gerente da seção, que solucione nosso problema.

2. As frases a seguir apresentam algum erro com relação ao emprego do pronome. Reescreva-as, corrigindo-as.

a) Não deram o dinheiro para mim comprar os livros.

_____

b) Convidei ele para a inauguração do prédio.

_____

c) Entre eu e tu, não deve haver qualquer constrangimento.

_____

d) Não vá a lugar nenhum sem eu.

_____

e) Falta pouco para mim descobrir a verdade.

_____

f) Gostariam de falar com nós ainda hoje.

_____

3. As frases abaixo apresentam "erro" na concordância do pronome de tratamento. Reescreva-as, corrigindo-as.

a) Vossa Majestade pareceis saber de vossos problemas.

_____

b) Vossa Excelência não confiais nos vossos assessores.

_____

4. Marque:

I. pronomes substantivos
II. pronomes adjetivos

a) (   ) **Aqueles** homens trabalham à noite.
b) (   ) **Isso** deve ser resolvido com urgência.
c) (   ) Não conheço **estas** alunas.
d) (   ) Convidei-**o** para a festa.
e) (   ) Não encontrei a rua **que** procurava.
f) (   ) **Ela** está sempre bonita.

5. Complete as frases a seguir, utilizando os pronomes demonstrativos "Este ou Esse".

a) _____ carro que está comigo é azul.

b) _____ carro que está com você é cinza.

6. Nas alternativas abaixo, complete as frases, utilizando o pronome demonstrativo adequado.

a) Florianópolis e Salvador são duas capitais brasileiras: _____ é capital da Bahia; _____ é capital de Santa Catarina.

b) José de Alencar e Bernardo Guimarães são autores românticos: _____ escreveu "*Iracema*"; _____ , "*A Escrava Isaura*".

7. Nos exercícios abaixo ocorrem duas frases isoladas que apresentam um termo comum. Relacione-as, substituindo o termo comum por um pronome relativo.

a) Não conheço o lugar. Você mora no lugar.

_____.

b) Não vi as pessoas. As pessoas chegaram.

_____.

c) Você se referiu ao livro. O livro está esgotado.

_____.

d) Os alunos tiveram nota baixa. A redação dos alunos continha muitos erros.

_____.

8. Qual o sentido dos pronomes destacados na frase abaixo?
É melhor **algum** livro que livro **algum**.

_____

9. Substitua os pronomes oblíquos destacados por um possessivo.

a) Roubaram-**me** a caneta.

_____

b) Escutei-**lhe** as recomendações.

_____

AS CATEGORIAS GRAMATICAIS INVARIÁVEIS

Passaremos agora ao estudo das categorias gramaticais invariáveis. Como já foi assinalado anteriormente, são invariáveis: o **advérbio**, a **preposição**, a **conjunção** e a **interjeição**. Vejamos cada uma delas separadamente.

ADVÉRBIO

Observe os exemplos:
Luana *chegou* **cedo**.
Luana estava **bem** *vestida*.
Luana chegou **muito** *cedo*.

As palavras em destaque **referem-se a um verbo (chegou)**, a um **adjetivo (vestida)** e a um **advérbio (cedo)**, com a função específica de modificar essas palavras, acrescentando-lhes uma determinada circunstância (tempo, modo e intensidade, respectivamente). As palavras que exercem esse tipo de função são denominadas **advérbios**. Podemos, então, definir:

> **Advérbio** é a palavra que modifica *o* **verbo**, *o* **adjetivo** ou outro **advérbio**, indicando uma determinada circunstância (tempo, modo, lugar, intensidade etc.).

Observação

Em alguns casos, o advérbio pode modificar uma frase inteira. É o que ocorre, por exemplo, em: <u>**Infelizmente**</u>, <u>ninguém obteve a nota mínima</u>.
　　　　　　　　　　　　advérbio　　　　　　　　oração

Classificação dos advérbios

Os advérbios exprimem inúmeras circunstâncias e costumam ser classificados de acordo com a circunstância que expressam.

Daí falarmos em:
　a) **advérbios de lugar**: aqui, ali, aí, cá, lá, longe, perto, junto, acima, abaixo, atrás, adiante, dentro, fora, além, adiante etc.

b) **advérbios de tempo**: amanhã, agora, hoje, ontem, antes, já, jamais, nunca, sempre, antes, breve, tarde, cedo, ainda etc.
c) **advérbios de modo**: bem, mal, melhor, pior, assim, depressa, devagar, e a maioria dos advérbios terminados em **-mente** (suavemente, calmamente, alegremente etc.).
d) **advérbios de negação**: não, tampouco etc.
e) **advérbios de dúvida**: talvez, quiçá, acaso, possivelmente, provavelmente etc.
f) **advérbios de intensidade**: muito, pouco, bastante, bem, mais, menos, demais, tanto etc.
g) **advérbios de afirmação**: sim, certamente, realmente, efetivamente etc.

Observação

As palavras **"onde"**, **"como"**, **"quanto"** e **"quando"**, usadas em frases **interrogativas diretas ou indiretas**, são classificadas como **advérbios interrogativos**.

Onde você fica nas férias?	(interrogativa direta)
Não sei **onde** te encontrar.	(interrogativa indireta)
Como você resolveu o exercício?	(interrogativa direta)
Não sei **como** você saiu.	(interrogativa indireta)

conjunção integrante

Há casos em que o advérbio é representado não por uma única palavra, mas por uma expressão que exerce a mesma função do advérbio. Essas expressões que exercem a função dos advérbios são denominadas **locuções adverbiais**. Veja alguns exemplos de locuções adverbiais:

à direita, à esquerda, à frente, à vontade, de cor, em vão, por acaso, frente a frente, de maneira alguma, de manhã, de súbito, de propósito, de repente, em geral, de modo nenhum, de vez em quando, em breve etc.

Os advérbios, embora pertençam à categoria das palavras invariáveis, podem apresentar variações com relação ao grau. Além do grau normal, o advérbio, assim como o adjetivo, pode-se apresentar no **grau comparativo** e no **grau superlativo**.

1. grau comparativo: quando a circunstância expressa pelo advérbio aparece em relação de comparação. Pode ser:

a) **comparativo de igualdade:**
  Chegarei tão **cedo quanto** você.
b) **comparativo de superioridade:**
  Chegarei mais **cedo (do) que** você.
c) **comparativo de inferioridade:**
  Chegarei menos **cedo (do) que** você.

2. grau superlativo: nesse caso, a circunstância expressa pelo advérbio aparecerá intensificada. O grau superlativo do advérbio pode ser formado tanto pelo processo sintético (acréscimo de sufixo) como pelo processo analítico (outro advérbio estará indicando o grau superlativo). Confira os exemplos a seguir:

  Cheguei **tardíssimo.** (superlativo sintético)
  Cheguei muito **tarde.** (superlativo analítico)

Observação

Os advérbios **bem** e **mal** admitem o grau comparativo de superioridade sintético:

  melhor e **pior**, respectivamente.

Emprego dos advérbios

1. Na linguagem coloquial, muitas vezes, o advérbio recebe sufixo diminutivo. Nesses casos, embora ocorra sufixo diminutivo, o advérbio assume valor superlativo.

  Observe: Cheguei **cedinho.** (isto é, **muito cedo**)

Observação

A repetição de um mesmo advérbio também assume valor superlativo.

  Ele chegou **tarde, tarde.**

---

2. Quando vários advérbios terminados pelo sufixo **-mente** estiverem coordenados é comum utilizar-se esse sufixo apenas no último advérbio, como no exemplo a seguir:

  Lígia passeava **calma, tranquila e sossegadamente** pelas ruas.

CAPÍTULO II – MORFOLOGIA | 93

3. Antes de particípios, os advérbios **bem e mal** devem ser utilizados nas formas analíticas do comparativo de superioridade (**mais bem e mais mal**), e não nas formas sintéticas (**melhor e pior**). Verifique:

Aquele atleta estava **mais bem** <u>preparado</u> do que o colega.

Seu trabalho foi **mais mal** <u>executado</u> que o anterior.

PALAVRAS DENOTATIVAS

Há, na Língua Portuguesa, uma série de palavras que se assemelham a advérbios. A Nomenclatura Gramatical Brasileira não faz nenhuma classificação especial para essas palavras, por isso elas são chamadas simplesmente de **palavras denotativas.** Veja agora alguns exemplos dessas palavras e o que elas podem estar indicando:

a) **inclusão**: até, inclusive, também etc.

b) **exclusão**: apenas, salvo, menos, exceto etc.

c) **explicação**: isto é, a saber, por exemplo, ou seja etc.

d) **retificação**: ou seja, aliás, ou melhor etc.

e) **realce**: cá, lá, é que etc.

f) **situação**: afinal, agora, então etc.

g) **designação**: eis.

PREPOSIÇÃO

Preposição é a palavra invariável que une termos de uma oração, subordinando um ao outro.

Cheguei **de** ônibus.

Moro **em** São Paulo.

Estou **com** você.

Certas palavras são **essencialmente preposições**, isto é, na quase totalidade das vezes em que são empregadas exercem a **função específica de preposição**. Outras palavras, no entanto, não sendo propriamente preposições, podem acidentalmente exercer a função de preposição. Assim, podemos dividir as preposições em:

a) **essenciais: a, ante, após, até, com, contra, de, desde, em, entre, para, per, perante, por, sem, sob, sobre, trás.**

b) **acidentais: afora, conforme, consoante, durante, exceto, salvo, se-gundo, senão etc.**

- **O conjunto de duas ou mais palavras que desempenham a função de preposição recebe o nome de locução prepositiva.**

Exemplos:
abaixo de, acerca de, a fim de, além de, ao lado de, apesar de, através de, de acordo com, em vez de, junto de, perto de etc.

Emprego das preposições

1. Algumas preposições podem aparecer unidas a outras palavras. Nesse caso, poderemos ter duas situações:

a) **combinação**: quando, na junção da preposição com outra palavra, **não ocorrer perda de elemento fonético.** Por exemplo:
ao (preposição a + artigo o)
aonde (preposição a + advérbio onde)

b) **contração**: quando, **na junção da preposição com outra palavra, houver perda de algum elemento fonético.** Por exemplo:
do (preposição **de** + artigo **o**)
neste (preposição **em** + pronome **este***)*

2. As preposições podem estabelecer diversas relações entre as palavras que unem. Veja algumas:

caneta **de** Maria	(relação de posse)
ver **de** perto	(relação de lugar)
mesa **de** trabalho	(relação de finalidade)
morreu **de** tuberculose	(relação de causa)
falava **de** política	(relação de assunto)
saiu **com** os amigos	(relação de companhia)
sou **de** Minas Gerais	(relação de origem)
bola **de** couro	(relação de matéria)

3. Na linguagem culta, **não se deve contrair a preposição "de" se o termo seguinte estiver exercendo a função sintática de sujeito** de um verbo.

Está na hora **da** onça beber água.

Chegou a hora **dele** falar. ERRADO

Observação

Por essa regra, tais construções são consideradas **erradas**, já que a preposição **de**, no primeiro exemplo, contraiu-se com o artigo **a** do sujeito **a onça** e, no segundo exemplo, com o pronome **ele**, que é sujeito do **verbo falar**. Tais construções devem ser corrigidas para:

Esta na hora **de a** onça beber água.

Chegou a hora **de ele** falar. ⬚ CERTO ⬚

CONJUNÇÃO

Tomemos os seguintes exemplos:

Pedro **e** Paulo foram reprovados.

O proletário francês veste-se mal **e** come bem.

No primeiro exemplo, a palavra em destaque está ligando dois termos que exercem a mesma função sintática dentro de uma mesma oração. Já no segundo exemplo, a palavra destacada liga duas orações. As palavras que exercem essas funções são chamadas de **conjunções**. Podemos, então, definir:

> **Conjunção é a palavra invariável que liga duas orações ou dois termos que exercem a mesma função sintática em uma oração.**

Classificação das conjunções

As conjunções classificam-se em:

1. Conjunções Coordenativas: ligam duas orações independentes (coordenadas), ou dois termos que exercem a mesma função sintática dentro da oração. As conjunções coordenativas podem ser:

a) **aditivas** (indicam adição, soma): e, nem, mas também, mas ainda etc.

b) **adversativas** (indicam adversidade, oposição): mas, porém, todavia, contudo, entretanto, no entanto etc.

c) **alternativas** (indicam alternância, exclusão, escolha): ou... ou, ora... ora, quer... quer, já... já etc.

d) **conclusivas** (indicam conclusão): logo, portanto, então, pois (depois de verbo) etc.

e) **explicativas** (indicam explicação, justificação): pois, porque, que etc.

2. **Conjunções Subordinativas**: ligam duas orações dependentes, subordinando uma à outra. As conjunções subordinativas podem ser:

a) **causais** (introduzem orações subordinadas que exprimem ideia de causa, motivo): **porque, visto que, já que, uma vez que, desde que, porquanto etc.**

b) **comparativas** (introduzem orações subordinadas que exprimem ideia de comparação): **como, que (precedido de mais ou de menos), tal qual, tanto como etc.**

c) **condicionais** (introduzem orações subordinadas que exprimem ideia de condição): **caso, se, contanto que, desde que, salvo se, a não ser que, a menos que, sem que etc.**

d) **consecutivas** (introduzem orações subordinadas que exprimem ideia de consequência, resultado, efeito): **que** (precedido de termo que indica intensidade: **tão, tal, tanto**, de modo que, de maneira que etc.

e) **conformativas** (introduzem orações subordinadas que exprimem ideia de conformidade, adequação): **conforme, segundo, consoante, como etc.**

f) **concessivas** (introduzem orações subordinadas que exprimem ideia de concessão):

embora, se bem que, ainda que, mesmo que, por mais que, conquanto, nem que etc.

g) **temporais** (introduzem orações subordinadas que exprimem ideia de tempo): **quando, enquanto, logo que, desde que, mal, sempre que, antes que, assim que, até que etc.**

h) **finais** (introduzem orações subordinadas que exprimem ideia de finalidade): **a fim de que, para que, que etc.**

i) **proporcionais** (introduzem orações subordinadas que exprimem ideia de proporção): **à medida que, à proporção que, ao passo que etc.**

j) **integrantes** (introduzem as orações subordinadas substantivas): **que, se.**

- Quando a função de conjunção é exercida por mais de uma palavra (como em vários exemplos da relação acima), temos uma **locução conjuntiva.**

INTERJEIÇÃO

Observe as frases abaixo:

Oba! Até que enfim você chegou.

Ufa! Não foi fácil resolver este exercício.

Ai! Pisaram o meu pé.

Os termos destacados, nos contextos em que aparecem, têm a função de expressar estados emocionais do emissor (alegria, alívio, dor, respectivamente). As palavras que exercem essa função são denominadas **interjeições**. Podemos, com base nisso, apresentar a definição a seguir:

> **Interjeição é a palavra invariável cuja função é exprimir emoções súbitas.**

As interjeições podem expressar, de acordo com o contexto, sentimentos e emoções variados. Veja agora alguns exemplos de interjeições, e os estados emocionais que elas expressam:

a) **alegria**: ah!, oh!, oba! etc.

b) **advertência**: cuidado!, atenção! etc.

c) **afugentamento**: fora!, rua!, passa!, xô! etc.

d) **alívio**: ufa!, arre!

e) **animação**: coragem!, avante!, eia!

f) **aplauso**: bravo!, bis!, mais um! etc.

g) **chamamento**: alô!, olá!, psit! etc.

h) **desejo**: oxalá!, tomara! etc.

i) **dor**: ai!, ui! etc.

j) **espanto**: puxa!, oh!, chi!, ué! etc.

k) **impaciência**: hum!, hem!, puxa! etc.

l) **silêncio**: silêncio!, psiu!, quieto!

• Em alguns casos são utilizados grupos de palavras com o mesmo valor da interjeição: são as chamadas **locuções interjetivas** como, por exemplo: puxa vida!, não diga!, que horror!, graças a Deus!, ora bolas!, cruz credo! etc.

VERBO

1. Considere estes exemplos:

O criado **abriu** o portão.   (**abriu** exprime **uma ação**)
Fernando **estava** doente.   (**estava** exprime **um estado, uma situação**)
Nevou em São Joaquim.   (**nevou** exprime **um fato, um fenômeno**)

As palavras: **abriu, estava** e **nevou** são verbos.

> **Verbo é uma palavra que exprime ação, estado, fato ou fenômeno e é indispensável na organização do período.**

Dentre as classes de palavras, o verbo é a mais rica em flexões. Com efeito, o verbo reveste diferentes formas para indicar: **a pessoa do discurso, o número, o tempo, o modo e a voz.**

2. O verbo varia para indicar o número e a pessoa. Exemplo:

singular		plural	
1ª pessoa	eu **penso**	nós **pensamos**	
2ª pessoa	tu **pensas**	vós **pensais**	
3ª pessoa	ele **pensa**	eles **pensam**	

3. Os **tempos** situam o **fato ou a ação verbal** dentro de determinado momento (**durante** o ato da comunicação, **antes**, ou **depois** dele). São três os tempos verbais:

– o **presente**: Agora eu leio.

– o **pretérito**: (= passado)
- **imperfeito**: Depois de entrar, ele **trancava** a porta.
- **perfeito**: Ele **trancou** a porta.
- **mais-que-perfeito**: Mal cheguei, ele já **trancara** a porta.

– o **futuro**: – **do presente**: Beatriz **ganhará** o prêmio.
           – **do pretérito**: Beatriz **ganharia** o prêmio.

Não nos parece adequada a denominação **futuro do presente**. Bastaria chamar esse tempo simplesmente de **futuro**.

CAPÍTULO II – MORFOLOGIA | 99

Quanto à forma, os tempos podem ser simples ou compostos.

Na conjugação ativa, os **tempos simples** apresentam-se sob **formas simples** (*leio, andava, corremos* etc.) e os compostos, sob formas compostas: *tenho lido, tinham andado, havia corrido* etc.

Na voz passiva, tanto **os tempos simples como os compostos** apresentam formas compostas: *sou premiado, fomos chamados, tens sido visto* etc.

4. Os **modos** indicam as diferentes maneiras de um fato se realizar. **São três:**
– o **indicativo** – exprime um fato certo, positivo:
    Vou hoje. **Saíram** cedo.
– o **imperativo** – exprime ordem, proibição, conselho, pedido:
    Volte logo. Não **fiquem** aqui. **Sejam** prudentes.
– o **subjuntivo** – enuncia um fato possível, duvidoso, hipotético:
    É possível que chova. Se você trabalhasse, não passaria fome.

5. Além desses três modos, existem as **formas nominais do verbo, que enunciam simplesmente um fato, de maneira vaga, imprecisa, impessoal.** São formas nominais do verbo:
– o **infinitivo**: plantar, vender, ferir
– o **gerúndio**: plantando, vendendo, ferindo
– o **particípio**: plantado, vendido, ferido

Observação
Chamam-se **formas nominais** porque, sem embargo de sua significação verbal, **podem desempenhar as funções próprias dos nomes substantivos e adjetivos.** Exemplos: o **andar**,   água **fervendo**,   tempo **perdido**.

O **infinitivo** pode ser **pessoal** ou **impessoal**. Denomina-se:
– **pessoal**, quando tem sujeito.
 Para **sermos** vencedores é preciso lutar. (sujeito: *nós*)
– **impessoal**, quando não tem sujeito.
 Ser ou não **ser**, eis a questão.

O infinitivo pessoal ora se apresenta *flexionado*, ora *não flexionado*:
– **flexionado**: andares, andarmos, andardes, andarem
- **não flexionado**: andar eu, andar ele

6. Quanto à voz, os verbos se classificam em:
- **ativos**: O patrão **chamou** o empregado.
- **passivos**: O empregado **foi chamado** pelo patrão.
- **reflexivos**: A criança **feriu-se** na gangorra.

7. Verbos auxiliares são os que se juntam a uma forma nominal de outro verbo para constituir a voz passiva, os tempos compostos e as locuções verbais:

Somos castigados pelos nossos erros.
Tenho estudado muito esta semana.
Jacinto **havia chegado** naquele momento.
O mecânico **estava consertando** o carro.
O secretário **vai anunciar** os resultados.
Começava a escurecer na cidade de Itu.

Conjugações

8. Os verbos da língua portuguesa se agrupam em três conjugações de conformidade com a terminação do infinitivo:

1) Os da **1ª conjugação** terminam em -**ar**: cantar, falar, amar etc.
2) Os da **2ª conjugação** terminam em -**er**: bater, comer, ver etc.
3) Os da **3ª conjugação** terminam em -**ir**: partir, abrir, rir etc.

Cada conjugação se caracteriza por uma vogal temática:

a > 1ª conjugação: lev**a**r
e > 2ª conjugação: bat**e**r
i > 3ª conjugação: un**i**r

Ao "radical" acrescido de vogal temática chama-se "tema". *Nos verbos supracitados* **os temas são: leva-, bate-** *e* **uni-,** *respectivamente.*

Observações

1) *O verbo* **pôr,** *antigo* **poer,** *perdeu a vogal temática do infinitivo. É um verbo anômalo da 2ª conjugação.*

2) A nossa língua possui aproximadamente onze mil verbos, dos quais mais de dez mil são da 1ª conjugação. *Hoje, esta é a única conjugação prolífica (por exemplo,* **televisionar, teleguiar, agilizar, deletar** *etc.).*

Formação dos Tempos Compostos

9. Eis como se formam os tempos compostos:

- Os tempos compostos da voz ativa são formados pelos verbos auxiliares **ter** ou **haver**, seguidos do particípio do verbo principal:

Tenho trabalhado muito.
Havíamos saído cedo.

- Os tempos compostos da voz passiva se formam com o concurso simultâneo dos auxiliares **ter (ou haver) e ser**, seguidos do particípio do verbo principal:

Tenho sido maltratado por ele.
Os dois **tinham (ou haviam) sido vistos** no cinema.

Outro tipo de conjugação composta (também chamada conjugação perifrástica) são as **locuções verbais**, constituídas de verbos auxiliares mais gerúndio ou infinitivo:

Tenho de ir hoje. **Hei de ir** amanhã.
Estava lendo o jornal.
Que **vais fazer?**
Ela **começou a rir**, não **queria comprometer-se.**

Verbos regulares – Verbos irregulares

10. Quanto à conjugação, dividem-se os verbos em:

a) regulares – os que seguem um paradigma ou modelo comum de conjugação, mantendo o **radical invariável**: cantar, bater, partir etc.

b) irregulares – os que **sofrem alterações no radical** e/ou nas terminações, afastando-se do paradigma: dar, trazer, dizer, ir, ouvir etc.

Observação

Entre os irregulares destacam-se os **anômalos**, como o verbo *pôr* (sem vogal temática no infinitivo), *ser e ir* (que apresentam radicais diferentes).

---

c) defectivos – os que **não possuem a conjugação completa, não sendo usados em certos** modos, tempos ou pessoas: *abolir, reaver, precaver.*

Formação do Imperativo

Dica Preciosa

O presente do subjuntivo é o grande responsável pela Formação do Imperativo:

- Se o verbo for da 1ª conjugação **ar,** o presente do subjuntivo far-se-á com **e.**
  Ex.: Cant**ar** – Que eu cant**e,** tu cant**es,** ele cant**e,** nós cant**emos,** vós cant**eis,** eles cant**em.**

- Se o verbo for da 2ª ou 3ª conjugações **er, ir,** o presente do subjuntivo far-se-á com **a.**
  Ex.: Vend**er** – Que eu vend**a,** tu vend**as,** ele vend**a,** nós vend**amos,** vós vend**ais,** eles vend**am.**

- Lembre-se de que o **Imperativo Afirmativo é formado com três pessoas do presente do subjuntivo (ele, nós, eles) e (tu e vós) do presente do indicativo,** menos o **"s".**

O **Imperativo Negativo far-se-á com todas as pessoas do Pres. Subj. (ele, nós, vós, eles).**

O **Imperativo Afirmativo se forma assim: a 2ª pessoa do singular (tu) e a 2ª do plural (vós) derivam das pessoas correspondentes do presente do indicativo, suprimindo-se o "s" final; as demais pessoas (você, nós, vocês) são tomadas do presente do subjuntivo, sem qualquer alteração.**

O **Imperativo Negativo** não possui, em português, formas especiais: **suas pessoas são iguais às correspondentes do presente do subjuntivo.**

Atente-se para o seguinte quadro da:

FORMAÇÃO DO IMPERATIVO

PESSOAS	INDICATIVO	IMPERATIVO	SUBJUNTIVO	IMPERATIVO
Tu	dizes >	dize	digas >	não digas
você		diga	diga >	não diga
nós		digamos	digamos >	não digamos
vós	dizeis >	dizei	digais >	não digais
vocês		digam	digam >	não digam

VERBOS AUXILIARES

INDICATIVO

ser   **estar**   **ter**   **haver**

1. Presente

sou	estou	tenho	hei
és	estás	tens	hás
é	está	tem	há
somos	estamos	temos	havemos
sois	estais	tendes	haveis
são	estão	têm	hão

2. Pretérito imperfeito

era	estava	tinha	havia
eras	estavas	tinhas	havias
era	estava	tinha	havia
éramos	estávamos	tínhamos	havíamos
éreis	estáveis	tínheis	havíeis
eram	estavam	tinham	haviam

3. Pretérito perfeito simples

fui	estive	tive	houve
foste	estiveste	tiveste	houveste
foi	esteve	teve	houve
fomos	estivemos	tivemos	houvemos
fostes	estivestes	tivestes	houvestes
foram	estiveram	tiveram	houveram

4. Pretérito perfeito composto

tenho sido	tenho estado	tenho tido	tenho havido
tens sido	tens estado	tens tido	tens havido
tem sido	tem estado	tem tido	tem havido
temos sido	temos estado	temos tido	temos havido
tendes sido	tendes estado	tendes tido	tendes havido
têm sido	têm estado	têm tido	têm havido

5. Pretérito mais-que-perfeito simples

fora	estivera	tivera	houvera
foras	estiveras	tiveras	houveras
fora	estivera	tivera	houvera
fôramos	estivéramos	tivéramos	houvéramos
fôreis	estivéreis	tivéreis	houvéreis
foram	estiveram	tiveram	houveram

6. Pretérito mais-que-perfeito composto

tinha sido	tinha estado	tinha tido	tinha havido
tinhas sido	tinhas estado	tinhas tido	tinhas havido
tinha sido	tinha estado	tinha tido	tinha havido
tínhamos sido	tínhamos estado	tínhamos tido	tínhamos havido
tínheis sido	tínheis estado	tínheis tido	tínheis havido
tinham sido	tinham estado	tinham tido	tinham havido

7. Futuro do presente simples

serei	estarei	terei	haverei
serás	estarás	terás	haverás
será	estará	terá	haverá
seremos	estaremos	teremos	haveremos
sereis	estareis	tereis	havereis
serão	estarão	terão	haverão

8. Futuro do presente composto

terei sido	terei estado	terei tido	terei havido
terás sido	terás estado	terás tido	terás havido
terá sido	terá estado	terá tido	terá havido
teremos sido	teremos estado	teremos tido	teremos havido
tereis sido	tereis estado	tereis tido	tereis havido
terão sido	terão estado	terão tido	terão havido

9. Futuro do pretérito simples

seria	estaria	teria	haveria
serias	estarias	terias	haverias
seria	estaria	teria	haveria
seríamos	estaríamos	teríamos	haveríamos
seríeis	estaríeis	teríeis	haveríeis
seriam	estariam	teriam	haveriam

10. Futuro do pretérito composto

teria sido	teria estado	teria tido	teria havido
terias sido	terias estado	terias tido	terias havido
teria sido	teria estado	teria tido	teria havido
teríamos sido	teríamos estado	teríamos tido	teríamos havido
teríeis sido	teríeis estado	teríeis tido	teríeis havido
teriam sido	teriam estado	teriam tido	teriam havido

SUBJUNTIVO

1. Presente

seja	esteja	tenha	haja
sejas	estejas	tenhas	hajas
seja	esteja	tenha	haja
sejamos	estejamos	tenhamos	hajamos
sejais	estejais	tenhais	hajais
sejam	estejam	tenham	hajam

2. Pretérito imperfeito

fosse	estivesse	tivesse	houvesse
fosses	estivesses	tivesses	houvesses
fosse	estivesse	tivesse	houvesse
fôssemos	estivéssemos	tivéssemos	houvéssemos
fôsseis	estivésseis	tivésseis	houvésseis
fossem	estivessem	tivessem	houvessem

3. Pretérito perfeito

tenha sido	tenha estado	tenha tido	tenha havido
tenhas sido	tenhas estado	tenhas tido	tenhas havido
tenha sido	tenha estado	tenha tido	tenha havido
tenhamos sido	tenhamos estado	tenhamos tido	tenhamos havido
tenhais sido	tenhais estado	tenhais tido	tenhais havido
tenham sido	tenham estado	tenham tido	tenham havido

4. Pretérito mais-que-perfeito

tivesse sido	tivesse estado	tivesse tido	tivesse havido
tivesses sido	tivesses estado	tivesses tido	tivesses havido
tivesse sido	tivesse estado	tivesse tido	tivesse havido
tivéssemos sido	tivéssemos estado	tivéssemos tido	tivéssemos havido
tivésseis sido	tivésseis estado	tivésseis tido	tivésseis havido
tivessem sido	tivessem estado	tivessem tido	tivessem havido

5. Futuro simples

se eu for	se eu estiver	se eu tiver	se eu houver
se tu fores	se tu estiveres	se tu tiveres	se tu houveres
se ele for	se ele estiver	se ele tiver	se ele houver
se nós formos	se nós estivermos	se nós tivermos	se nós houvermos
se vós fordes	se vós estiverdes	se vós tiverdes	se vós houverdes
se eles forem	se eles estiverem	se eles tiverem	se eles houverem

6. Futuro composto

tiver sido	tiver estado	tiver tido	tiver havido
tiveres sido	tiveres estado	tiveres tido	tiveres havido
tiver sido	tiver estado	tiver tido	tiver havido
tivermos sido	tivermos estado	tivermos tido	tivermos havido
tiverdes sido	tiverdes estado	tiverdes tido	tiverdes havido
tiverem sido	tiverem estado	tiverem tido	tiverem havido

IMPERATIVO

1. Afirmativo

Sê tu	está tu	tem tu	há tu
seja você	esteja você	tenha você	haja você
sejamos nós	estejamos nós	tenhamos nós	hajamos nós
sede vós	estai vós	tende vós	havei vós
sejam vocês	estejam vocês	tenham vocês	hajam vocês

2. Negativo

não sejas tu	não estejas tu	não tenhas tu	não hajas tu
não seja você	não esteja você	não tenha você	não haja você
não sejamos nós	não estejamos nós	não tenhamos nós	não hajamos nós
não sejais vós	não estejais vós	não tenhais vós	não hajais vós
não sejam vocês	não estejam vocês	não tenham vocês	não hajam vocês

INFINITIVO

1. Impessoal

Presente:	ser	estar	ter	haver
Pretérito:	ter sido	ter estado	ter tido	ter havido

2. Pessoal

Presente:

ser	estar	ter	haver
seres	estares	teres	haveres
ser	estar	ter	haver
sermos	estarmos	termos	havermos
serdes	estardes	terdes	haverdes
serem	estarem	terem	haverem

Pretérito:

ter sido	ter estado	ter tido	ter havido
teres sido	teres estado	teres tido	teres havido
ter sido	ter estado	ter tido	ter havido
termos sido	termos estado	termos tido	termos havido
terdes sido	terdes estado	terdes tido	terdes havido
terem sido	terem estado	terem tido	terem havido

GERÚNDIO

Presente:	sendo	estando	tendo	havendo
Pretérito:	tendo sido	tendo estado	tendo tido	tendo havido

PARTICÍPIO

sido	estado	tido	havido

VERBOS REGULARES
Paradigmas

Primeira conjugação   **CANTAR**

		INDICATIVO		SUBJUNTIVO	
		Tempos Simples	**Tempos Compostos**	**Tempos Simples**	**Tempos Compostos**
PRESENTE		canto cantas canta cantamos cantais cantam		cante cantes cante cantemos canteis cantem	
PRETÉRITO IMPERFEITO		cantava cantavas cantava cantávamos cantáveis cantavam		cantasse cantasses cantasse cantássemos cantásseis cantassem	
PRETÉRITO PERFEITO		cantei cantaste cantou cantamos cantastes cantaram	tenho cantado tens cantado tem cantado temos cantado tendes cantado têm cantado		tenha cantado tenhas cantado tenha cantado tenhamos cantado tenhais cantado tenham cantado
PRETÉRITO MAIS--QUE-PERFEITO		cantara cantaras cantara cantáramos cantáreis cantaram	tinha cantado tinhas cantado tinha cantado tínhamos cantado tínheis cantado tinham cantado		tivesse cantado tivesses cantado tivesse cantado tivéssemos cantado tivésseis cantado tivessem cantado
FUTURO DO PRESENTE		cantarei cantarás cantará cantaremos cantareis cantarão	terei cantado terás cantado terá cantado teremos cantado tereis cantado terão cantado	cantar cantares cantar cantarmos cantardes cantarem	tiver cantado tiveres cantado tiver cantado tivermos cantado tiverdes cantado tiverem cantado

FUTURO DO PRETÉRITO	cantaria cantarias cantaria cantaríamos cantaríeis cantariam	teria cantado terias cantado teria cantado teríamos cantado teríeis cantado teriam cantado	

IMPERATIVO	FORMAS NOMINAIS
AFIRMATIVO canta (tu) cante (você) cantemos (nós) cantai (vós) cantem (vocês)	**INFINITIVO** **Presente impessoal** cantar
Negativo não cantes (tu) não cante (você) não cantemos (nós) não canteis (vós) não cantem (vocês)	**Presente pessoal** cantar cantares cantar cantarmos cantardes cantarem
	Pretérito impessoal ter cantado
	Pretérito pessoal ter cantado teres cantado ter cantado termos cantado terdes cantado terem cantado
	GERÚNDIO **Presente** **Pretérito** cantando tendo cantado
	PARTICÍPIO Cantado

Capítulo II – Morfologia | 111

Observações

1ª) Por este modo se conjugam todos os verbos regulares da 1ª conjugação: *andar, lavar, saltar, saudar, caçar, suar* etc.

2ª) Para a formação dos tempos compostos pode-se usar também o verbo **haver**: *hei cantado, havia cantando, haverei cantado* etc.

3ª) Há verbos que merecem reparos, no tocante à grafia e ortoépia. Assim:

a) Os verbos em – **car**, como *ficar, secar* etc., trocam o *c* por *qu* antes de *e*: *fique, fiquei* etc.

b) Os terminados em – **çar**, como *caçar, abraçar*, perdem a cedilha antes do *e*: *cace, cacemos* etc.

c) Os verbos em – **gar**, como *jogar, negar*, mudam o *g* em *gu* antes do *e*: *jogue, joguei, joguemos* etc.

d) O verbo **roubar** escreve-se e pronuncia-se com o ditongo **ou**: *roubo, roubas, rouba* etc., e não *róbo, róbas, róba*. Assim também, *estoura*, e não *estóra, afrouxa*, e não *afróxa*.

e) Os verbos em – **oar** não têm mais acentos no grupo *oo*: *voo, entoo, magoo; magoas, magoe* etc.

f) O verbo **saudar** tem o **u** acentuado nas formas *rizotônicas: saúdo, saúdas, saúdam, saúde* etc.

g) Nos verbos **obstar, optar, captar, interceptar, pugnar, impugnar, repugnar, designar, eclipsar** etc., cujo radical termina por duas ou mais consoantes, **evite-se intercalar um i entre essas consoantes**: *opto, optas, opta* etc., e não: *ópito, ópitas, ópita* etc.; *pugno, pugnas, pugna* etc., e não: *púguino, púguinas, púguina* etc.

h) Os verbos em – **jar** conservam o **j** em todos os tempos: *viajo, viaje, viajes, viaje, viajemos, viajei, viajem.*

i) Os verbos em – **oiar**, como *apoiar, boiar* etc., têm *ó* aberto, porém não são mais acentuados nas formas rizotônicas: *apoio, apoias, apoiam; apoie, apoies, apoie, apoiem.*

j) Nos verbos em – **eijar,** – **ejar,** – **eirar,** – **eixar,** – **elhar,** a vogal **e** dessas terminações é fechada (*ê* e não *é*): *aleijo, aleija, aleijem, despejo, despeja, despejam, inteiro, inteiram, espelho, espelha, espelham* etc.

VERBOS REGULARES

Segunda conjugação   BATER

	INDICATIVO		SUBJUNTIVO	
	Tempos simples	**Tempos compostos**	**Tempos simples**	**Tempos compostos**
PRESENTE	bato bates bate batemos bateis batem		bata batas bata batamos batais batam	
PRETÉRITO IMPERFEITO	batia batias batia batíamos batíeis batiam		batesse batesses batesse batêssemos batêsseis batessem	
PRETÉRITO PERFEITO	bati bateste bateu batemos batestes bateram	tenho batido tens batido tem batido temos batido tendes batido têm batido		tenha batido tenhas batido tenha batido tenhamos batido tenhais batido tenham batido
PRETÉRITO MAIS--QUE-PERFEITO	batera bateras batera batêramos batêreis bateram	tinha batido tinhas batido tinha batido tínhamos batido tínheis batido tinham batido		tivesse batido tivesses batido tivesse batido tivéssemos batido tivésseis batido tivessem batido
FUTURO DO PRESENTE	baterei baterás baterá bateremos batereis baterão	terei batido terás batido terá batido teremos batido tereis batido terão batido	bater bateres bater batermos baterdes baterem	tiver batido tiveres batido tiver batido tivermos batido tiverdes batido tiverem batido

FUTURO DO PRETÉRITO	bateria baterias bateria bateríamos bateríeis bateriam	teria batido terias batido teria batido teríamos batido teríeis batido teriam batido

IMPERATIVO	FORMAS NOMINAIS
AFIRMATIVO bate (tu) bata (você) batamos (nós) batei (vós) batam (vocês)	**INFINITIVO** **Presente impessoal** bater
Negativo não bat**as** (tu) não bat**a** (você) não bat**amos** (nós) não bat**ais** (vós) não bat**am** (vocês)	**Presente pessoal** bater batermos bateres baterdes bater baterem
	Pretérito impessoal ter batido
	Pretérito pessoal ter batido termos batido teres batido terdes batido ter batido terem batido
	GERÚNDIO **Presente** **Pretérito** batendo tendo batido
	PARTICÍPIO batido

Observações

1ª) Seguem este paradigma todos os verbos regulares da 2ª conjugação: *comer, temer, beber, descer, crescer, repreender, conhecer* etc.

2ª) Os tempos compostos são formados também com o verbo *haver*: *havido batido, haja batido, houvesse batido* etc.

3ª) Os verbos em – **cer**, como *descer, vencer* etc., terão **ç** antes de **o** e **a**: *desço, desça, desçamos* etc.

4ª) Os verbos em – **ger** mudam o **g** em **j** antes de **o** e **a**: *proteger, proteja, protejas, proteja, protejamos, protejais, protejam.*

5ª) Os verbos em – **guer** perdem o **u** antes de **o** e **a**: *erguer, ergo, erga, ergamos.*

6ª) Muitos verbos da 2ª conjugação têm, no presente do indicativo, o "e" ou "o" tônicos do radical fechados na 1ª pessoa do singular e abertos nas 2ª e 3ª pessoas do singular e na 3ª do plural:

ergo (pron. *êrgo*), *ergues* (pron. *érgues*), *ergue* (pron. *érgue*), *erguem* (pron. *érguem*); *corro* (côrro), *corres* (córres), *corre* (córre), *correm* (córrem). Essa alteração no timbre da vogal chama-se *metafonia*. Assim também: *escrever, morder, dever, coser* (costurar), *cozer* (cozinhar), etc.

VERBOS REGULARES

Segunda conjugação   PARTIR

	INDICATIVO		SUBJUNTIVO	
	Tempos simples	**Tempos compostos**	**Tempos simples**	**Tempos compostos**
PRESENTE	parto partes parte partimos partis partem		parta partas parta partamos partais partam	
PRETÉRITO IMPERFEITO	partia partias partia partíamos partíeis partiam		partisse partisses partisse partíssemos partísseis partissem	

		parti	tenho partido		tenha partido
PRETÉRITO PERFEITO		parti	tenho partido		tenha partido
		partiste	tens partido		tenhas partido
		partiu	tem partido		tenha partido
		partimos	temos partido		tenhamos partido
		partistes	tendes partido		tenhais partido
		partiram	têm partido		tenham partido
PRETÉRITO MAIS- -QUE-PERFEITO		partira	tinha partido		tivesse partido
		partiras	tinhas partido		tivesses partido
		partira	tinha partido		tivesse partido
		partíramos	tínhamos partido		tivéssemos partido
		partíreis	tínheis partido		tivésseis partido
		partiram	tinham partido		tivessem partido
FUTURO DO PRESENTE		partirei	terei partido	partir	tiver partido
		partirás	terás partido	partires	tiveres partido
		partirá	terá partido	partir	tiver partido
		partiremos	teremos partido	partirmos	tivermos partido
		partireis	tereis partido	partirdes	tiverdes partido
		partirão	terão partido	partirem	tiverem partido
FUTURO DO PRETÉRITO		partiria	teria partido		
		partirias	terias partido		
		partiria	teria partido		
		partiríamos	teríamos partido		
		partiríeis	teríeis partido		
		partiriam	teriam partido		

IMPERATIVO	**FORMAS NOMINAIS**
AFIRMATIVO parte (tu) parta (você) partamos (nós) parti (vós) partam (vocês)	**INFINITIVO** **Presente impessoal** Partir

Negativo	Presente pessoal	
não partas (tu)	partir	partirmos
não parta (você)	partires	partirdes
não partamos (nós)	partir	partirem
não partais (vós)	**Pretérito impessoal**	
não partam (vocês)	ter partido	

Pretérito pessoal	
ter partido	termos partido
teres partido	terdes partido
ter partido	terem partido

GERÚNDIO	
Presente	**Pretérito**
partindo	tendo partido

PARTICÍPIO
partido

Observações

1ª) Como partir se conjugam: *repartir, dirigir, exigir, dividir* etc.

2ª) Para os tempos compostos usa-se também o verbo *haver: haver partido, havia partido, houvesse partido* etc.

3ª) Os verbos terminados em – **gir** mudam o **g** em **j** antes de **o** e **a**: *dirigir, dirijo, dirija, dirijamos* etc.

4ª) Os terminados em – **guir** (nos quais o *u* não é proferido) perdem o **u** antes de **o** e **a**: *distinguir, distingo, distinga* etc.

5ª) Na 2ª e 3ª pessoas do singular do presente do indicativo dos verbos regulares em – **uir**, grafa-se **ui** e não **ue**, por se tratar de ditongo decrescente: *concluis, conclui, influis, influi* etc.

VOZES DO VERBO

1. Voz do verbo é a forma que este assume para indicar que a ação verbal é praticada ou sofrida pelo sujeito.

Três são as vozes dos verbos: **a ativa, a passiva e a reflexiva**.

2. Um verbo está na **voz ativa** quando o **sujeito é agente**, isto é, faz a ação expressa pelo verbo. Exemplos:

O caçador **abateu** a ave.
O vento **agitava** as águas.
Os pais **educam** os filhos.

3. Um verbo está na **voz passiva** quando o **sujeito é paciente**, isto é, sofre, recebe ou desfruta a ação expressa pelo verbo. Exemplos:

A ave **foi abatida** pelo caçador.
As águas **eram agitadas** pelo vento.
Os filhos **são educados** pelos pais.

Observação
Só verbos transitivos diretos podem ser usados na voz passiva.

Formação da voz passiva

4. A voz passiva, mais frequentemente, é formada:

- Pelo verbo auxiliar *ser* seguido do particípio do verbo principal. Nesse caso, a voz é **passiva analítica**. Exemplos:
O homem **é afligido** pelas doenças.
A criança **era conduzida** pelo pai.
As ruas **serão enfeitadas**.

- Com o pronome apassivador **se** associado a um verbo ativo da 3ª pessoa. Nesse caso, temos **voz passiva pronominal ou voz passiva sintética**. Exemplos:
Regam-se as plantas.
Organizou-se o campeonato.
Abrir-se-ão novas escolas.
Entregaram-se os troféus aos vencedores.
Vendem-se ovos.
Visita-se o Memorial JK diariamente.

Voz reflexiva

5. Na **voz reflexiva** o **sujeito** é ao mesmo tempo **agente e paciente**: faz uma ação cujos efeitos ele mesmo sofre ou recebe. Exemplos:

O caçador **feriu-se**.
A menina **penteou-se**.
Sacrifiquei-me por ele.

6. O **verbo reflexivo é conjugado com os pronomes reflexivos (me, te, se, nos, vos, se). Esses pronomes são reflexivos quando se lhes pode acrescentar: a mim mesmo, a ti mesmo, a si mesmo, a nós mesmos, a vós mesmos, a si mesmos,** respectivamente. Exemplos:

Consideras-te aprovado? (*a ti mesmo*).
Classes sociais **arrogam-se** (*a si mesmas*) direitos que a lei lhes nega.
Às vezes **nos intoxicamos** com alimentos deteriorados.
Errando, **prejudicamo-nos** a nós mesmos.
Aquele escritor **fez-se** por si mesmo.
Por que **vos atribuís** tanta importância?

Observações

1ª) Não se deve atribuir sentido reflexivo a verbos que designam sentimentos, como **queixar-se, alegrar-se, arrepender-se, zangar-se, indignar-se** e outros meramente pronominais.

O pronome átono como que se dilui nesses verbos, dos quais é parte integrante. **A prova de que não são reflexivos é que não se pode dizer, por exemplo, zango-me a mim mesmo.**

2ª) Observe-se também que em frases como "João fala de **si**" **há reflexibilidade, mas não há voz reflexiva, porque o verbo não é reflexivo.**

7. Uma variante da voz reflexiva é a que denota reciprocidade, ação mútua ou correspondida. Os verbos dessa voz, por alguns chamados *recíprocos*, usam-se, geralmente, no plural e podem ser reforçados pelas expressões *um ao outro, reciprocamente, mutuamente*. Exemplos:

Amam-se como irmãos. (Amam um ao outro.)
Os dois pretendentes **insultaram-se**.
Ó povos, por que **vos guerreais** tão barbaramente?

CONJUGAÇÃO DE UM VERBO NA VOZ PASSIVA ANALÍTICA

GUIAR

INDICATIVO	
Presente	**Pretérito imperfeito**
sou guiado	era guiado
és guiado	eras guiado
é guiado	era guiado
somos guiados	éramos guiados
sois guiados	éreis guiados
são guiados	eram guiados
Pretérito perfeito simples	**Pretérito perfeito composto**
fui guiado	tenho sido guiado
foste guiado	tens sido guiado
foi guiado	tem sido guiado
fomos guiados	temos sido guiados
fostes guiados	tendes sido guiados
foram guiados	têm sido guiados
Pretérito mais-que-perfeito simples	**Pretérito mais-que-perfeito composto**
fora guiado	tinha sido guiado
foras guiado	tinhas sido guiado
fora guiado	tinha sido guiado
fôramos guiados	tínhamos sido guiados
fôreis guiados	tínheis sido guiados
foram guiados	tinham sido guiados
Futuro do presente simples	**Futuro do presente composto**
serei guiado	terei sido guiado
serás guiado	terás sido guiado
será guiado	terá sido guiado
seremos guiados	teremos sido guiados
sereis guiados	tereis sido guiados
serão guiados	terão sido guiados

Futuro do pretérito simples	Futuro do pretérito composto
seria guiado	teria sido guiado
serias guiado	terias sido guiado
seria guiado	teria sido guiado
seríamos guiados	teríamos sido guiados
seríeis guiados	teríeis sido guiados
seriam guiados	teriam sido guiados

IMPERATIVO	
Afirmativo	**Negativo**
sê guiado	não sejas guiado
seja guiado	não seja guiado
sejamos guiados	não sejamos guiados
sede guiados	não sejais guiados
sejam guiados	não sejam guiados

SUBJUNTIVO	
Presente	**Pretérito imperfeito**
seja guiado	fosse guiado
sejas guiado	fosses guiado
seja guiado	fosse guiado
sejamos guiados	fôssemos guiados
sejais guiados	fôsseis guiados
sejam guiados	fossem guiados
Pretérito perfeito	**Pretérito mais-que-perfeito**
tenha sido guiado	tivesse sido guiado
tenhas sido guiado	tivesses sido guiado
tenha sido guiado	tivesse sido guiado
tenhamos sido guiados	tivéssemos sido guiados
tenhais sido guiados	tivésseis sido guiados
tenham sido guiados	tivessem sido guiados
Futuro simples	**Futuro composto**
for guiado	tiver sido guiado
fores guiado	tiveres sido guiado
for guiado	tiver sido guiado
formos guiados	tivermos sido guiados
fordes guiados	tiverdes sido guiados
forem guiados	tiverem sido guiados

FORMAS NOMINAIS	
Infinitivo presente impessoal	**Infinitivo pretérito impessoal**
ser guiado	ter sido guiado
Infinitivo presente pessoal	**Infinitivo pretérito pessoal**
ser guiado	ter sido guiado
seres guiado	teres sido guiado
ser guiado	ter sido guiado
sermos guiados	termos sido guiados
serdes guiados	terdes sido guiados
serem guiados	terem sido guiados

Gerúndio presente	Gerúndio pretérito	Particípio
sendo guiado	tendo sido guiado	guiado

CONJUGAÇÃO DOS VERBOS PRONOMINAIS

1. Há os verbos essencialmente pronominais, que só se usam com os pronomes átonos (**queixar-se, arrepender-se, dignar-se** etc.) e os acidentalmente pronominais (**pentear-se, matar-se, atribuir-se** etc.), que nem sempre se usam com os ditos pronomes.

2. Os verbos pronominais abrangem, portanto, os reflexivos e são conjugados como na voz ativa, mas associando-se-lhes os pronomes **me, te, se, nos, vos, se.**

As formas da 1ª pessoa do plural perdem o *"s"* final antes de receber o pronome enclítico: Exs.: Lembrávamo-nos, amamo-nos, cumprimentamo-nos.

LEMBRAR-SE

INDICATIVO

Presente: lembro-me, lembras-te, lembra-se, lembramo-nos, lembrais-vos, lembram-se.

Pretérito imperfeito: lembrava-me, lembravas-te, lembrava-se, lembrávamo-nos, lembráveis-vos, lembravam-se.

Pretérito perfeito composto: tenho-me lembrado, tens-te lembrado, tem-se lembrado, temo-nos lembrado, tendes-vos lembrado, têm-se lembrado.

Pretérito mais-que-perfeito simples: lembrara-me, lembraras-te, lembrara-se, lembráramo-nos, lembráreis-vos, lembraram-se.

Pretérito mais-que-perfeito composto: tinha-me lembrado, tinhas-te lembrado, tinha-se lembrado, tínhamo-nos lembrado, tínheis-vos lembrado, tinham-se lembrado.

Futuro do presente simples: lembrar-me-ei, lembrar-te-ás, lembrar-se-á, lembrar-nos-emos, lembrar-vos-eis, lembrar-se-ão.

Futuro do presente composto: ter-me-ei lembrado, ter-te-ás lembrado, ter-se-á lembrado, ter-nos-emos lembrado, ter-vos-eis lembrado, ter-se-ão lembrado.

Futuro do pretérito simples: lembrar-me-ia, lembrar-te-ias, lembrar-se-ia, lembrar-nos-íamos, lembrar-vos-íeis, lembrar-se-iam.

Futuro do pretérito composto: ter-me-ia lembrado, ter-te-ias lembrado, ter-se-ia lembrado, ter-nos-íamos lembrado, ter-vos-íeis lembrado, ter-se-iam lembrado.

SUBJUNTIVO

Presente: lembre-me, lembres-te, lembre-se, lembremo-nos, lembreis-vos, lembrem-se.

Pretérito imperfeito: lembrasse-me, lembrasses-te, lembrasse-se, lembrássemo-nos, lembrásseis-vos, lembrassem-se.

Pretérito perfeito: Neste tempo não se usam pronomes oblíquos pospostos, mas antepostos ao verbo: que me tenha lembrado, que te tenhas lembrado, que se tenha lembrado etc.

Pretérito mais-que-perfeito: tivesse-me lembrado, tivesses-te lembrado, tivesse-se lembrado, tivéssemo-nos lembrado, tivésseis-vos lembrado, tivessem-se lembrado.

Futuro simples: Neste tempo os pronomes oblíquos são antepostos ao verbo: se me lembrar, se te lembrares, se se lembrar etc.

Futuro composto: Neste campo os pronomes oblíquos são antepostos ao verbo: se me tiver lembrado, se te tiveres lembrado, se se tiver lembrado etc.

IMPERATIVO

Afirmativo: lembra-te, lembre-se, lembremo-nos, lembrai-vos, lembrem-se.

Negativo: (sempre com os pronomes antepostos): não te lembres, não se lembre, não nos lembremos, não vos lembreis, não se lembrem.

FORMAS NOMINAIS

Infinitivo presente impessoal: lembrar-se.

Infinito presente pessoal: lembrar-me, lembrares-te, lembrar-se, lembrar-mo-nos, lembrardes-vos, lembrarem-se.

Infinitivo pretérito impessoal: ter-se lembrado.

Infinitivo pretérito pessoal: ter-me lembrado, teres-te lembrado, ter-se lembrado, termo-nos lembrado, terdes-vos lembrado, terem-se lembrado.

Gerúndio presente: lembrando-se.

Gerúndio pretérito: tendo-se lembrado.

Particípio: não admite a forma pronominal.

Observações

1ª) Por este modelo conjugam-se: *queixar-se, esquecer-se, arrepender-se, iludir-se, vestir-se* etc.

2ª) Um verbo pronominal pode também ser conjugado com os pronomes antepostos (proclíticos): *eu me lembro, tu te lembras, ele se lembra, nós nos lembramos, vós vos lembrais, eles se lembram* etc.

VERBOS IRREGULARES

1ª CONJUGAÇÃO

Dar

Indicativo presente: dou, dás, dá, damos, dais, dão.

Pretérito imperfeito: dava, davas, dava, dávamos, dáveis, davam.

Pretérito perfeito: dei, deste, deu, demos, destes, deram.

Pretérito mais-que-perfeito: dera, deras, dera, déramos, déreis, deram.

Futuro do presente: darei, darás, dará, daremos, dareis, darão.

Futuro do pretérito: daria, darias, daria, daríamos, daríeis, dariam.

Imperativo afirmativo: dá, dê, demos, dai, deem.

Imperativo negativo: não dês, não dê, não demos, não deis, não deem.

Subjuntivo presente: dê, dês, dê, demos, deis, deem.

Pretérito imperfeito: desse, desses, desse, déssemos, désseis, dessem.

Futuro: der, deres, der, dermos, derdes, derem.

Infinitivo presente impessoal: dar.

Infinitivo presente pessoal: dar, dares, dar, darmos, dardes, darem.

Gerúndio: dando.

Particípio: dado.

Assim se conjuga o derivado **desdar. Circundar** é regular.

Apropinquar-se
(= aproximar-se)

Indicativo presente: apro**pín**quo-me, apro**pín**quas-te, apro**pín**qua-se, apropin**qua**mo-nos, apropin**quais**-vos, apro**pín**quam-se.

Imperativo afirmativo: apro**pín**qua-te, apro**pín**que-se, apropin**que**mo-nos, apropin**quai**-vos, apro**pín**quem-se.

Subjuntivo presente: que eu me apro**pín**que, que tu te apro**pín**ques etc.

Este verbo, de pouco uso, é regular. Os grifos indicam as sílabas tônicas.

Mobiliar

Indicativo presente: mobílio, mobílias, mobília, mobiliamos, mobiliais, mobíliam.

Subjuntivo presente: mobílie, mobílies, mobílie, mobiliemos, mobilieis, mobíliem.

Verbo regular na escrita e irregular na pronúncia (o **i** destacado é tônico), pois dos verbos em -**iliar** é o único que assim se pronuncia. Os outros têm a sílaba tônica –**li**: auxilio, concilio, filio, retalio, há ainda as variantes **mobilhar** e **mobilar** (esta última, forma lusitana), que fazem respectivamente **mobilho, mobilhas, e mobilo, mobilas** etc.

Aguar

Indicativo presente: águo, águas, água, aguamos, aguais, águam.

Pretérito perfeito: aguei, aguaste, aguou etc.

Subjuntivo presente: águe, águes, águe, aguemos, agueis, águem etc.

Nas formas rizotônicas, o primeiro **a** de **aguar** é tônico.

Verbo regular. Assim se conjugam **desaguar, enxaguar** e **minguar**.

Os verbos deste tipo: **aguar, apaniguar, averiguar, desaguar** e afins, por terem dois paradigmas, ou têm as formas rizotônicas igualmente acentuadas no **u** mas sem marca gráfica como em averiguo – averiguas – averiguem, ou têm as formas rizotônicas acentuadas fônica/graficamente nas vogais **a** ou **i** radicais: averíguo, enxágua, averíguem.

Gramáticos e escritores há que preferem aguo, aguas, desagua, enxagua, mingua, com acento tônico no **u**, mas tal pronúncia divorcia-se do uso comum.

Averiguar
(= verificar)

Indicativo presente: averiguo, averiguas, averigua, averiguamos, averiguais, averiguam.

Pretérito perfeito: averiguei, averiguaste, averiguou etc.

Imperativo afirmativo: averigua, averigue, averiguemos, averiguai, averiguem.

Subjuntivo presente: averigue, averigues, averigue, averiguemos, averigueis, averiguem.

Verbo regular. Vai grifado o **u** tônico. Assim serão conjugados **apaniguar** (= proteger) **e apaziguar** (= pacificar).

Obliquar

(= caminhar ou seguir obliquamente, agir com dissimulação)

Indicativo presente: obliquo, obliquas, obliqua, obliquamos, obliquais, obliquam.

Imperativo afirmativo: obliqua, oblique, obliquemos, obliquai, obliquem.

Imperativo negativo: não obliques, não oblique, não obliquemos, obliqueis, não obliquem etc.

Verbo regular de emprego raro. Os grifos indicam as sílabas tônicas.

Segue este modelo o verbo defectivo **adequar**, que só possui as formas arrizotônicas: **adequamos, adequais, adequava, adequei, adequado** etc.

Magoar

Indicativo presente: magoo, magoas, magoa, magoamos, magoais, magoam.
Subjuntivo presente: magoe, magoes, magoe, magoemos, magoeis, magoem etc.

Verbo regular. Assim se conjugam os verbos em – **oar: abençoar, doar, abotoar, soar, voar etc.** Não se acentuam os grupos – **oe** e **oo** como: abençõe, **v**oo, mag**oo**.

Apiedar-se

(= ter piedade, compadecer-se)

Indicativo presente: apiedo-me, apiedas-te, apieda-se, apiedamo-nos, apiedais-vos, apiedam-se.

Subjuntivo presente: que eu me apiede, que tu te apiedes, que ele se apiede etc.

Imperativo afirmativo: apieda-te, apiede-se, apiedemo-nos, apiedai-vos, apiedem-se etc.

Seu antônimo é desapiedar-se.

É tendência geral conjugar este verbo regularmente.

As reformas irregulares **apiado-me, apiadas-te, apiada-se, apiadam-se, apiada-te** etc. (calcados no antigo verbo **apiadar-se**) não são recomendáveis.

CAPÍTULO II – MORFOLOGIA | 127

Resfolegar

Indicativo presente: resfolgo, resfolgas, resfolga, resfolegamos, resfolegais, resfolgam.

Imperfeito: resfolegava etc.

Pretérito perfeito: resfoleguei etc.

Subjuntivo presente: resfolgue, resfolgues, resfolgue, resfoleguemos, resfolegueis, resfolguem etc.

Este verbo perde o **e** da penúltima sílaba nas formas rizotônicas. As formas usuais são as arrizotônicas: **resfolegar, resfolegava, resfolegavam** etc.

É menos recomendável a conjugação regular (resfólego, resfólegas etc.) que alguns gramáticos adotam. Há a variante **resfolgar,** inteiramente regular.

Sobrestar
(= parar, deter-se)

Conjuga-se como **estar,** de que é derivado: sobrestou, sobrestava, sobrestive, sobrestarei, sobresteja etc.

Verbos em -ear

Os verbos terminados em **ear** intercalam um **i** eufônico nas formas rizotônicas. Pode servir de modelo o verbo seguinte:

Nomear

Indicativo presente: nomeio, nomeias, nomeia, nomeamos, nomeais, nomeiam.

Pretérito imperfeito: nomeava, nomeavas, nomeava, nomeávamos, nomeáveis, nomeavam.

Pretérito perfeito: nomeei, nomeaste, nomeou, nomeamos, nomeastes, nomearam.

Subjuntivo presente: nomeie, nomeies, nomeie, nomeemos, nomeeis, nomeiem.

Imperativo afirmativo: nomeia, nomeie, nomeemos, nomeai, nomeiem.

Imperativo negativo: não nomeies, não nomeie, não nomeemos, não nomeeis, não nomeiem. É regular o resto da conjugação.

Assim se conjugam: **apear, atear, cear, folhear, frear, passear, gear, enlear, bloquear, afear, granjear, hastear, lisonjear, semear, titubear, arrear, recrear, idear** e **estrear.** Estes dois últimos são os únicos que têm o **e** aberto nas formas rizotônicas: **ideio, ideias, ideia, ideie, ideies, estreio, estreias, estreia, estreie** etc.

Verbos em – iar

Os verbos terminados em – **iar** podem ser distribuídos em dois grupos:

1º) Os que se conjugam regularmente, que são maioria: **abreviar, agraciar, aliar, alumiar, angariar, caluniar, obviar, gloriar-se, historiar, injuriar, vangloriar-se, criar, presenciar, premiar, arriar, copiar** etc. Seguem o modelo **copiar:**

Copiar

Indicativo presente: copio, copias, copia, copiamos, copiais, copiam.

Pretérito perfeito: copiei, copiaste, copiou etc.

Pretérito mais-que-perfeito: copiara, copiaras, copiara etc.

Subjuntivo presente: copie, copies, copie, copiemos, copieis, copiem.

Imperativo afirmativo: copia, copie, copiemos, copiai, copiem.

Imperativo negativo: não copies, não copie, não copiemos, não copieis, não copiem etc.

2º) Os que mudam o **i** da penúltima sílaba em **ei**, nas formas rizotônicas. São os cinco seguintes: **mediar, ansiar, remediar, incendiar, odiar.** Conjugaremos este último.

> Mediar
> Ansiar
> Remediar
> Incendiar
> Odiar

Odiar

Indicativo presente: odeio, odeias, odeia, odiamos, odiais, odeiam.

Pretérito imperfeito: odiava, odiavas, odiava etc.

Pretérito perfeito: odiei, odiaste, odiou etc.

Pretérito mais-que-perfeito: odiara, odiaras, odiara, odiáramos, odiáreis, odiaram.

Subjuntivo presente: odeie, odeies, odeie, odiemos, odieis, odeiem.

Imperativo afirmativo: odeia, odeie, odiemos, odiai, odeiem.

Imperativo negativo: não odeies, não odeie, não odiemos, não odieis, não odeiem. E assim por diante.

2ª CONJUGAÇÃO

Abster-se

Indicativo presente: abstenho-me, absténs-te, abstém-se, abstemo-nos, abstendes-vos, abstêm-se.

Pretérito imperfeito: abstinha-me, abstinhas-te, abstinha-se etc.

Pretérito perfeito: abstive-me, abstiveste-te, absteve-se etc.

Pretérito mais-que-perfeito: abstivera-me, abstiveras-te, abstivera-se etc.

Futuro do presente: abster-me-ei, abster-te-ás, abster-se-á etc.

Futuro do pretérito: abster-me-ia, abster-te-ias, abster-se-ia etc.

Imperativo afirmativo: abstém-te, abstenha-se, abstenhamo-nos, absten-de-vos, abstenham-se.

Subjuntivo presente: que me abstenha, que te abstenhas, que se abstenha etc.

Pretérito imperfeito: se me abstivesse, se te abstivesses, se se abstivesse etc.

Futuro: se me abstiver, se te abstiveres, se se abstiver etc.

Gerúndio: abstendo-se.

Particípio: abstido.

Conjuga-se como **TER**.

Comprazer-se
(= sentir prazer, gostar)

Tem a conjugação completa e figura no rol dos verbos abundantes. Segue o modelo **jazer** (com irregularidade apenas na 3ª pessoa do singular do presente do indicativo), sendo que nos tempos do pretérito apresenta formas irregulares ao lado das regulares:

Comprazo-me, comprazes-te, compraz-se, comprazemo-nos etc., comprazia-me etc., comprazer-me-ei etc. comprazer-me-ia etc., compraza-me etc., comprazi-me ou comprouve-me, comprazera-me ou comprouvera-me, comprazesse-me ou comprouvesse-me, se me comprazer ou se me comprouver etc.

Caber

Indicativo presente: caibo, cabes, cabe, cabemos, cabeis, cabem.

Pretérito perfeito: coube, coubeste, coube, coubemos, coubestes, couberam.

Pretérito mais-que-perfeito: coubera, couberas, coubera, coubéramos, coubéreis, couberam.

Subjuntivo presente: caiba, caibas, caiba, caibamos, caibais, caibam.

Pretérito imperfeito: coubesse, coubesses, coubesse, coubéssemos, coubésseis, coubessem.

Futuro: couber, couberes, couber, coubermos, couberdes, couberem.

Gerúndio: cabendo.

Particípio: cabido.

Imperativo: não existe.

Jazer

Indicativo presente: jazo, jazes, jaz, jazemos, jazeis, jazem.

Pretérito perfeito: jazi, jazeste, jazeu, jazemos, jazestes, jazeram.

Futuro do presente: jazerei etc.

Futuro do pretérito: jazeria etc.

Imperativo afirmativo: jaze, jaza, jazamos, jazei, jazam.

Subjuntivo presente: jaza, jazas etc.

Pretérito imperfeito: jazesse etc.

Futuro: jazer, jazeres etc.

Gerúndio: jazendo.

Particípio: jazido.

Este verbo, que significa "estar deitado", "estar no chão", é irregular só na 3ª pessoa do singular do presente do indicativo.

Segue este modelo o verbo **comprazer-se.**

Ler

Indicativo presente: leio, lês, lê, lemos, ledes, leem.

Pretérito imperfeito: lia, lias, lia etc.

Pretérito perfeito: li, leste, leu, lemos, lestes, leram.

Pretérito mais-que-perfeito: lera, leras, lera, lêramos, lêreis, leram.

Imperativo afirmativo: lê, leia, leiamos, lede, leiam.

Subjuntivo presente: leia, leias, leia, leiamos, leiais, leiam.

Pretérito imperfeito: lesse, lesses, lesse, lêssemos, lêsseis, lessem.

Futuro: ler, leres, ler, lermos, lerdes, lerem.

Gerúndio: lendo.

Particípio: lido.

Ler e seus derivados **reler** e **tresler** se conjugam como **crer.**

Moer

Indicativo presente: moo, móis, mói, moemos, moeis, moem.

Pretérito imperfeito: moía, moías, moía, moíamos, moíeis, moíam.

Pretérito perfeito: moí, moeste, moeu etc.

Imperativo afirmativo: mói, moa, moamos, moei, moam.

Subjuntivo presente: moa, moas, moa, moamos, moais, moam.

Pretérito imperfeito: moesse, moesses, moesse etc.

Gerúndio: moendo.

Particípio: moído.

Irregular apenas na 2ª e 3ª pessoas do singular do indicativo presente e na 2ª pessoa do singular do imperativo. Assim se conjugam **esmoer, remoer, roer, corroer, doer-se, condoer-se e doer.**

Perder

Indicativo presente: perco, perdes, perde, perdemos, perdeis, perdem.

Subjuntivo presente: perca, percas, perca, percamos, percais, percam.

Imperativo afirmativo: perde, perca, percamos, perdei, percam.

Regular no resto. As formas com a consoante c têm o e fechado: perco (pêrco), percas (pêrcas), perca (pêrca), percam (pêrcam).

Crer

Indicativo presente: creio, crês, crê, cremos, credes, creem.

Pretérito imperfeito: cria, crias, cria, críamos, críeis, criam.

Pretérito perfeito: cri, creste, creu, cremos, crestes, creram.

Imperativo afirmativo: crê, creia, creiamos, crede, creiam.

Subjuntivo presente: creia, creias, creia, creiamos, creiais, creiam.

Pretérito imperfeito: cresse, cresses, cresse, crêssemos, crêsseis, cressem.

Futuro: crer, creres, crer, crermos, crerdes, crerem.

Gerúndio: crendo.

Particípio: crido.

Assim se conjugam **descrer** e **ler.**

Dizer

Indicativo presente: digo, dizes, diz, dizemos, dizeis, dizem.

Pretérito imperfeito: dizia, dizias, dizia, dizíamos, dizíeis, diziam.

Pretérito perfeito: disse, disseste, disse, dissemos, dissestes, disseram.

Pretérito mais-que-perfeito: dissera, disseras, dissera etc.

Futuro do presente: direi, dirás, dirá, diremos, direis, dirão.

Futuro do pretérito: diria, dirias, diria, diríamos, diríeis, diriam.

Imperativo afirmativo: dize, diga, digamos, dizei, digam.

Subjuntivo presente: diga, digas, diga, digamos, digais, digam.

Pretérito imperfeito: dissesse, dissesses, dissesse, disséssemos, dissésseis, dissessem.

Futuro: disser, disseres, disser, dissermos, disserdes, disserem.

Infinitivo impessoal: dizer.

Infinitivo pessoal: dizer, dizeres, dizer, dizermos, dizerdes, dizerem.

Gerúndio: dizendo.

Particípio: dito.

Seguem este paradigma os derivados **bendizer, condizer, contradizer, desdizer, entredizer, maldizer, predizer e redizer.**

Escrever

Escrever e seus derivados descrever, inscrever, prescrever, proscrever, reescrever, sobrescrever, subscrever são irregulares apenas no particípio: escrito, descrito, inscrito, prescrito, proscrito, reescrito, sobrescrito, subscrito.

Fazer

Indicativo presente: faço, fazes, faz, fazemos, fazeis, fazem.

Pretérito perfeito: fiz, fizeste, fez, fizemos, fizestes, fizeram.

Pretérito mais-que-perfeito: fizera, fizeras, fizera, fizéramos, fizéreis, fizeram.

Futuro do presente: farei, farás, fará, faremos, fareis, farão.

Futuro do pretérito: faria, farias, faria, faríamos, faríeis, fariam.

Imperativo afirmativo: faze, faça, façamos, fazei, façam.

Subjuntivo presente: faça, faças, faça, façamos, façais, façam.

Pretérito imperfeito: fizesse, fizesses, fizesse, fizéssemos, fizésseis, fizessem.

Futuro: fizer, fizeres, fizer, fizermos, fizerdes, fizerem.

Infinitivo impessoal: fazer.

Infinitivo pessoal: fazer, fazeres, fazer, fazermos, fazerdes, fazerem.

Gerúndio: fazendo.

Particípio: feito.

Como **fazer** se conjugam os seus derivados: **afazer-se, desfazer, refazer, perfazer, satisfazer etc.**

Poder

Indicativo presente: posso, podes, pode, podemos, podeis, podem.

Pretérito imperfeito: podia, podias, podia etc.

Pretérito perfeito: pude, pudeste, pôde, pudemos, pudestes, puderam.

Pretérito mais-que-perfeito: pudera, puderas, pudera, pudéramos, pudéreis, puderam.

Imperativo: não existe.

Subjuntivo: possa, possas, possa, possamos, possais, possam.

Pretérito imperfeito: pudesse, pudesses, pudesse, pudéssemos, pudésseis, pudessem.

Futuro: puder, puderes, puder, pudermos, puderdes, puderem.

Infinitivo pessoal: poder, poderes, poder, podermos, poderdes, poderem.

Gerúndio: podendo.

Particípio: podido.

Pôr

Indicativo presente: ponho, pões, põe, pomos, pondes, põem.

Pretérito imperfeito: punha, punhas, punha, púnhamos, púnheis, punham.

Pretérito perfeito: pus, puseste, pôs, pusemos, pusestes, puseram.

Pretérito mais-que-perfeito: pusera, puseras, pusera, puséramos, puséreis, puseram.

Futuro do presente: porei, porás, porá, poremos, poreis, porão.

Futuro do pretérito: poria, porias, poria, poríamos, poríeis, poriam.

Imperativo afirmativo: põe, ponha, ponhamos, ponde, ponham.

Subjuntivo presente: ponha, ponhas, ponha, ponhamos, ponhais, ponham.

Pretérito imperfeito: pusesse, pusesses, pusesse, puséssemos, pusésseis, pusessem.

Futuro: puser, puseres, puser, pusermos, puserdes, puserem.

Infinitivo impessoal: pôr.

Infinitivo pessoal: pôr, pores, pôr, pormos, pordes, porem.

Gerúndio: pondo.

Particípio: posto.

Pôr é o antigo verbo **poer**, motivo pelo qual é incluído entre os irregulares da 2ª conjugação.

Como **pôr** se conjugam todos os seus derivados: **antepor, apor, compor, contrapor, descompor, despor, descompor, dispor, entrepor, expor, impor, indispor, interpor, justapor, maldispor, opor, pospor, predispor, prepor, pressupor, propor, recompor, repor, sobrepor, sotopor, superpor, supor, transpor.**

Prazer

Só se usa na 3ª pessoa do singular.

Indicativo presente: praz.

Pretérito imperfeito: prazia.

Pretérito perfeito: prouve.

Pretérito mais-que-perfeito: prouvera.

Futuro do presente: prazerá.

Futuro do pretérito: prazeria.

Subjuntivo presente: praza.

Pretérito imperfeito: prouvesse.

Futuro: prouver.

Gerúndio: prazendo.

Particípio: prazido.

Precaver

Indicativo presente: precavemos, precaveis.

Pretérito imperfeito: precavia, precavias, precavia etc.

Pretérito perfeito: precavi, precaveste, precaveu, precavemos, precavestes, precaveram.

Imperativo: precavei.

Subjuntivo presente: não há.

Pretérito imperfeito: precavesse, precavesses, precavesse etc.

Futuro: precaver, precaveres, precaver, precavermos, precaverdes, precaverem.

Gerúndio: precavendo.

Particípio: precavido.

Este verbo é defectivo. Não se usa nas formas rizotônicas. Não é formado de **ver** nem de **vir**, sendo portanto errôneas as formas **precavejo, precavês, precavenho, precavéns, precavém, precavêm, precavenha, precavenham. Nas formas em que é defectivo empregaremos os verbos precatar, acautelar, cuidar ou prevenir.** Usa-se mais frequentemente como verbo reflexivo: **precavemo-nos, precavia-me, precavei-vos etc.**

Em vez de **"ele que se precavenha"**, diga **"que ele se previna"** ou **"que ele se acautele"** ou ainda, **"que ele se cuide".**

Prover

Indicativo presente: provejo, provês, provê, provemos, provedes, proveem.

Pretérito imperfeito: provia, provias, provia etc.

Pretérito perfeito: provi, proveste, proveu, provemos, provestes, proveram.

Pretérito mais-que-perfeito: provera, proveras, provera etc.

Futuro do presente: proverei, proverás, proverá etc.

Futuro do pretérito: proveria, proverias, proveria etc.

Imperativo afirmativo: provê, proveja, provejamos, provede, provejam.

Subjuntivo presente: proveja, provejas, proveja, provejamos, provejais, provejam.

Pretérito imperfeito: provesse, provesses, provesse etc.

Futuro: prover, proveres, prover, provermos, proverdes, proverem.

Gerúndio: provendo.

Particípio: provido.

Este verbo, que significa **abastecer, providenciar,** conjuga-se como **ver,** exceto no pretérito perfeito e seus derivados e no particípio, em que é regular.

Seu antônimo **desprover** é usado quase que exclusivamente no particípio: **desprovido.**

Querer

Indicativo presente: quero, queres, quer, queremos, quereis, querem.

Pretérito imperfeito: queria, querias, queria etc.

Pretérito perfeito: quis, quiseste, quis, quisemos, quisestes, quiseram.

Pretérito mais-que-perfeito: quisera, quiseras, quisera, quiséramos, quiséreis, quiseram.

Futuro do presente: quererei, quererás, quererá etc.

Futuro do pretérito: quereria, quererias, quereria etc.

Imperativo afirmativo: queira você, queiram vocês, querei vós.

Imperativo negativo: não queiras, não queira, não queiramos, não queirais, não queiram.

Subjuntivo presente: queira, queiras, queira, queiramos, queirais, queiram.

Pretérito imperfeito: quisesse, quisesses, quisesse, quiséssemos, quisésseis, quisessem.

Futuro: quiser, quiseres, quiser, quisermos, quiserdes, quiserem.

Infinitivo pessoal: querer, quereres, querer, querermos, quererdes, quererem.

Gerúndio: querendo.

Particípio: querido.

Os derivados **benquerer e malquerer**, além do particípio regular **benquerido, malquerido**, têm outro, irregular: **benquisto, malquisto,** usados como adjetivos.

Requerer

Indicativo presente: requeiro, requeres, requer, requeremos, requereis, requerem.

Pretérito perfeito: requeri, requereste, requereu, requeremos, requerestes, requereram.

Pretérito mais-que-perfeito: requerera, requereras, requerera etc.

Futuro do presente: requererei, requererás, requererá etc.

Futuro do pretérito: requereria, requererias, requereria etc.

Imperativo afirmativo: requere, requeira, requeiramos, requerei, requeiram.

Subjuntivo presente: requeira, requeiras, requeira, requeiramos, requeirais, requeiram.

Pretérito imperfeito: requeresse, requeresses, requeresse etc.

Futuro: requerer, requereres, requerer, requerermos, requererdes, requererem.

Gerúndio: requerendo.

Particípio: requerido.

Este verbo não segue a conjugação de **querer**. É irregular apenas na 1ª e na 3ª pessoa do singular do indicativo presente e, portanto, no presente do subjuntivo, no imperativo negativo e no imperativo afirmativo (2ªs pessoas).

Reaver

Conjuga-se por **haver**, mas só possui as formas que têm a letra "**v**".

Indicativo presente: reavemos, reaveis. (Não existem: **reei, reás, reá, reão**)

Pretérito imperfeito: reavia, reavias, reavia etc.

Pretérito perfeito: reouve, reouveste, reouve, reouvemos, reouvestes, reouveram.

Pretérito mais-que-perfeito: reouvera, reouveras, reouvera etc.

Futuro do presente: reaverei, reaverás etc.

Futuro do pretérito: reaveria, reaverias etc.

Imperativo afirmativo: reavei.

Imperfeito do subjuntivo: reouvesse, reouvesses, reouvesse, reouvéssemos, reouvésseis, reouvessem.

Futuro: reouver, reouveres, reouver, reouvermos, reouverdes, reouverem.

Gerúndio: reavendo

Particípio: reavido.

Reaveja, reavejam são formas errôneas, inadmissíveis. O presente do subjuntivo não existe. Supre-se com as formas do sinônimo **recuperar: recupere, recuperes, recupere** etc.

Saber

Indicativo presente: sei, sabes, sabe, sabemos, sabeis, sabem.

Pretérito perfeito: soube, soubeste, soube, soubemos, soubestes, souberam.

Pretérito mais-que-perfeito: soubera, souberas, soubera, soubéramos, soubéreis, souberam.

Subjuntivo presente: saiba, saibas, saiba, saibamos, saibais, saibam.

Pretérito imperfeito: soubesse, soubesses, soubesse, soubéssemos, soubésseis, soubessem.

Futuro: souber, souberes, souber, soubermos, souberdes, souberem.

Imperativo afirmativo: sabe, saiba, saibamos, sabei, saibam.

Regular nos outros tempos.

Soer
(= costumar)

Indicativo presente: sóis, sói, soemos, soeis, soem (Pronuncie **sóem**).

Pretérito imperfeito: soía, soías, soía, soíamos, soíeis, soíam.

Verbo defectivo, inusitado nas demais formas. Nas formas vigentes segue o verbo **moer.**

Trazer

Indicativo presente: trago, trazes, traz, trazemos, trazeis, trazem.

Pretérito imperfeito: trazia, trazias, trazia etc.

Pretérito perfeito: trouxe, trouxeste, trouxe, trouxemos, trouxestes, trouxeram.

Pretérito mais-que-perfeito: trouxera, trouxeras, trouxera, trouxéramos, trouxéreis, trouxeram.

Futuro do presente: trarei, trarás, trará, traremos, trareis, trarão.

Futuro do pretérito: traria, trarias, traria, traríamos, traríeis, trariam.

Imperativo afirmativo: traze, traga, tragamos, trazei, tragam.

Subjuntivo presente: traga, tragas, traga, tragamos, tragais, tragam.

Pretérito imperfeito: trouxesse, trouxesses, trouxesse, trouxéssemos, trouxésseis, trouxessem.

Futuro: trouxer, trouxeres, trouxer, trouxermos, trouxerdes, trouxerem.

Infinitivo pessoal: trazer, trazeres, trazer, trazermos, trazerdes, trazerem.

Gerúndio: trazendo.

Particípio: trazido.

Valer

Indicativo presente: valho, vales, vale, valemos, valeis, valem.

Subjuntivo presente: valha, valhas, valha, valhamos, valhais, valham.

Imperativo afirmativo: vale, valha, valhamos, valei, valham.

Nos outros tempos é regular.

Assim se conjugam **equivaler** e **desvaler.**

Ver

Indicativo presente: vejo, vês, vê, vemos, vedes, veem.

Pretérito perfeito: vi, viste, viu, vimos, vistes, viram.

Pretérito mais-que-perfeito: vira, viras, vira, víramos, víreis, viram.

Imperativo afirmativo: vê, veja, vejamos, vede, vejam.

Subjuntivo presente: veja, vejas, veja, vejamos, vejais, vejam.

Pretérito imperfeito: visse, visses, visse etc.

Futuro: vir, vires, vir, virmos, virdes, virem.

Gerúndio: vendo.

Particípio: visto.

Como **"ver"** se conjugam: **antever, entrever, prever, rever**. Observe que no futuro do subjuntivo se diz **"se você vir"**, **"se eu vir"**, e não **"se você ver"**, **"se eu ver"**.

3ª CONJUGAÇÃO

Abolir

Indicativo presente: aboles, abole, abolimos, abolis, abolem.

Imperativo afirmativo: abole, aboli.

Subjuntivo presente: não existe.

Defectivo nas formas em que ao "l" do radical seguiria **a** ou **o**, o que ocorre apenas no presente do indicativo e seus derivados.

Por este verbo se conjugam: **banir, brandir, carpir, colorir, comedir-se, delir, demolir, extorquir, esculpir, haurir, delinquir etc.**

Agredir

Indicativo presente: agrido, agrides, agride, agredimos, agredis, agridem.

Subjuntivo presente: agrida, agridas, agrida, agridamos, agridais, agridam.

Imperativo afirmativo: agride, agrida, agridamos, agredi, agridam.

nos demais tempos.

muda a vogal **e** em "i" nas formas rizotônicas do presente do em todas as formas dos seus dois derivados, excetuando-se a 2ª ral do imperativo afirmativo.

assim: **progredir, regredir, transgredir, denegrir, preve-**

Cair

Indicativo presente: caio, cais, cai, caímos, caís, caem.

Subjuntivo presente: caia, caias, caia, caiamos, caiais, caiam.

Imperativo afirmativo: cai, caia, caiamos, caí, caiam.

Regular no resto.

Seguem este modelo os verbos em – **air: decair, recair, sair, sobressair, trair, distrair, abstrair, detrair, subtrair etc.**

Cobrir

Indicativo presente: cubro, cobres, cobre, cobrimos, cobris, cobrem.

Subjuntivo presente: cubra, cubras, cubra, cubramos, cubrais, cubram.

Imperativo afirmativo: cobre, cubra, cubramos, cobri, cubram.

Particípio: coberto.

Observe: **o** → **u** na 1ª pessoa do singular do presente do indicativo e em todas as pessoas do presente do subjuntivo.

Assim se conjugam: **dormir, engolir, tossir, descobrir.** Os três primeiros, porém, têm o particípio regular. **Abrir, entreabrir e reabrir** seguem **cobrir,** no **particípio:** aberto, entreaberto, reaberto.

Conduzir

Este verbo e todos os terminados em – "uzir" perdem o "e" final na 3ª pessoa do singular do presente do indicativo: conduz, induz, reduz, seduz, luz, reluz etc.

Construir

Indicativo presente: construo, constróis, constrói, construímos, construís, constroem.

Imperativo afirmativo: constrói, construa, construamos, construí, construam.

Regular no resto. Podem ser usadas as formas regulares: **construi(s), construem.**

Assim se conjugam: **destruir, reconstruir e estruir** (destruir, desperdiçar).

Falir

Indicativo presente: falimos, falis.

Pretérito imperfeito: falia, falias etc.

Pretérito perfeito: fali, faliste, faliu etc.

Pretérito mais-que-perfeito: falira, faliras, falira etc.

Particípio: falido

Verbo regular defectivo. Usa-se apenas nas formas em que ao **l** segue o **i**.

Ferir

Indicativo presente: firo, feres, fere, ferimos, feris, ferem.

Subjuntivo presente: fira, firas, fira, firamos, firais, firam.

Imperativo afirmativo: fere, fira, firamos, feri, firam.

Regular no resto. Note: **e** → **i** na 1ª pessoa do singular do indicativo presente e em todo o presente do subjuntivo.

Seguem a conjugação de **ferir: aderir, advertir, aferir, auferir, compelir, competir, concernir, convergir, deferir, despir, diferir, divergir, discernir, divertir, gerir, digerir, ingerir, sugerir, refletir, vestir, servir, desservir, seguir, repelir, conseguir, perseguir, prosseguir, preterir, inserir, revestir.**

Mentir

Indicativo presente: minto, mentes, mente, mentimos, mentis, mentem.

Subjuntivo presente: minta, mintas, minta, mintamos, mintais, mintam.

Imperativo afirmativo: mente, minta, mintamos, menti, mintam.

Regular no resto da conjugação. Como no verbo **ferir**, a vogal **e** muda em **i** na 1ª pessoa do indicativo presente e em todo o subjuntivo presente, mas, por ser nasal, conserva o timbre fechado na 2ª e 3ª pessoas do singular e 3ª do plural do presente do indicativo.

Seguem este modelo: **desmentir, sentir, consentir, ressentir, pressentir.**

Frigir

Indicativo presente: frijo, freges, frege, frigimos, frigis, fregem.

Subjuntivo presente: frija, frijas, frija etc.

Imperativo afirmativo: frege, frija, frijamos, frigi, frijam.

Particípio: frito ou frigido. **Frito** funciona também como adjetivo: **peixe frito**.

Regular no resto. Verbo de pouco uso. Emprega-se, de preferência, o sinônimo **fritar**. Aparece na expressão **"no frigir dos ovos"** = no fim de tudo.

Fugir

Indicativo presente: fujo, foges, foge, fugimos, fugis, fogem.

Imperativo afirmativo: foge, fuja, fujamos, fugi, fujam.

Subjuntivo presente: fuja, fujas, fuja, fujamos, fujais, fujam.

Regular nas demais formas.

Seguem este modelo: **acudir, bulir, cuspir, entupir, escapulir, sacudir, subir.** Não se usam as formas regulares **entupes, entupe, entupem,** do verbo **entupir.**

Ir

Indicativo presente: vou, vais, vai, vamos, ides, vão.

Pretérito imperfeito: ia, ias, ia, íamos, íeis, iam.

Pretérito perfeito: fui, foste, foi, fomos, fostes, foram.

Pretérito mais-que-perfeito: fora, foras, fora, fôramos, fôreis, foram.

Futuro do presente: irei, irás, irá, iremos, ireis, irão.

Futuro do pretérito: iria, irias, iria, iríamos, iríeis, iriam.

Imperativo afirmativo: vai, vá, vamos, ide, vão.

Subjuntivo presente: vá, vás, vá, vamos, vades, vão.

Pretérito imperfeito: fosse, fosses, fosse, fôssemos, fôsseis, fossem.

Futuro: for, fores, for, formos, fordes, forem.

Infinitivo pessoal: ir, ires, ir, irmos, irdes, irem.

Gerúndio: indo.

Particípio: ido.

Ouvir

Indicativo do presente: ouço, ouves, ouve, ouvimos, ouvis, ouvem.

Subjuntivo presente: ouça, ouças, ouça, ouçamos, ouçais, ouçam.

Imperativo afirmativo: ouve, ouça, ouçamos, ouvi, ouçam.

Imperativo negativo: não ouças, não ouça, não ouçamos, não ouçais, não ouçam.

Gerúndio: ouvindo.

Particípio: ouvido.

Regular nos demais tempos.

Pedir

Indicativo presente: peço, pedes, pede, pedimos, pedis, pedem.

Subjuntivo presente: peça, peças, peça, peçamos, peçais, peçam.

Imperativo afirmativo: pede, peça, peçamos, pedi, peçam.

Imperativo negativo: não peças, não peça, não peçamos, não peçais, não peçam.

Regular nas outras formas.

Conjugam-se assim: **despedir, expedir, impedir, desimpedir e medir.**

Polir

Indicativo presente: pulo, pules, pule, polimos, polis, pulem.

Subjuntivo presente: pula, pulas, pula, pulamos, pulais, pulam.

Imperativo afirmativo: pule, pula, pulamos, poli, pulam.

Irregular nas formas rizotônicas, nas quais o **o** do radical muda em **u**.

Segue a conjugação do verbo **sortir.**

Remir

Verbo regular, mas só tem as formas em que ao **m** segue a vogal **i**.

As formas que lhe faltam são supridas com as do verbo sinônimo **redimir**, que é regular e tem a conjugação completa: **redimo, redimes, redime, remimos, remis, redimem.**

Conjuga-se como **falir.**

Possuir

Indicativo presente: possuo, possuis, possui, possuímos, possuís, possuem.

Pretérito imperfeito: possuía, possuías, possuía etc.

Pretérito perfeito: possuí, possuíste, possuiu, possuímos, possuístes, possuíram.

Pretérito mais-que-perfeito: possuíra, possuíras, possuíra etc.

Subjuntivo presente: possua, possuas, possua, possuamos, possuais, possuam.

Imperativo afirmativo: possui, possua, possuamos, possuí, possuam.

Verbo regular, apresentando a particularidade gráfica – **ui**, e não – **eu**, na 2ª e 3ª pessoas do singular do presente do indicativo, por haver ditongo decrescente.

Por este se conjugam todos os verbos em – **uir** (**destituir, concluir, influir, anuir, arguir, fruir, obstruir, instruir, restituir** etc.), exceção feita para **construir, reconstruir e destruir**), irregulares no indicativo presente.

Alguns como **puir, ruir** etc. são defectivos nas pessoas em que o **u** é seguido de **o** ou **a**.

Quanto ao verbo **arguir**, o **u** recebe acento gráfico quando tônico e seguido de **i** ou **e**: **arguo, arguis, argui**, arguimos, arguis, **arguem**. Segundo o acordo ortográfico, este verbo deve ser grafado sem trema e sem acento gráfico no **u**: argui, arguiste, arguiu, arguistes, arguiram etc.

Rir

Indicativo presente: rio, ris, ri , rimos, rides, riem.

Pretérito imperfeito: ria, rias, ria, ríamos, ríeis, riam.

Pretérito perfeito: ri, riste, riu, rimos, ristes, riram.

Imperativo afirmativo: ri, rias, riamos, ride, riam.

Subjuntivo presente: ria, rias, ria, riamos, riais, riam.

Particípio: rido.

Como **rir** se conjuga o derivado **sorrir.**

Sortir

Indicativo presente: surto, surtes, surte, sortimos, sortis, surtem.

Subjuntivo presente: surta, surtas, surta, surtamos, surtais, surtam.

Imperativo afirmativo: surte, surta, surtamos, sorti, surtam.

Irregular nas formas rizotônicas, nas quais o **o** muda em **u**.

Segue esta conjugação o verbo **polir**.

Sortir significa **abastecer, fazer sortimento, combinar.** Não confundir com **surtir (= ter como resultado, alcançar efeito, originar)**, que só tem as terceiras pessoas: o plano **surtiu** efeito; as negociações não **surtiram** efeito.

Sumir

Indicativo presente: sumo, somes, some, sumimos, sumis, somem.

Subjuntivo presente: suma, sumas, suma etc.

Imperativo afirmativo: some, suma, sumamos, sumi, sumam.

Regular no resto da conjugação.

Assim também **consumir: consumo, consomes, consome, consumimos, consumis, consomem. Assumir, reassumir, resumir e presumir** são regulares: assumo, assumes, assume, assumimos, assumis, assumem etc.

Submergir

Indicativo presente: submerjo (ê), submerges, submerge, submergimos, submergis, submergem.

Subjuntivo presente: submerja (ê), submerjas, submerja etc.

Particípio: submergido e submerso (mais usado como adjetivo: **corpo submerso).**

Seguem esse modelo **emergir, imergir e aspergir.** Este último, porém, pode ser conjugado como **ferir (aspirjo, asperges, asperge etc.: aspirja, aspirjas, aspirja etc.),** observando-se que as formas com **i** tônico praticamente não se usam.

Vir

Indicativo presente: venho, vens, vem, vimos, vindes, vêm.

Pretérito imperfeito: vinha, vinhas, vinha, vínhamos, vínheis, vinham.

Pretérito perfeito: vim, vieste, veio, viemos, viestes, vieram.

Pretérito mais-que-perfeito: viera, vieras, viera, viéramos, viéreis, vieram.

Futuro do presente: virei, virás, virá, viremos, vireis, virão.

Futuro do pretérito: viria, virias, viria, viríamos, viríeis, viriam.

Imperativo afirmativo: vem, venha, venhamos, vinde, venham.

Subjuntivo presente: venha, venhas, venha, venhamos, venhais, venham.

Pretérito imperfeito: viesse, viesses, viesse, viéssemos, viésseis, viessem.

Futuro: vier, vieres, vier, viermos, vierdes, vierem.

Infinitivo pessoal: vir, vires, vir, virmos, virdes, virem.

Gerúndio: vindo.

Particípio: vindo.

Por este se conjugam **advir, convir, intervir, provir, sobrevir, avir-se, desavir-se. Desavindo-se**, além do particípio, é adjetivo: casais **desavindos.**

VERBOS DEFECTIVOS

Verbos defectivos são os que não possuem a conjunção completa, por não serem usados em certos modos, tempos ou pessoas.

A defectividade verbal verifica-se principalmente em formas que por serem **antieufônicas** (exemplo: **abolir,** 1ª pessoa do singular do indicativo presente) ou **homofônicas** (exemplos: **soer e falir,** 1ª pessoa do singular do indicativo presente), não foram vivificadas pelo uso. Há, porém, casos de verbos defectivos que não se explicam por nenhuma razão de ordem fonética, mas pelo simples desuso.

Registra-se maior incidência de defectividade verbal na 3ª conjugação e em formas rizotônicas.

Os verbos defectivos podem ser distribuídos em quatro grupos:

1) Os que não têm as formas em que ao radical se seguem **"a"** ou **"o"**, o que ocorre apenas no presente do indicativo e do subjuntivo e no imperativo. O verbo **abolir** serve de exemplo.

INDICATIVO	SUBJUNTIVO	IMPERATIVO	
PRESENTE	PRESENTE	AFIRMATIVO	NEGATIVO
-	-	-	
aboles	-	abole	-
abole	-	-	-
abolimos	-	-	-
abolis	-	aboli	-
abolem	-	-	-

Pertencem a este grupo, entre outros, aturdir, brandir, carpir, colorir, delir, demolir, exaurir, explodir, fremir, haurir delinquir, extorquir, puir, ruir, retorquir, latir, urgir, tinir, pascer.

Observação

Em escritores modernos aparecem, no entanto, alguns desses verbos na 1ª pessoa do presente do indicativo, como **explodo**, **lato** etc.: "Daqui vocês não me tiram – respondeu-lhes a bomba. O primeiro que me tocar, eu **explodo**." (Carlos Drummond de Andrade)

2) Os que só se usam nas formas em que ao radical segue **i**, ou seja, nas formas arrizotônicas. **A defectividade desses verbos, como nos do primeiro grupo, só se verifica no presente do indicativo e do subjuntivo e no imperativo.**

Sirva de exemplo o verbo **falir:**

INDICATIVO	SUBJUNTIVO	IMPERATIVO	
PRESENTE	PRESENTE	AFIRMATIVO	NEGATIVO
-	-	-	-
-	-	-	-
-	-	-	-
falimos	-	-	-
falis	-	fali	-
-	-	-	-

Seguem este paradigma: **aguerrir, embair, empedernir, remir, transir etc.** pertencem também a este grupo os verbos **adequar**, pois só possuem as formas arrizotônicas.

3) Verbos que, pela sua significação, não podem ter imperativo (**acontecer, poder e caber**) ou que, por exprimir ação recíproca (**entrechocar-se, entreolhar-se**), se usam exclusivamente nas três pessoas do plural.

4) Os seguintes, já estudados, que apresentam particularidades especiais: **reaver, prazer e soer.**

> ### Observação
>
> **Verbos que exprimem fenômenos meteorológicos, como chover, ventar, trovejar etc.: a rigor não são defectivos, uma vez que, em sentido figurado, podem ser usados em todas as pessoas.**

As formas inexistentes dos verbos defectivos suprem-se:

1) Com as de um verbo sinônimo: **eu recupero, tu recuperas etc.** (**para reaver**); *eu redimo, tu redimes, ele redime, eles redimem* (**para remir**); *eu me previno ou me acautelo etc.* (**para precaver**);

2) Com construções perifrásticas: *estou demolindo, estou colorindo, vou à falência; embora o cachorro comece a latir etc.*

VERBOS ABUNDANTES

> **Verbos abundantes são os que apresentam duas ou mais formas em certos tempos, modos ou pessoas: comprazi-me e comprouve-me, apiedo--me e apiado-me, elegido e eleito.**

Essas variantes verbais são mais frequentes no particípio, havendo numerosos verbos, geralmente transitivos, que, ao lado do particípio regular em – **ado** ou **ido**, possuem outro, irregular, as mais das vezes provenientes do particípio latino.

Eis alguns desses verbos seguidos de seus particípios:			
absolver	absolvido, absolto	imprimir	imprimido, impresso
aceitar	aceitado, aceito	incorrer	incorrido, incurso
acender	acendido, aceso	incluir	incluído, incluso
anexar	anexado, anexo	inserir	inserido, inserto
assentar	assentado, assente	isentar	isentado, isento
benzer	benzido, bento	limpar	limpado, limpo
contundir	contundido, contuso	matar	matado, morto
despertar	despertado, desperto	morrer	morrido, morto
dispersar	dispersado, disperso	nascer	nascido, nato
entregar	entregado, entregue	pagar	pagado, pago
eleger	elegido, eleito	pegar	pegado, pego (ê)
erigir	erigido, ereto	prender	prendido, preso
expelir	expelido, expulso	romper	rompido, roto
expulsar	expulsado, expulso	sepultar	sepultado, sepulto
expressar	expressado, expresso	submergir	submergido, submerso
exprimir	exprimido, expresso	suprimir	suprimido, supresso
extinguir	extinguido, extinto	surpreender	surpreendido, surpreso
frigir	frigido, frito	soltar	soltado, solto
ganhar	ganhado, ganho	suspender	suspendido, suspenso
gastar	gastado, gasto	tingir	tingido, tinto

As formas participiais regulares usam-se, via de regra, com os auxiliares **ter** e **haver** (voz ativa), e as irregulares com os auxiliares **ser** e **estar** (voz passiva).

O caçador **tinha soltado** os cães.

Os cães não **seriam soltos** pelo caçador.

O pescador **teria salvado** o náufrago.

O náufrago **estaria (ou seria)** salvo.

Observação

com os verbos **estar, ficar e andar, usam-se quase sempre as formas irregulares**, com feição de adjetivos e **função de predicativo**:

As crianças **estavam dispersas** pelo pátio.

A pipa **ficou presa** à árvore.

As mães **andam aflitas** por conta da violência.

EXERCÍCIOS DE FIXAÇÃO

1. Relacione os verbos ao que essas palavras exprimem nas frases:
( ) Quando **venta,** o tempo esfria. (1) ação
( ) **Atravessei** o rio a nado. (2) estado
( ) Mamãe **era** alegre, expansiva. (3) fenômeno.

2. Relacione corretamente:
( ) **Vá** agora, Luís Paulo. ( ) indicativo (1) fato incerto
( ) O náufrago **salvou-se.** ( ) subjuntivo (2) ordem
( ) Talvez Vítor não **venha.** ( ) imperativo (3) fato certo.

3. Relacione as duas colunas e identifique, oralmente, os tempos verbais:
( ) O vento **soprava** forte. (1) fato atual
( ) Fiz o que lhe **prometera.** (2) fato passado não concluído
( ) **Assistirei** às Olimpíadas. (3) fato passado concluído
( ) **Preciso** de um dicionário. (4) fato passado anterior a outro
 também passado
( ) Prometi que o **ajudaria.** (5) fato a ser realizado
( ) Elas **colheram** a uva. (6) fato futuro situado no passado

4. Faça o relacionamento:
( ) fazer – poder – ir ( ) regulares (1) seguem o paradigma
( ) andar – temer – unir ( ) irregulares (2) não seguem o paradigma

5. Complete o quadro com as formas do imperativo do verbo falar:

pessoas	indicativo	Imperativo afirmativo	subjuntivo	Imperativo negativo
Tu	falas ➙	-	fales ➙	não
Você	-	-	← fale ➙	não
Nós	-	-	← falemos ➙	não
Vós	falais ➙	-	faleis ➙	não
Vocês	-	-	← falem ➙	não

6. Sublinhe as locuções verbais:
a) Quando Guga chegou, eu estava abrindo as garrafas.
b) Glória trabalhará dobrado, mas sua casa vai ficar linda.

7. Passe os verbos para o presente do indicativo ou subjuntivo, conservando a mesma pessoa:

a) Na haste flexível **desabotoou** a primeira rosa. _____

b) Os vícios **consumiram**-lhe em pouco tempo a saúde e o patrimônio.

_____

c) O coronel **reassumiu** o comando das tropas. _____

d) "**Requeri** minha aposentadoria, não **podia** mais trabalhar", disse o velho. _____

e) Que lucros **auferiste** de tantos esforços? _____

f) Os comissários **proveram** ao abastecimento dos navios.

_____

g) O manuscrito **jazeu** esquecido no fundo de um armário. _____

h) Quando nos **lembrávamos** do passado, **receávamos** o futuro.

_____

i) Muitos se **abstiveram** de bebidas alcoólicas. _____

j) Eu **cobria** o doente para que ele não **tossisse**. _____

k) A memória **cerziu** e **reconstituiu** os fatos que se **distanciaram** no passado.

_____

l) A minha proposta não lhe **aprouve**. _____

m) **Convinha** que a viúva **mobiliasse** logo a casa. _____

n) Talvez **houvesse** outro livro que **valesse** menos e **fosse** melhor.

_____

o) Talvez **houvesse** alguma coisa que o **impedisse** de voltar.

_____

p) Vós **sorríeis** incrédulos, **dizíeis** que não **proviemos** de Deus, mas do macaco. _____

8. Complete cada frase com a forma verbal correta:

a) É bom que você se _____ contra assaltos. (**precavenha** – **previna**)

b) É bom que eu me _____. Essa gente é falsa. (**acautele** – **precava**)

c) Pedi-lhe que se _____ contra o perigo dos tóxicos. (**precavisse** – **precavesse**)

d) Abra os olhos! Acautele-se, _____! (**precavenha-se** – **cuide-se**)

e) Felizmente, eu _____ tudo o que perdi. (**reavi** – **reouve**)

f) Não creio que eles _____ o prestígio perdido. (**reajam** – **recuperem**)

9. Preencha as lacunas com as formas adequadas do imperativo afirmativo do verbo servir:

a) Governante, _____ o povo e não a ti mesmo.

b) Governante, _____ o povo e não a si mesmo.

c) Governantes, _____ o povo e não a nós mesmos.

d) Governantes, _____ o povo e não a vós mesmos.

e) Governantes, _____ o povo e não a si mesmos.

10. Assinale o item que completa corretamente a frase:

Se o senhor a _____ na fábrica, _____-lhe que _____ com prudência.

( ) ver – dizei - aja
( ) ver – diga – aja
( ) vir – dize – haja
( ) vir – diga – aja

11. Assinale a única frase em que há voz reflexiva recíproca:

(a) Deram-se os prêmios aos vencedores.
(b) Pedro e João deram-se prova de honra.
(c) Venderam-se os seus próprios móveis na feira.

12. Flexione os verbos em destaque nas formas que o contexto exige:

a) As formigas não desanimam e **reconstruir** o ninho. _____

b) Os males não se **remediar,** lastimando-os. _____

c) Feliz serás tu se **reaver** o que perdeste. _____

d) Nenhum descanso teríamos enquanto não **reaver** o talismã. _____

e) O adulador **soer** ser maldizente. _____

f) **Prazer** a Deus que tal não aconteça! _____

g) O inverno, dentro de poucos dias, afastará o sol e **trazer** o frio. _____

h) Nada o **satisfazer**, enquanto não tivesse certeza do amor de Cláudia. _____

i) Ela **suster** o bule no ar e perguntou se eu queria café. _____

j) Se **sobrevir** contratempos, não desanimes. _____

k) O guarda persegue e **balear** o assaltante. _____

l) Cultivai as boas maneiras, que elas vos **fazer** simpáticos. _____

m) Não é justo que (nós) **diminuir** o número de convivas no banquete da vida. _____

n) Terroristas atacam embaixada e **incendiar** carros de diplomatas. _____

o) Se você **compor** a melodia, eu farei a letra da canção. _____

p) Os revolucionários tomaram a cidade e **depor** o Presidente. _____

13. Complete as frases de acordo com o que se pede:

a) Nós _____ que o rio fosse fundo.
   (**supor, pretérito imperfeito do indicativo**)

b) Eu não _____ na discussão.
   (**intervir, pretérito perfeito do indicativo**)

c) O motorista parou o carro _____ com violência.
   (**frear, gerúndio**)

d) Sete países do Pacífico _____ aos testes nucleares.
   (**opor-se, pret. perf. do ind.**)

e) Ele parecia receoso de que alguém o _____.
   (**contradizer, pret. imperf. do subj.**)

f) Os dois _____ e um _____ o outro.
   (**desavir-se pretérito perfeito do indicativo**) (**descompor pretérito imperfeito do indicativo**)

g) Até então eu não tinha _____ nos debates.
   (**intervir, particípio**)

h) Cristo _____ a destruição de Jerusalém.
   (**predizer, pret. mais-que-perf. do ind.**)

i) Comprarei as roupas que me _____.
   (**convir, futuro subjuntivo**)

j) As pesquisas de opinião pública fazem com que certos candidatos _____ sua derrota. (**pressentir, presente subjuntivo**)

14. Flexione os verbos nos tempos do subjuntivo, nas formas adequadas ao contexto:

a) Pedi às crianças que _____. (**sossegar**)

b) Peço ao moço que _____ as cartas na caixa. (**depositar**)

c) É preciso que nós mesmas _____ a roupa. (**consertar**)

d) Pior para eles, se _____ minhas recomendações. (**desprezar**)

e) Proponho-vos que _____ para vossas casas. (**voltar**)

f) Espero que Luís já _____ os colegas. (**avisar**)

g) Não o verás, por mais que _____ longe. (**enxergar**)

h) Pode acontecer que o avião _____ ou _____ em outra cidade. (**atrasar – descer**)

15. Flexione corretamente os verbos em destaque no presente do indicativo ou do subjuntivo, de acordo com o contexto sintático:

a) A História **restaurar** o passado.

_____

b) Farei tudo para que os dois se **reconciliar.**

_____

c) Alguns se **gloriar** do que não fizeram.

_____

d) **Estourar** morteiros e **espocar** foguetes.

_____

e) Peço-te que não **afrouxar** a marcha.

_____

f) Aconselho-os a que **viajar** amiúde e **ampliar** seus conhecimentos.

_____

g) Ele **gesticular** e **vociferar** contra os que lhe **impugnar** as opiniões.

_____

h) Pobre homem! Uns o **caluniar**, outros lhe **roubar** o sossego.

_____

i) A polícia **interceptar** o veículo e **apreender** o contrabando.

_____

j) É de esperar que **nascer** novos gênios da música.

_____

k) É possível que **ocorrer** outros terremotos na região.

_____

l) Conversando, talvez nos **entender** e nos **tornar** bons amigos.

_____

16. Relacione os verbos em destaque aos respectivos tempos e modos:

( ) Cássio **desaparecera** no mar.   (1) pretérito perf. do indicativo
( ) **Existiriam** discos voadores?   (2) futuro do subjuntivo
( ) Talvez **existam**.   (3) pret. mais-que-perf. do ind.
( ) **Dividi** para vencerdes.   (4) infinitivo presente pessoal
( ) Eu **dividi** os lucros.   (5) imperativo afirmativo
( ) Se me **morderes**, prendo-te.   (6) presente do subjuntivo
( ) Cuidado para não **morderes** a língua!   (7) futuro do pret. do indicativo.

17. Numere as frases de acordo com a voz dos verbos:

( ) **Demoliram-se** as casas.   (1) ativa
( ) As abelhas **colhem** o néctar.   (2) passiva analítica
( ) **Cumprimentamo-nos** cordialmente.   (3) passiva pronominal
( ) A casa **foi reformada.**   (4) reflexiva
( ) Rita **olhou-se** no espelho.   (5) reflexiva recíproca

18. Informe a voz dos verbos:

a) Laranjas eram vendidas por atacado e a varejo.

_____

b) As mortalhas das lagartas vestem os homens de gala.
   (Marquês de Maricá)

_____

c) Os abusos, com os dentes, nunca se arrancam sem dores.
   (Marquês de Maricá)

_____

d) Os moradores entreolharam-se decepcionados.

_____

e) Quem nunca comeu melado, quando come se lambuza.

_____

f) Um dos professores sugeriu, ao se discutirem os programas, a ideia do ensino integral da Zoologia. (Carlos de Laet)

_____

19. Use as formas adequadas do particípio dos verbos indicados:

a) A polícia havia _____ o grupo de manifestantes. (*dispersar*)

b) As folhas estavam _____ no chão. (*dispersar*)

c) A multidão seria _____ a gás lacrimogêneo. (*dispersar*)

d) As chuvas tinham _____ o fogo. (*extinguir*)

e) Estava enfim _____ o infame cativeiro! (*extinguir*)

f) A raça humana seria _____ pelas explosões nucleares. (*extinguir*)

20. Escolha o verbo adequado e complete cada frase:

Infligem – infringem – deferem – diferem – surtiram – sortiram – provêm – proveem.

a) As nações frequentemente _____ os convênios.

b) Os chefes _____-lhes castigos cruéis.

c) Os ministros _____ nossos requerimentos.

d) As opiniões _____.

e) Os comerciantes _____ seus estabelecimentos.

f) As tentativas não _____ o efeito almejado.

g) Os frutos _____ da terra.

h) Os pais _____ as necessidades da prole.

GABARITO

Capítulo II
Classes Gramaticais

Exercícios de Fixação

1) Escreva, no plural, os substantivos:

degraus _____ tico-ticos _____

opiniões _____ chás de cozinha _____

tabeliães _____ guarda-comidas _____

cidadãos _____ guardas-civis _____

açúcares _____ ex-alunos _____

os atlas _____ amores-perfeitos _____

hifens _____ segundas-feiras _____

alcoóis _____ vira-latas _____

barezinhos _____ boas-vidas _____

planaltos _____ abaixo-assinados _____

2) Aponte a diferença de sentido entre os substantivos:

a) o cabeça   =   o chefe

   a cabeça   =   parte do corpo humano

b) o grama   =   unidade de peso

   a grama   =   a relva

c) o moral   =   o ânimo – brio

   a moral   =   * conclusão que se tira de uma história.

             * conjunto de regras

3) Classifique os substantivos em: epicenos, comuns de dois gêneros e sobrecomuns.

a) a cobra – epiceno

b) a/o jovem – comum de dois gêneros

c) o/a estudante – comum de dois gêneros

d) a pessoa – sobrecomum

e) a criatura - sobrecomum

f) o/a artista – comum de dois gêneros

g) o/a dentista – comum de dois gêneros

h) a vítima – sobrecomum

i) a criança – sobrecomum

4) a)... ao seu cônjuge.

b)... nenhum dó.

c)... seu champanhe.

d)... barezinhos...

e)... guardas-noturnos...

5) Passe para o plural a frase abaixo:

Os primeiros-ministros, em seus abaixo-assinados, pediam aos vice-reitores que os ex-alunos fossem homenageados.

6) (a)

Exercícios de Fixação

Adjetivos

1)
    I – acreano

    II – alagoano

   III – belga

   IV – búlgaro

    V – cearense

   VI – espírito-santense / capixaba

  VII – goiano

VIII – iraniano

   IX – manauense

    X – mineiro

   XI – paranaense

  XII – porto-alegrense

XIII – fluminense

XIV – paulista
XV – afegão / afegane
XVI – baiano
XVII – brasiliense
XVIII – cairota
XIX – cipriota
XX – etíope
XXI – goianiense
XXII – iraquiano
XXIII – marajoara
XXIV – paraense
XXV – paraibano
XXVI – petropolitano
XXVII – carioca
XXVIII – paulistano

2) a) abdominal
   b) apícola
   c) aquilino
   d) discente
   e) bucal/oral
   f) capilar
   g) canino
   h) pluvial/chuvoso
   i) digital
   j) estomacal
   k) hepático
   l) felino
   m) glacial
   n) bélico
   o) ebúrneo
   p) ocular
   q) áureo
   r) passional
   s) argênteo
   t) docente

3) a) acordo teuto-inglês
   b) relações nipo-brasileiras
   c) estradas franco-italianas
   d) relações austro-chinesas

4) a) sapatos marrom-café
   b) sapatos marrom-escuros
   c) lentes côncavo-convexas

d) tratados nipo-austro-húngaros
e) blusas amarelo-ouro
f) blusas amarelo-douradas
g) camisas azul-marinho
h) meninas surdas-mudas
i) blusas gelo

5)
a) amicíssimo
b) antiquíssimo
c) fidelíssimo
d) beneficentíssimo
e) docílimo
f) magnificentíssimo
g) probabilíssimo
h) sapientíssimo
i) terribilíssimo
j) vulnerabilíssimo

6)
a) grau superlativo absoluto analítico
b) grau comparativo de igualdade
c) grau superlativo absoluto sintético
d) grau superlativo relativo de superioridade
e) grau comparativo de superioridade
f) grau comparativo de superioridade
g) grau superlativo relativo de inferioridade

7)
a) Esta fazenda é maior do que aquela ao lado.
b) Sua redação está melhor do que o texto.
c) João era uma pessoa paupérrima.

8)
a) ... tapetes verde-esmeralda.
b) ... borboletas azul-claras...
c) ... várias clínicas médico-cirúrgicas.

9)
a) paisagística
b) pueril / infantil
c) especular
d) discente
e) bélica
f) arietina

Exercícios de Fixação

Pronome

1) a) Sua Alteza
   b) Vossa Santidade
   c) Sua Excelência
   d) Sua Eminência
   e) Sua Majestade
   f) Sua Magnificência
   g) Sua Excelência
   h) Vossa Senhoria

2) a) ... para eu comprar...
   b) Convidei-o ...
   c) Entre mim e ti...
   d) ... sem mim.
   e) ... para eu descobrir...
   f) ... de falar conosco...

3) a) Vossa Majestade **parece** saber de **seus** problemas.
   b) Vossa Excelência não **confia** nos **seus** assessores.

4) a) (II)   d) (I)
   b) (I)   e) (I)
   c) (II)   f) (I)

5) a) Este
   b) Esse

6) a) esta; aquela
   b) aquele; este

7) a) Não conheço o lugar **onde** você mora.
   b) Não vi as pessoas **que** chegaram.
   c) O livro **a que** você se referiu está esgotado.
   d) Os alunos, **cuja** redação continha muitos erros, tiraram nota baixa.

8) ... **algum** livro = **qualquer** livro
... livro **algum** = livro **nenhum**

9) a) **me** = **minha** caneta
b) **lhe** = suas recomendações

Exercícios de Fixação

Verbo

1) (3)
(1)
(2)

2) (2)   (3)
(3)   (1)
(1)   (2)

3) (2)
(4)
(5)
(1)
(6)
(3)

4) (2)   (1)
(1)   (2)

5)

Pessoas	Indicativo	Imp. Afirmativo	Subjuntivo	Imp. Negativo
tu	falas	fala tu	fales	não fales tu
você	_____	fale você	fale	não fale você
nós	_____	falemos nós	falemos	não falemos nós
vós	falais	falai vós	faleis	não faleis vós
vocês	_____	falem vocês	falem	não falem vocês

6) a) ... estava abrindo   b)   ... vai ficar

7)
a) desabotoa...
b) consomem-lhe...
c) reassume
d) Requeiro... não posso...
e) auferes
f) proveem
g) jaz
h) lembramos... receamos

i) se abstêm
j) cubro... tussa
k) cirze... reconstitui...   distanciam
l) apraz
m) convém... mobílie
n) haja... valha... seja
o) haja... impeça
p) sorrides... dizeis... provimos

8)
a) previna
b) acautele
c) precavesse
d) cuide-se
e) reouve
f) recuperem

9)
a) serve
b) sirva
c) sirvamos
d) servi
e) sirvam

10) (X) vir-diga-aja

11) (b)

12)
a) reconstroem
b) remedeiam
c) reouveres
d) reouvéssemos
e) sói
f) Praza
g) trará
h) satisfaria

i) susteve
j) sobrevierem
k) baleia
l) farão
m) diminuamos
n) incendeiam
o) compuser
p) depuseram

13)
a) supúnhamos
b) intervim
c) freando
d) opuseram-se
e) contradissesse

f) desavieram-se ... descompunha
g) intervindo
h) predissera
i) convierem
j) pressintam

14)
a) sossegassem
b) deposite
c) consertemos
d) desprezarem

e) volteis
f) tenha avisado
g) enxergues
h) atrase... desça

Capítulo II – Morfologia | 167

15)
a) restaura
b) reconciliem
c) gloriam
d) Estouram... espocam
e) afrouxes
f) viajem... ampliem
g) gesticula... vocifera... impugnam
h) caluniam... roubam
i) intercepta... apreende
j) nasçam
k) ocorram
l) entendamos... tornemos

16) (3)
(7)
(6)
(5)
(1)
(2)
(4)

17) (3)
(1)
(5)
(2)
(4)

18)
a) ... eram vendidas: passiva analítica
b) ... vestem: ativa
c) ... se arrancam: passiva pronominal / sintética
d) ... entreolharam-se: reflexiva recíproca
e) ... comeu, come: ativa / se lambuza: reflexiva
f) ... sugeriu: ativa / se discutirem: passiva pronominal

19)
a) havia dispersado
b) estavam dispersas
c) seria dispersa
d) tinham extinguido
e) estava extinto
f) seria extinta

20)
a) infringem
b) infligem
c) deferem
d) diferem
e) sortiram
f) surtiram
g) provêm
h) proveem

CAPÍTULO III

SINTAXE

- Termos Essenciais da Oração
- Tipos de Sujeito
- Tipos de Predicado
- Termos Integrantes da Oração
- Transitividade dos Verbos
- Dica Preciosa
- Exercícios de Fixação
- Gabarito

TERMOS ESSENCIAIS DA ORAÇÃO

SUJEITO E PREDICADO

Quem é o homem do SUDÁRIO?
O que ele fez para ser tão flagelado?
Sujeito e o predicado são os termos essenciais da oração.

Dizemos que o sujeito de uma oração é o elemento a respeito do qual se declara alguma coisa, e o predicado é aquilo que se declara do sujeito.

Exemplo: O homem do sudário morreu na cruz.
Sujeito   =   **O homem do sudário** (termo do qual se declara algo)
Predicado   =   **morreu na cruz** (algo que se declara do sujeito)

SUJEITO

O núcleo do sujeito (isto é, seu elemento fundamental) pode ser constituído de:

a) **um pronome pessoal do caso reto.**
     Exs.:   **Tu** sairás hoje.
            Nós estivemos em sua fazenda.

b) **um substantivo ou palavra (ou expressão) substantivada.**
     Exs.:   O **carro** passou velozmente.
            O **alegre** ficou triste.
            O meu **viver** tornou-se insuportável.

c) **um pronome demonstrativo, relativo, interrogativo ou indefinido.**
     Exs.:   **Aquilo** era ouro puro.
            Não conheço o aluno **que** entrou.
            Quem lhe contou isso?
            Alguém colocou o livro sobre a mesa.

d) **um numeral.**
     Ex.:   Os **dois** esperavam ansiosamente as notícias.

e) **uma oração (chamada subordinada substantiva subjetiva).**

Exs.   É bom **que você volte cedo**.

É conveniente **sair**.

> **Dica Preciosa**
>
> **Jamais o sujeito virá acoplado de preposição, ou seja, o termo que vem preposicionado não será o sujeito da oração.**

TIPOS DE SUJEITO

a) **Simples** – Ocorre quando o sujeito apresenta **um só núcleo**. Não se deve confundir sujeito simples com a noção de singular. **Diz-se apenas um elemento,** seja ele um substantivo (singular ou plural), um pronome, um numeral ou uma oração subjetiva.

Exs.:   Os **rios** correm para o mar.

Todos ficaram quietos.

b) **Composto** – Ocorre quando o sujeito apresenta mais de um núcleo.

Exs.:   Os **dias** e as **semanas** passavam rapidamente.

Eu e **ela** contávamos com sua presença.

É preciso **voltar** e **recomeçar** o trabalho.

c) **Oculto** (desinencial) – Ocorre quando o sujeito não está explicitamente representado na oração, mas pode ser identificado.

Exs.:   Estiv**emos** na fazenda. (sujeito = **nós**, identificável pela desinência verbal).

Pedro saiu **e ainda não voltou**. (O sujeito da segunda oração é **Pedro**, expresso na oração anterior).

d) **Indeterminado** – Ocorre quando não há referência nenhuma sobre quem praticou a ação verbal. Observe que o sujeito existe, apenas não pode ser identificado. Esse tipo de sujeito pode ocorrer:

- **quando o verbo se apresenta na 3ª pessoa do plural, sem antecedente que o relacione a algum elemento. (Falaram... Telefonaram... Dizem... etc.).**

Ex.: Revelaram-me o seu segredo. (Não se pode afirmar que o sujeito de revelaram é eles; o que prevalece é a ideia de indeterminação).

- com os verbos transitivos indiretos na 3ª pessoa do singular, com o pronome '*se*' mais a preposição que acompanha o verbo. O "SE" funciona como índice de indeterminação do sujeito.

  Exs.: **Precisa-se de** ajudante de cozinha.

  Confia-se em pessoas idôneas.

- com verbos intransitivos na 3ª pessoa do singular acompanhados do "SE" = índice de inderterminação do sujeito.

  Exs.: **Vive-se** bem aqui.

  Come-se bem aqui.

Observações

Quando a frase se encontra na voz passiva, o elemento que pratica a ação é classificado como ***agente da passiva.***

Ex.: O menino foi ajudado **pelo pai.**

Quando a voz passiva é construída por meio da partícula *se*, a análise é feita da seguinte forma:

Ex.: Destruiu-**se** todo o castelo.

o castelo = sujeito (ou sujeito paciente, pois sofre a ação verbal)

se = partícula apassivadora

agente da passiva = indeterminado (Alguém destruiu o castelo)

e) **Oração Sem Sujeito** – Ocorre a **oração sem sujeito** quando não podemos relacionar o predicado a nenhum ser ou elemento. Nesse caso, **o verbo é considerado impessoal e o sujeito, inexistente**. Isso acontece com:

- **O verbo "haver" empregado com o sentido de "existir" ou com referência à passagem do tempo.**

  Exs.: **Há** vários alunos na sala. (**alunos** é objeto direto.)

  Há pelo menos dois meses de enchente em São Paulo.

- **Os verbos ou expressões que indicam fenômenos meteorológicos ou passagem do tempo.**

  Exs.: **Trovejou** muito ontem à noite.

  Nesta cidade **faz** um calor intenso o ano todo.

  Faz vinte e cinco anos que moro em Brasília.

  São duas horas da tarde.

Exercícios de Fixação:

SUJEITO

1. Analise as orações abaixo, usando este código:

(a) oração sem sujeito
(b) oração com sujeito indeterminado
(c) oração com sujeito oculto
(d) oração com sujeito expresso

1.1 ( ) Não haveremos de perder essa luta!
1.2 ( ) Infelizmente, poucas chances de sucesso havia naquela aventura.
1.3 ( ) Hei de esperar aqui mesmo a sua volta.
1.4 ( ) Come-se bem naquele restaurante.
1.5 ( ) Hoje fez muito vento na praia.
1.6 ( ) Precisa-se de balconistas nesta loja.
1.7 ( ) Todos nós o ajudaremos.
1.8 ( ) Estava o padre sozinho na igreja.
1.9 ( ) Trouxeram este presente para você.
1.10 ( ) Nada lhe direi sobre isso.
1.11 ( ) Chovia muito à hora da saída.
1.12 ( ) O dia amanheceu nublado.

2. Assinale o item em que o sujeito foi incorretamente analisado:

a) ( ) Decorreram alguns minutos de estranho silêncio. (simples)
b) ( ) Só me restam poucas economias. (indeterminado)
c) ( ) Eu e meus amigos viemos auxiliá-lo. (composto)
d) ( ) Ainda está fazendo muito frio. (inexistente)

3. O "se" pode ser classificado como partícula apassivadora na opção:

a) ( ) Não sei se ele virá à reunião.
b) ( ) Ele feriu-se com a própria arma.
c) ( ) Amarraram-se os prisioneiros na árvore.
d) ( ) Estou à sua disposição, se precisar de ajuda.

4. Considere os seguintes períodos e assinale a afirmativa correta:

  I – Faz algum tempo que ele saiu.
  II – Anoitecia quando chegamos ao hotel.
  III – Fala-se muito desse jogo na cidade.

a) ( ) orações sem sujeito ocorrem em I e III.
b) ( ) orações com sujeito indeterminado ocorrem em II e III.
c) ( ) oração com sujeito indeterminado ocorre em III.
d) ( ) oração sem sujeito ocorre apenas em II.

TIPOS DE PREDICADO

O predicado pode ser: **verbal, nominal ou verbo-nominal.**

Predicado Verbal – Tem como núcleo um verbo que expressa ideia de ação.
  Exs.: João **trabalha** bastante.
        As folhas **caem**.
        Anoiteceu.

Verbo Transitivo – Quando o verbo exige outro termo, para que seu sentido fique completo, é classificado como verbo *transitivo*.
  Ex.: Ele preparou a tarefa.

Se o termo que completa o sentido do verbo vier regido de preposição, dizemos que o verbo é transitivo indireto, e seu complemento, objeto indireto.
  Ex.: Ela *gosta* de *doces*.
         ↓   ↓
       V. trans. Obj.
        ind.   indireto

Se o termo que completa o sentido do verbo não vier regido de preposição, dizemos que o verbo é transitivo direto, e seu complemento, objeto direto.
  Ex.: Eles *leram* o *livro*.
         ↓   ↓
       V. trans. Obj.
        direto   direto

Pode ocorrer que um verbo venha seguido de dois complementos: um regido de preposição e o outro sem preposição. Nesse caso, dizemos que o verbo é transitivo direto e indireto.

Ex.:   *Entregarei*   *a carta*   *ao chefe.*
          ↓   ↓   ↓
       V. trans.   Obj. direto. Obj. indireto
       direto e ind.

Verbo intransitivo – Quando o verbo não necessita de nenhum termo que o complete, encerrando em si mesmo a ideia central da oração, é classificado como verbo **intransitivo**.

Ex.: Todos os turistas já chegaram.

ESQUEMAS DO PREDICADO VERBAL

O predicado verbal pode apresentar, portanto, os seguintes esquemas:
1. **verbo intransitivo:** Os viajantes **partiram**.
2. **verbo transitivo direto + objeto direto:** João **ganhou** a partida.
3. **verbo transitivo indireto + objeto indireto:** Ela **confia em** você.
4. **verbo transitivo direto e indireto + objeto direto e indireto.** Dê perdão ao pecador.

Predicado nominal – Tem como núcleo um verbo que serve para relacionar o sujeito a um termo que expressa ideia de qualidade ou estado. O verbo, nesse caso, é classificado como **verbo de ligação**, e o termo que se refere ao sujeito como **predicativo do sujeito**.

Ex.: O menino continua doente.
       ↓   ↓   ↓
     sujeito   verbo   predicativo
              de ligação do sujeito

Predicado verbo-nominal – Quando **o predicado expressa tanto ideia de ação como de estado**, é classificado como **predicado verbo-nominal**, podendo ocorrer as seguintes formações:
a) **verbo intransitivo + predicativo do sujeito**.

Ex.: Cláudia   saiu   contente.
        ↓   ↓   ↓
     sujeito v. intr. predicativo
                        do sujeito

b) verbo transitivo direto + objeto direto + predicativo do objeto.

Ex.: A notícia deixou a mulher preocupada.

↓	↓	↓	↓
sujeito	v. trans. direto	obj. direto	predicativo do objeto

Observações Importantes

O predicativo do objeto pode vir **precedido de preposição.**
Ex.: Todos o chamam **de idiota.**

Há verbos que podem ser empregados como transitivos, intransitivos ou de ligação. Antes de classificá-los, **é preciso analisar o valor que eles apresentam no contexto** em que estão.

Exs.: **Fiquei triste** com a notícia. (v. de ligação + o predicativo do sujeito)
Fiquei em casa hoje. (v. intransitivo + adjunto adverbial)
Ela **continua talentosa.** (v. de ligação + o predicativo do sujeito)
Ela **continua** sua **tarefa.** (v. transitivo direto + objeto direto)

Exercícios de Fixação

1 – Classifique os verbos das orações abaixo, usando este código:

(a) intransitivo
(b) trans. direto
(c) trans. indireto
(d) trans. direto e indireto
(e) ligação

1.1 (   ) Os pares dançavam alegremente pelo salão.
1.2 (   ) Muitos convidados chegaram tarde.
1.3 (   ) A cidade estava toda enfeitada.
1.4 (   ) O anfitrião ofertou um presente a cada visitante.
1.5 (   ) Algumas pessoas receberam vários brindes.
1.6 (   ) Confiei em sua capacidade de organização.
1.7 (   ) Nada sei sobre isso.
1.8 (   ) Todos ficaram felizes com sua chegada.
1.9 (   ) As crianças ornamentaram o salão com desenhos.
1.10 (   ) Agradeci a todos a colaboração.

2 – Assinale o item em que o verbo destacado foi incorretamente analisado.

2.1 (a) Acordei no meio da noite e **pensei** em você. (trans. indireto)
    (b) Ela **estava** animada ontem. (ligação)
    (c) Todos **brincavam** no quintal. (trans. indireto)
    (d) Pedi a conta e **saí** do restaurante. (intransitivo)

2.2 (a) Em seus olhos **havia** um brilho estranho. (trans. direto)
    (b) O mar **parecia** traiçoeiro naquela manhã. (trans. direto)
    (c) **Encontrei** meu amigo em Salvador. (trans. direto)
    (d) Ela **ficou** surpresa em me ver. (ligação)

3 – Classifique o predicado das orações abaixo, usando este código:
      (a) verbal   (b) nominal   (c) verbo-nominal

3.1 ( ) Mandei-lhe um ramalhete de flores.
3.2 ( ) Achei seu amigo muito antipático.
3.3 ( ) Procuram-no por todo o bairro.
3.4 ( ) Renata olhava o mar pela janela do apartamento.
3.5 ( ) Nenhum avião decolou naquela manhã.
3.6 ( ) Ele deve obedecer estritamente às leis.
3.7 ( ) Encontrei-o muito abatido ontem.
3.8 ( ) A situação realmente era grave.
3.9 ( ) O estúdio permaneceu fechado o dia inteiro.
3.10 ( ) Não aconteceu nada por aqui.
3.11 ( ) Os assaltantes largaram-no quase morto na rua.
3.12 ( ) Resta-me, agora, apenas uma leve esperança.
3.13 ( ) As ondas quebraram na praia com estrondo.
3.14 ( ) Peço-lhe um grande favor.
3.15 ( ) Toda a limpeza do jardim foi feita por ele.

TERMOS INTEGRANTES DA ORAÇÃO

Dá-se o nome de termos integrantes da oração às palavras que completam o sentido de adjetivos, substantivos, verbos e advérbios. São eles: **o objeto direto, o objeto indireto, o complemento nominal e o agente da passiva.**

Objeto Direto – É o nome que se dá ao complemento do verbo transitivo que dispensa o uso de preposição.
      Exs.:   Já terminei o **trabalho.**
             Nada vi.
             Não **o** encontrei na festa.

Observações

Em alguns casos, o objeto direto pode vir acompanhado de preposição; isto pode ocorrer:

a) quando o objeto é um substantivo próprio.

Ex.: Adoremos **a Deus**.

b) quando o objeto é representado por um pronome pessoal oblíquo tônico ou pelos pronomes substantivos de outras classes.

Exs.: Ofenderam **a mim**, não **a ele**.
O professor elogiou **a todos**, sem exceção.

c) quando o objeto é o numeral ambos.

Ex.: Censurei **a ambos**.

d) quando o objeto vem antecipado, sendo ou não pleonástico.

Ex.: **Ao homem** honesto não emocionam estas homenagens fingidas.

e) para evitar ambiguidade.

Ex.: Venceu **à morte** a vida.

Objeto Indireto – É o nome que se dá ao complemento do **verbo transitivo que vem regido por preposição.**

Exs.: Não preciso **de ajuda**.
Confio **em você**.

• **Quando o objeto indireto é representado por um pronome oblíquo, a preposição não é expressa.**

Ex.: Não **lhe** entreguei a correspondência.

Observações Importantes

1. Pode ocorrer ainda **o objeto (direto ou indireto) pleonástico,** que consiste na retomada do objeto por um pronome pessoal, geralmente com a intenção de colocá-lo em destaque.

Exs.: As crianças, eu **as** vi no jardim.
A todos vocês, eu já **lhes** forneci as informações necessárias.

2. Os pronomes oblíquos:

o, a, os, as, (lo, la, los, las, no, na, nos, nas) são sempre **objeto direto. Lhe, lhes** são sempre **objeto indireto.**

Exs.: Eu *o* encontrei na sala.
Vou chamá-*lo*.
Procuram-*no* por toda parte.
Eu *lhe* entregarei o envelope.

> Exceto: Cortei-<u>lhe</u> o pescoço.
> ↓
> adj. adn.
> Cortei **o seu** pescoço.

3. Os pronomes oblíquos **me, te, se, nos, vos** podem ser **objeto direto** ou **indireto.**

Para determinar sua função sintática, podemos substituir esses pronomes por um substantivo: se o uso da preposição for obrigatório, então se trata de um objeto indireto; caso contrário, de objeto direto.

Exs.: Ele **me** viu no cinema. (me = objeto direto)
Ele viu **o amigo** no cinema. (o amigo = objeto direto)

Exs.: Ele **me** telefonou. (me = objeto indireto)
Ele telefonou **para o amigo**. (para o amigo = objeto indireto)

Dica Preciosa

a) Os verbos: **ser, estar, permanecer, ficar, parecer, continuar, virar, tornar-se** são considerados **verbos de ligação** desde que exista na oração **um predicativo para o sujeito**, resultando dessa soma o **Predicado Nominal.**
Ex.: O juiz **ficou nervoso** no tribunal. (verbo de ligação + o predicativo do sujeito)

b) Os verbos: **declarar, eleger, deixar, julgar, ver, adotar, considerar, chamar** e **achar** muitas vezes aparecem como **Predicado Verbo-Nominal, quando são seguidos de um predicativo do objeto.**

Exs.: Ela **adotou**-<u>o</u> por <u>filho</u>. (objeto direto e predicativo do objeto)
O juiz **declarou** o <u>réu</u> <u>inocente</u>. (objeto direto e predicativo do objeto)

c) Para saber qual pronome oblíquo deve ser usado após um verbo, basta passar a frase para a voz passiva. **Se der voz passiva é porque o verbo é transitivo direto** e o pronome a ser usado só poderá ser: *o, a, lo, la, no, na* e *jamais* **lhe** que acompanha o verbo transitivo indireto.
Ex.: Deus **os** abençoará... (Eles serão abençoados por Deus)

COMPLEMENTO NOMINAL

É o termo da oração que completa a significação de um nome (substantivo abstrato, adjetivo ou advérbio), sempre através de preposição.

Se o termo introduzido pela preposição se referir a um **substantivo** com **sentido ativo**, exercerá a função de **adjunto adnominal**. Se tiver **sentido passivo**, exercerá a função de **complemento nominal**.

Ex.: A crítica do jornalista foi bem recebida.

subst.   Adj. Adnominal (posse)

A crítica ao jornalista não tinha fundamento.

subst.   Complemento Nominal (alvo da pergunta)

Observação

Adjunto adnominal (do jornalista) **Ele fez a crítica.**
Complemento nominal (ao jornalista) **Ele sofre a crítica.**

Exercícios de Fixação

1. **Classifique os verbos grifados abaixo segundo este código:**
   (a) intransitivo   (b) transitivo direto   (c) ligação

1.1 (   ) Ela **estava** em casa ontem à tarde.
1.2 (   ) Nós **estávamos** preocupados com sua demora.
1.3 (   ) Ele **permaneceu** calado durante toda a reunião.
1.4 (   ) A exposição **permanecerá** em nossa cidade até quando?
1.5 (   ) A reunião **virou** balbúrdia.
1.6 (   ) A canoa **atingiu** um navio.

2. **Assinale as frases que apresentam Complemento Nominal:**

2.1 (   ) O tiro do assaltante matou uma criança.
2.2 (   ) O tiro ao assaltante foi dado pelo policial.
2.3 (   ) O amor aos pais sempre será abençoado.
2.4 (   ) O amor dos pais é imprescindível na vida dos filhos.
2.5 (   ) A fé em Deus move montanhas.
2.6 (   ) A fé do Papa João Paulo II comoveu o mundo.

GABARITO

Capítulo III

Termos da Oração

Exercícios de Fixação

1) Tipos de sujeito

1.1 (c)	1.7 (d)
1.2 (a)	1.8 (d)
1.3 (c)	1.9 (b)
1.4 (b)	1.10 (c)
1.5 (a)	1.11 (a)
1.6 (b)	1.12 (d)

2) B   3) C   4) C

Exercícios de Fixação

1) Classifique os verbos das orações abaixo, usando este código:

(a) intransitivo
(b) transitivo direto
(c) transitivo indireto
(d) transitivo direto e indireto
(e) ligação

1.1 (a)	1.6 (c)
1.2 (a)	1.7 (b)
1.3 (e)	1.8 (e)
1.4 (d)	1.9 (b)
1.5 (b)	1.10 (d)

2) 2.1 (c)   2.2 (b)

3) (a) verbal   (b) nominal   (c) verbo-nominal

3.1 (a)	3.4 (a)	3.7 (c)	3.10 (a)	3.13 (a)
3.2 (c)	3.5 (a)	3.8 (b)	3.11 (c)	3.14 (a)
3.3 (a)	3.6 (a)	3.9 (b)	3.12 (a)	3.15 (a)

Exercícios de Fixação

1) Classifique os verbos grifados abaixo:

(a) intransitivo
(b) transitivo direto
(c) ligação

1.1 (a)	1.4 (a)
1.2 (c)	1.5 (c)
1.3 (c)	1.6 (b)

2) Assinale as frases que apresentam Complemento Nominal:

2.2 (x)   2.3 (x)   2.5 (x)

CAPÍTULO IV

SINTAXE

- Orações Coordenadas
- Orações Subordinadas
- Dica Preciosa
- Exercícios de Fixação
- Gabarito

ORAÇÕES COORDENADAS

Quando um **período é simples**, a **oração é absoluta** e possui apenas **um verbo**.

Exemplo: Pedro **trabalha** durante a tarde.

Quando o **período é composto, apresenta duas ou mais orações,** ou seja, **dois ou mais verbos.**

Exemplo: Pedro **trabalha** à tarde, **estuda** à noite e **descansa** pela manhã.

O período composto pode apresentar os seguintes esquemas de formação:

a) **Composto por coordenação** – quando é constituído apenas de orações independentes, coordenadas entre si, mas sem nenhuma dependência sintática.

Ex.: <u>Saímos de manhã</u>   <u>e fomos visitar alguns amigos.</u>

      ↓   ↓

  or. coord. assindética   **or. coord. sindética aditiva**

b) **Composto por subordinação** – quando é constituído pelo menos de um conjunto de duas orações em que uma delas (a subordinada) depende sintaticamente da outra (principal).

Ex.: <u>Não fui à reunião</u>   <u>porque estava doente.</u>

      ↓   ↓

  or. principal   **or. subordinada**

c) **Misto** – quando é constituído de orações coordenadas e subordinadas.

Ex.: <u>Voltei à sala</u>   <u>e apanhei o pacote</u>   <u>que havia esquecido.</u>

  ↓   ↓   ↓

 or. coordenada   **or. coordenada**   **or. subordinada**

Observações Importantes

1. Qualquer oração (coordenada ou subordinada) será ao mesmo tempo principal, se houver outra que dela dependa.

Ex.: <u>Fomos ao hospital</u> <u>e visitamos o colega</u> <u>que foi operado.</u>

    (1)   (2)   (3)

or. coordenada   **or. coordenada**   **or. subordinada**

               (com relação à 1ª)   **adj. restritiva**

               or. principal   **(em relação à 2ª)**

               (com relação à 3ª)

Graficamente, teríamos a seguinte representação:

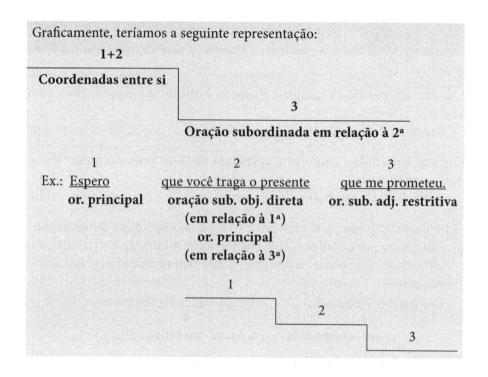

2. Duas ou mais orações subordinadas com a mesma função podem ser coordenadas entre si.

Ex.: Nesta escola há crianças   que começam   e concluem o curso em um ano.
   (1)   (2)   (3)
   or. principal   or. subordinada   or. subordinada
                       (com relação à 1ª)   (com relação à 1ª)
                       or. coordenada   or. coordenada
                       (com relação à 3ª)   (com relação à 2ª)

Graficamente, teríamos a seguinte representação:

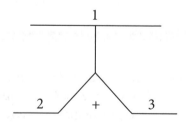

Período composto por coordenação

Observe este período:

"Certamente ela desceu para este pomar, aventurou-se para junto da mata, ouviu cantar esses pássaros."

(Rubem Braga)

Observe que ele é composto de três orações, pois contém três verbos:
- Certamente ela desceu para este pomar
- aventurou-se para junto da mata
- ouviu cantar esses pássaros

As três orações, no entanto, não mantêm entre si nenhuma dependência gramatical, são **independentes**. Existe entre elas, é claro, uma relação de sentido, mas, do ponto de vista sintático, uma não depende da outra. A essas orações independentes dá-se o nome de **orações coordenadas**, que podem ser **assindéticas** ou **sindéticas**.

ASSINDÉTICAS

São as orações coordenadas que **vêm** justapostas umas às outras, **sem nenhuma conjunção entre elas**.
Ex.: Chegou, desceu do carro, entrou rapidamente na loja.

SINDÉTICAS

São as orações que **vêm ligadas por uma conjunção coordenativa.** Elas são classificadas de acordo com o sentido expresso pelas conjunções. Portanto, podem ser:

a) aditivas
Ex.: Trabalhava durante o dia **e estudava à noite**.

Conjunções coordenativas aditivas mais comuns: **e, nem, não só, mas também**.

b) adversativas
Ex.: Estudou, **mas não conseguiu ser aprovado**.

Conjunções coordenativas adversativas mais comuns: **mas, porém, todavia, contudo, entretanto, no entanto, não obstante**.

c) alternativas

Ex.: A criança **ora** cantava, **ora** se punha a correr pela sala.

Conjunções coordenativas alternativas mais comuns: **ora . . . ora, ou . . . ou, já . . . já, quer . . . quer.**

Obs.: Às vezes, a conjunção pode aparecer só em uma oração.

Ex.: Você vai sair conosco **ou prefere ficar em casa?**

d) conclusivas

Ex.: Você foi rude demais com Rafael; **portanto, não se queixe de sua partida.**

Conjunções coordenativas conclusivas mais comuns: **logo, portanto, assim, por isso, pois** (quando vem após o verbo).

e) explicativas

Ex.: Não falte à reunião, **pois quero falar com você.**

Conjunções coordenativas explicativas mais comuns: **porque, que, porquanto, pois** (quando vem antes do verbo).

Orações intercaladas

Outro tipo de coordenada é a chamada oração **intercalada** ou **interferente,** que pode vir entre as orações de um período acrescentando uma informação ou explicação.

Ex.: Nesse dia – **como me lembro bem!** – todos estavam ansiosos pela vinda dos artistas.

ORAÇÕES SUBORDINADAS

ORAÇÕES SUBORDINADAS ADVERBIAIS

Dá-se o nome de orações **subordinadas adverbiais** àquelas que **exercem a função de adjuntos adverbiais de outras orações,** vindo sempre introduzidas pelas conjunções subordinativas adverbiais.

As orações subordinativas adverbiais podem ser classificadas em:

1. causais – quando expressam a causa da ocorrência da oração principal.

Ex.: Estávamos preocupados **porque não recebíamos notícias dele.**

2. comparativas – quando expressam ideia de comparação com referência à oração principal.

Ex.: Tratou-me gentilmente, **como se fosse um membro da família.**

Muitas vezes, as orações comparativas podem não apresentar explicitamente o verbo.

> Ex.: Ninguém pode fazer esse trabalho **melhor do que ele.**
> (subentende-se: **melhor do que ele faz**)

3. concessivas – quando expressam ideia contrária à da oração principal, sem, no entanto, impedir sua realização.
Ex.: Eles foram viajar, **embora o tempo estivesse péssimo.**

4. condicionais – quando expressam a hipótese ou condição para a ocorrência da principal.
Ex.: **Se a publicidade for bem-feita,** o espetáculo será lucrativo.

5. conformativas – quando expressam a conformidade de um fato com outro.
Ex.: Planejei a casa **conforme havíamos combinado.**

6. consecutivas – quando expressam a consequência da oração principal.
Ex.: Choveu tanto **que a cidade amanheceu inundada.**

7. finais – quando expressam a finalidade, ou o objetivo com que se realiza a oração principal.
Ex.: Ele foi trazido à sala **para que explicasse o motivo do furto.**

8. proporcionais – quando expressam um fato relacionado proporcionalmente à ocorrência da principal.
Ex.: **Quanto mais conhecíamos a realidade social da cidade,** mais atentos ficávamos.

9. temporais – quando acrescentam uma circunstância de tempo ao fato expresso na oração principal.
Ex.: Eu falarei com você **quando sair do escritório.**

Dica Preciosa

Distinguir uma **Oração Subordinada Adverbial Causal** de uma **Oração Coordenada Explicativa** não é nada fácil.

Ambas são introduzidas também pela conjunção **porque** e definir se a oração é explicativa ou causal é complicado. Observe a definição para uma análise mais segura de cada uma delas.

Quanto à **Oração Explicativa,** ela ocorre sempre depois de uma **oração principal que aceita o imperativo.** (Ande, Corra, Dirija, Entre, Venha... **porque já é muito tarde.**)

Exemplos:

Ande devagar, **porque a pista está cheia.**

Dirija com cuidado, **porque você pode ser multado.**

(Houve uma tentativa de justificar o porquê de se dirigir e andar devagar; quanto à pista estar cheia e poder ser multado é uma possibilidade).

Já a **Oração Causal** tem inteira razão e responsabilidade pelo fato ocorrido na oração anterior.

Exemplos:

O aluno não veio **porque está doente.**

Será promovido, **porque o chefe reconheceu o seu bom desempenho.**

As **orações subordinativas adverbiais causais podem,** via de regra, **ser transformadas em orações reduzidas introduzidas pela preposição por.** As explicativas não se reduzem:

Será promovido,
- **porque o chefe reconheceu o seu valor.**
- **por ter o chefe reconhecido o seu valor.**

ORAÇÕES SUBORDINADAS SUBSTANTIVAS

Dá-se o nome de orações subordinadas substantivas àquelas que exercem, com relação à principal, funções sintáticas próprias de substantivos, isto é: **sujeito, objeto direto, objeto indireto, complemento nominal, predicativo e aposto.**

1. **função de sujeito** – quando a oração substantiva exerce a função de sujeito da oração principal, recebe o nome de **subjetiva.**

   Ex.: É importante   que você nos ajude.

        oração   or. subord. subst.

       principal   subjetiva

   As **Orações Subjetivas** vêm, geralmente, pospostas:
   a) a verbos de ligação + predicativo: **é bom, é útil, é conveniente, é agradável, é certo, parece certo, ficou claro** etc.

b) a expressões na voz passiva: **sabe-se, soube-se, é sabido, conta-se, diz-se, ficou decidido** etc.

c) aos verbos **convir, cumprir, constar, admirar, importar, urgir, ocorrer, acontecer, parecer** etc., quando empregados na 3ª pessoa do singular e seguidos de **que** ou **se.**

2. função de objeto direto – quando a oração substantiva exerce a função de objeto direto do verbo da oração principal, recebe o nome de **objetiva direta**.

Ex.: <u>Não sei</u> <u>se ele poderá vir à reunião.</u>
     oração   or. subord. subst.
     principal   objetiva direta

3. função de objeto indireto – quando a oração substantiva exerce a função de objeto indireto do verbo da oração principal, ela recebe o nome de **objetiva indireta.**

Ex.: <u>Nós insistimos</u> <u>em que eles viessem à fazenda.</u>
     oração   or. subord. subst.
     principal   objetiva indireta

Observação

Da mesma forma que o objeto indireto, as orações objetivas indiretas vêm precedidas de preposição, exigida pelo verbo da oração principal.

---

4. função de complemento nominal – quando a oração substantiva exerce a função de complemento nominal de um termo da oração principal (**adjetivo, advérbio, substantivo abstrato**), recebe o nome de **completiva nominal.**

Ex.: <u>Sentimos **o receio**</u> <u>de que ele nos abandonasse.</u>
     ↓
     subs. abst.   ↓
     oração principal   or. sub. subst. completiva nominal

Observação

Da mesma forma que o complemento nominal, **as orações completivas nominais vêm precedidas de preposição.**

---

5. função de predicativo – quando a oração substantiva exerce a função de predicativo do verbo da oração principal, recebe o nome de **predicativa.**

Ex.: <u>A verdade **é**</u> <u>que ninguém o apoiou naquela tarefa.</u>
     oração principal   or. subord. subst. predicativa

Observação

A oração predicativa vem sempre complementando o verbo ser.

---

6. função de aposto – quando a oração substantiva exerce a função de aposto de algum termo da oração principal, recebe o nome de **apositiva**.

Ex.: <u>A notícia chegou à noite:</u> <u>todos deveriam reunir-se na praça da Igreja.</u>
    oração principal   or. subord. subst. apositiva

Observação

As orações apositivas vêm, geralmente, após dois pontos. Podem vir, também, entre vírgulas, sendo, neste caso, intercaladas à oração principal.
Ex.: Sua esperança, **que o pai o ajudasse**, mantinha vivo seu ideal.

Como você pôde observar, as orações subordinadas substantivas são, na maioria das vezes, introduzidas pelas conjunções integrantes **que** e **se**. No entanto, podem ser introduzidas às vezes também por outros conectivos, tais como: **quem, quando, quanto, qual, onde, como** etc.

Exs.: Não sei bem **quantos alunos faltaram.**
Não vou dizer-lhe **como resolver este problema.**

Dica Preciosa

As orações substantivas jamais poderão vir precedidas de vírgula, pois funcionam como complemento verbal da oração principal.

ORAÇÕES SUBORDINADAS ADJETIVAS

Dá-se o nome de orações subordinadas **adjetivas àquelas que exercem a função de adjunto adnominal de um termo da oração principal**, vindo sempre introduzidas por um pronome relativo (**que, cujo, qual, onde etc.**).

Ex.: <u>Leia o livro</u> <u>que foi indicado.</u>
    oração   oração subord.
    principal   adjetiva

Com relação ao sentido que transmitem ao termo a que se referem, as orações subordinadas adjetivas podem ser:

a) **restritivas** – quando restringem ou especificam o sentido do antecedente, ao qual se ligam sem marcação de pausa.

Ex.: Este é o autor **que foi premiado**. (o qual foi premiado)

> **Dica Preciosa**
>
> Todo "**o**" antes do relativo "**que**" é pronome demonstrativo, logo a oração seguinte será restritiva.
>
> Ex.: Eu sei o / que me deixa aborrecido. (or. sub. adjetiva restritiva)

b) **explicativas** – quando apenas acrescentam uma qualidade ao antecedente, esclarecendo um pouco mais seu significado, mas sem restringi-lo ou determiná-lo. **As orações subordinadas adjetivas explicativas separam-se do antecedente por uma pausa, representada na escrita pela vírgula.**

Ex.: Seus pais, **que são italianos**, ficaram entusiasmados com a cidade.

EXERCÍCIOS DE FIXAÇÃO

1. Classifique as orações coordenadas destacadas nos trechos abaixo, segundo este código:

(a) aditiva	(c) alternativa	(e) explicativa
(b) adversativa	(d) conclusiva	(f) assindética

1.1. ( ) As pessoas são solitárias **porque constroem paredes ao invés de pontes**.

1.2. ( ) Todos prometeram ajudar; muitos, **porém, não cumpriram a promessa**.

1.3. ( ) Ela não só foi recebê-lo no aeroporto **como ainda levou-o ao hotel**.

1.4. ( ) Vamos embora, pois o filme está muito violento, **quero dormir**.

1.5. ( ) Você leu as cláusulas do contrato; **não reclame, pois, mais tarde**.

1.6. ( ) As crianças, felizes, **ora corriam pelo quintal, ora caíam no chão**.

1.7. ( ) Analisamos o projeto com muita atenção, **portanto podemos executá-lo**.

1.8. ( ) O regulamento era bastante claro; **no entanto, muitos lhe desobedeciam**.

1.9. ( ) O diploma facilitará o seu ingresso na firma; **contudo, demorará**.

1.10. ( ) Quando o professor entrou, os alunos levantaram-se **e aplaudiram-no**.

2. Classifique as conjunções subordinativas destacadas abaixo, usando este código:

(a) causais
(b) concessivas
(c) condicionais
(d) conformativas
(e) finais

(f) proporcionais
(g) temporais
(h) comparativas
(i) consecutivas
(j) integrantes

2.1 (   ) **Enquanto** o juiz lia a sentença final do depoimento, o réu chorava.

2.2 (   ) O calor era **tão** intenso **que** muitas pessoas preferiram não entrar na sala.

2.3 (   ) **Quando** as crianças chegam da escola, a casa volta a ficar alegre.

2.4 (   ) Todos ficaram emocionados, **ainda que** tentassem disfarçar.

2.5 (   ) Esforcemo-nos **por que** tudo dê certo nesta arriscada aventura.

2.6 (   ) Não interrompa a reunião, **a não ser que** algo grave aconteça.

2.7 (   ) O ar nos faltava **à medida que** subíamos a montanha.

2.8 (   ) **Como** ele insistisse, resolvi aceitar o convite.

2.9 (   ) **Mesmo que** você pudesse sair já, não o encontraria em casa.

2.10 (   ) Creio **que** as coisas vão mal porque ele abandonou os estudos.

2.11 (   ) **Mal** entrei na sala, encontrei vários amigos.

2.12 (   ) O julgamento, **como** se vê, era muito parcial.

2.13 (   ) Há homens que estão dispostos a tudo, **contanto** que lucrem alguma coisa.

2.14 (   ) Houve um **tal** alarido no pátio **que** todos correram para lá.

2.15 (   ) Não sei **se** devo dizer-lhe toda a verdade.

2.16 (   ) Comporte-se de **tal** forma **que** ninguém possa censurá-lo.

2.17 (   ) **Caso** precise sair, deixe o recado na porta.

2.18 (   ) Tudo aconteceu **como** havíamos previsto.

2.19 (   ) **Sempre que** venho a esta cidade, vou visitá-lo.

2.20 (   ) Fique neste emprego **até que** sua nomeação seja publicada.

3. Em dois dos períodos abaixo, há conjunções causais, assinale-os:

(a) Ele queria mandar em todos **como mandava nos filhos.**

(b) **Já que minha presença é importante**, virei à reunião.

(c) **Como tivesse maus hábitos**, era evitado por todos.

(d) **Ainda que chova**, não perderei esta festa.

4. Em dois dos períodos abaixo há conjunções condicionais, assinale-os:
(a) **Quando era jovem**, costumava passear nesta praça.
(b) Não sei **se ela ainda se lembra de mim**.
(c) Nada é capaz de tirá-lo de casa, **a não ser baile de carnaval**.
(d) Não irei à recepção, **a menos que seja convidado formalmente**.

5. Classifique as orações destacadas abaixo, usando este código:
(**a**) oração subordinada substantiva objetiva direta
(**b**) oração subordinada substantiva apositiva
(**c**) oração subordinada adjetiva explicativa
(**d**) oração subordinada adjetiva restritiva

5.1 ( ) Há uma estrela **que ainda brilha no firmamento.**
5.2 ( ) Sua maior ambição, **que fosse reeleito Senador,** frustrou-se.
5.3 ( ) Há, na estrada, um atalho **que o conduz à cidade.**
5.4 ( ) Não havia ninguém **que pudesse ajudá-lo.**
5.5 ( ) Os jornais **que li** não falavam do acidente.
5.6 ( ) Respondi **que não iria à sua casa.**
5.7 ( ) Espero **que compreendam minhas intenções.**
5.8 ( ) Preciso dos documentos **que comprovem a venda da casa.**
5.9 ( ) Esta é uma cidade **de que poucos gostam.**
5.10 ( ) Ele não pôde encobrir a satisfação **que o elogio lhe causava.**

6. Distinga as orações destacadas abaixo, usando este código:
(**a**) oração subordinada substantiva
(**b**) oração subordinada adjetiva
(**c**) oração subordinada adverbial

6.1 ( ) É claro que, **se ele estivesse aqui,** nada disso teria acontecido.
6.2 ( ) Não há nada **que eu possa fazer.**
6.3 ( ) Passe aqui **depois que terminarem as aulas.**
6.4 ( ) O mato **que havia no jardim** ameaçava invadir a casa.
6.5 ( ) Lembre-se **de que eu quero ajudá-lo.**
6.6 ( ) Proceda neste caso **como ordena sua consciência.**
6.7 ( ) **Nem que precise,** jamais lhe pedirei favores.
6.8 ( ) Diga-me o **que quer.**
6.9 ( ) É preciso **que outras pessoas trabalhem neste projeto.**
6.10 ( ) **Como estava precisando de dinheiro,** resolvi aceitar este emprego.
6.11 ( ) Todos saíam à janela **à medida que a barulhenta máquina passava.**
6.12 ( ) A verdade é **que ninguém mais está interessado neste plano.**

7. Classifique as orações substantivas destacadas abaixo:

7.1 O natural era **que ela se espantasse com o pedido.**

7.2 Esperei **que ele viesse a mim.**

7.3 Queremos **que venha tomar café conosco.**

7.4 É bom **que estejas aqui bem cedo.**

7.5 Tenho esperanças **de que você melhore.**

7.6 Ele confessou que tudo era verdade: **partiria no dia seguinte.**

7.7 Sabe-se **que ele não é lá muito honesto.**

7.8 **Não é possíve**l que as coisas saiam tão errado.

7.9 Seu desejo, **que todos viessem à festa**, foi finalmente realizado.

7.10 É indispensável **que haja uma investigação.**

8. Classifique as orações destacadas abaixo, baseando-se no seguinte código:

        (a) or. subord. subst. subjetiva
        (b) or. subord. subst. objetiva direta
        (c) or. subord. subst. objetiva indireta
        (d) or. subord. subst. completiva nominal

8.1 ( ) Ainda não se sabe **quem será o presidente do clube.**

8.2 ( ) Sou favorável **a que se realizem as eleições.**

8.3 ( ) Desconfio **de que meus inimigos já começaram a agir.**

8.4 ( ) Ela se opõe **a que visitemos seus parentes.**

8.5 ( ) Logo percebi **que não teríamos liberdade.**

8.6 ( ) É melhor **que justifique a sua ausência.**

8.7 ( ) Foi preciso **que as autoridades interviessem no caso.**

8.8 ( ) Pode-se dizer **que sua participação foi decisiva.**

8.9 ( ) Tenho a impressão **de que tudo sairá bem no final.**

8.10 ( ) Há em todos o desejo **de que participes da luta.**

8.11 ( ) É óbvio **que nós o ajudaremos.**

8.12 ( ) Disseram-me **que ele será promovido.**

GABARITO

Capítulo IV

Exercícios de Fixação

1) Classifique as conjunções coordenativas:

1.1 (e)	1.6 (c)
1.2 (b)	1.7 (d)
1.3 (a)	1.8 (b)
1.4 (e)	1.9 (b)
1.5 (d)	1.10 (a)

2) Classifique as conjunções subordinadas:

2.1 (g) temporal	2.11 (g) temporal
2.2 (i) consecutiva	2.12 (d) conformativa
2.3 (g) temporal	2.13 (c) condicional
2.4 (b) concessiva	2.14 (i) consecutiva
2.5 (e) final	2.15 (j) integrante
2.6 (c) condicional	2.16 (i) consecutiva
2.7 (f) proporcional	2.17 (c) condicional
2.8 (a) causal	2.18 (d) conformativa
2.9 (b) concessiva	2.19 (g) temporal
2.10 (j) integrante	2.20 (g) temporal

3) (b)   (c)

4) (c)   (d)

5) Classifique as orações grifadas:

5.1 (d)	5.6 (a)
5.2 (b)	5.7 (a)
5.3 (d)	5.8 (d)
5.4 (d)	5.9 (d)
5.5 (d)	5.10 (d)

6) **Distinga as orações grifadas:**

6.1 (c)	6.4 (b)	6.7 (c)	6.10(c)
6.2 (b)	6.5 (a)	6.8 (b)	6.11(c)
6.3 (c)	6.6 (c)	6.9 (a)	6.12(a)

7) **Classifique as orações substantivas destacadas:**

7.1 Predicativa		7.6 Apositiva
7.2 Objetiva direta		7.7 Subjetiva
7.3 Objetiva direta		7.8 Principal
7.4 Subjetiva		7.9 Apositiva
7.5 Completiva nominal		7.10 Subjetiva

8) **Classifique as orações:**

8.1 (a)	8.7 (a)
8.2 (d)	8.8 (a)
8.3 (c)	8.9 (d)
8.4 (c)	8.10 (d)
8.5 (b)	8.11 (a)
8.6 (a)	8.12 (b)

CAPÍTULO V

SINTAXE

- Concordância Nominal
- Síntese do Assunto
- Exercícios de Fixação
- Gabarito

CONCORDÂNCIA NOMINAL

À sintonia entre as palavras que compõem a frase na língua portuguesa dá-se o nome de concordância.

Há dois tipos de concordância:

- **Nominal** – quando a sintonia se efetua entre os nomes (substantivo, adjetivo, pronome adjetivo, numeral, artigo).

- **Verbal** – quando há sintonia entre o verbo e o sujeito ou entre o verbo e o predicativo.

Em se tratando da falta de harmonia entre os povos do nosso planeta, a concordância nominal e a verbal, apesar de muitas regras, não são difíceis, porque dão sintonia entre os termos da frase que escrevemos ou proferimos.

Regra básica

O adjetivo, o artigo, o numeral e o pronome adjetivo concordam em gênero e número com o substantivo ao qual se referem.

Exemplos: O menino bondoso.   Um menino bondoso.
A menina bondosa.   Esta menina bondosa.
Os meninos bondosos.   Dois meninos bondosos.
As meninas bondosas.   Estas meninas bondosas.

Essa é a regra básica de concordância nominal. Há, no entanto, alguns casos especiais que devemos considerar:

1 – Adjetivo posposto a dois ou mais substantivos

Quando o adjetivo vem depois de dois ou mais substantivos, devemos considerar:

a) Os substantivos são do **mesmo gênero**: nesse caso, o adjetivo conserva o gênero e vai para o plural ou concorda com o mais próximo (permanecendo, então, no singular).

Exemplos: Ela tem marido e filho **dedicados**.
Ela tem marido e filho **dedicado**.

b) Os substantivos são de **gênero diferente**: nesse caso, o adjetivo vai para o masculino plural ou concorda com o substantivo mais próximo.

Exemplos: Enviamos jornais e revistas **ilustrados**.

Enviamos jornais e revistas **ilustradas**.

2 – Adjetivo anteposto a dois ou mais substantivos

Quando o adjetivo vem anteposto a dois ou mais substantivos, concorda com o mais próximo.

Exemplos: Mostrou **notável** sensibilidade e carinho.

Queira V.Sa. aceitar meus protestos de **alta** estima e apreço.

Minha mulher e filhos.

Muitas mulheres e homens.

Observações

- Quando os substantivos são nomes próprios (ou nomes de parentesco), o adjetivo vai sempre para o plural.

  Exemplos: Os **conhecidos** Silva e Souza foram os primeiros moradores daquela rua.

  Os **espertos** tio e sobrinho quiseram apossar-se da herança.

- O adjetivo, mesmo se vier após os substantivos, concordará obrigatoriamente com o último, quando se referir, de modo nítido, apenas a este.

  Exemplos: Ela ganhou um livro e um **disco orquestrado**.

  Um gato e um **cachorrinho vira-lata** estavam no quintal.

3 – Elementos que concordam com o sujeito

3.1 – Particípio

O particípio, empregado nas orações reduzidas, sempre concordará com o sujeito.

Exemplos: **Realizado** o trabalho, saímos juntos.

Cumpridas as exigências, procedeu-se à chamada dos candidatos.

Entendida a mensagem, começamos a trabalhar.

3.2 – Predicativo

O predicativo do sujeito sempre concordará com o mesmo.

Exemplos: **O ônibus** chegou **atrasado.**

Os ônibus chegaram **atrasados.**

Os documentos seguem **anexos** ao requerimento.

Maria saiu **cansada.**

Observação
O predicativo do objeto concordará com este.
Exemplos: Pediu algumas moedas **emprestadas.**
Ela considerava suas irmãs **imaturas.**

4 – Nomes de cor

4.1 – Nomes de cor quando originados de um substantivo

O nome de cor, quando originado de um substantivo, não varia, quer se trate de uma palavra simples, quer se trate de uma palavra composta (nome de cor + um substantivo).

Exemplos: Automóveis **vinho.**   Blusas **azul-turquesa.**

Cortinas **areia.**   Camisas **amarelo-âmbar.**

Colchas **rosa.**   Lenços **amarelo-canário.**

Exceção: **lilás**

Tecido **lilás.**

Tecidos **lilases.**

4.2 – Nomes de cor quando adjetivo

O nome de cor, quando é adjetivo, varia, quer seja uma palavra simples, quer seja o segundo elemento de uma palavra composta.

Exemplos: Caixas **azuis.**   Sapatos **verde-escuros.**

Automóveis **brancos.**   Olhos **azul-claros.**

Casas **amarelas.**   Colcha **amarelo-esverdeada.**

Bolsas **pretas.**   Camisas **rubro-negras.**

Exceções: As palavras **bege, azul-marinho** e **azul-celeste** são invariáveis.

Exemplos: Na vitrina havia várias **bolsas bege.**

Ela ganhou **dois sapatos azul-marinho** e comprou **lenços azul-celeste.**

5 – Regra dos nomes compostos

A concordância dos nomes compostos obedece à estrutura interna da expressão, a saber:

5.1 – subst. + subst. – flexionam-se os dois elementos
Exemplos: cirurgião-dentista / cirurgiã-dentista
cirurgiões-dentistas / cirurgiãs-dentistas
tio-avô / tia-avó
tios-avôs / tias-avós
tios-avós

5.2 – subst. + de + subst. – flexiona-se o primeiro elemento.
Exemplos: água-de-colônia / águas-de-colônia
pé de moleque / pés de moleque

5.3 – subst. + adjet. – flexionam-se os dois elementos.
Exemplos: amor-perfeito / amores-perfeitos
guarda-noturno / guardas-noturnos

5.4 – adjet. + subst. – flexionam-se os dois elementos.
Exemplos: baixo-relevo / baixos-relevos
livre-pensador / livres-pensadores

5.5 – adjet. + adjet. – flexiona-se o segundo elemento.
Exemplos: greco-latino / greco-latinos
greco-latina / greco-latinas
linguístico-sociológico / linguístico-sociológicos
línguístico-sociológica / linguístico-sociológicas

Observação

Exceção feita ao adjetivo **surdo-mudo**, em que **são flexionados os dois elementos**: surda-muda / **surdos-mudos** / **surdas-mudas**.

5.6 – verbo + subst. – flexiona-se o segundo elemento.
Exemplos: guarda-chuva / guarda-chuvas
porta-retrato / porta-retratos

5.7 – verbo + verbo – flexiona-se o segundo elemento.

Exemplos: puxa-puxa / puxa-puxas
corre-corre / corre-corres

Observação
Exceção feita aos **verbos que se opõem, cuja estrutura permanece invariável:** Exemplos: o leva e traz / os leva e traz o perde-ganha / os perde-ganha

5.8 – advérbio + advérbio – a expressão permanece invariável, não flexionando nenhum de seus elementos.

Exemplos: Ele vive assim-assim / Eles vivem assim-assim.

5.9 – advérbio + adjet. (ou particípio) – flexiona-se o segundo elemento.

Exemplos: sempre-viva / sempre-vivas
alto-falante / alto-falantes
bem-vindo / bem-vindos
mal-educado / mal-educados

6 – Mesmo – próprio – só – obrigado – anexo – incluso – apenso – quite

Essas expressões flexionam-se em gênero e número.

Exemplos: **Ele mesmo** disse.
Ela mesma disse.
Elas próprias foram ao local.
Aqueles homens não estão **sós**.
Ela disse – muito **obrigada**.
Disseram **elas** – muito **obrigadas**.
Anexa, segue a **conta**.
As fotocópias apensas devem ser arquivadas ao processo.
Eu estou **quite** com o tesouro.
Nós estamos **quites** com o credor.

Observações
1 – O **adjetivo "junto"** (= anexo), pode ser também empregado como **advérbio:** Exs.: **"Os documentos juntos** provam que tenho razão." (juntos = adjetivo) **"Junto,** envio-lhe duas faturas." (junto = advérbio)

> **Nota**: "junto" advérbio, significa "juntamente", "em companhia", portanto, frase como: "Saímos **junto com** Maria" (é redundante, deve, pois, ser evitada).
>
> **2 – O adjetivo "alerta"** pode ser também empregado como **advérbio**:
>
> Exs.: Nada lhes escapa, são homens **alertas**. (adjetivo = atento, vigilante)
> Os soldados continuam **alerta**. (advérbio = de sobreaviso, de vigilância)

7 – Na expressão "tal qual," o primeiro elemento concorda com o antecedente, e o segundo, com o consequente.

Exemplos: O garoto é **tal qual** o pai.
Os garotos são **tais quais** os pais.
O garoto é **tal quais** os pais.
Os garotos são **tais qual** o pai.

8 – EU substituído por NÓS

Por modéstia e por representarem um grupo, as pessoas costumam usar o pronome **NÓS**. Nesse caso, o verbo concordará com o referido pronome (1ª p. plural), mas o **adjetivo** ficará no singular (já que é só um indivíduo que fala), e o seu **gênero** concordará com o sexo do falante.

Exemplos: **Ficamos preocupado** com a situação (homem).
Estamos receosa de que isso aconteça (mulher).

9 – Pronome pessoal oblíquo

Emprega-se o pronome pessoal oblíquo "**OS**" (objeto direto pleonástico) no masculino plural, quando se refere a nomes de diferentes gêneros.

Exemplo: OD   OD pleonástico
                    ↑   ↑
A generosidade, o esforço e o amor, ensinaste-<u>os</u> em toda sua sublimidade.

10 – O substantivo e os numerais

10.1 – Numerais ordinais

Quando um substantivo vem posposto a dois ou mais numerais ordinais, fica no singular ou vai para o plural: é facultativo.

No entanto, se o substantivo vem antes dos numerais, vai para o plural.

Exemplos:
Ela desobedeceu à terceira e à quarta lei (ou leis) do Código de Trânsito.
Ela desobedeceu às leis terceira e quarta do Código de Trânsito.
Subvencionou a primeira e a segunda edição (ou edições) do romance.
Subvencionou as edições primeira e segunda do romance.

10.2 – Numerais cardinais

Quando se empregam **os numerais cardinais no lugar dos ordinais**, eles ficam **invariáveis**.

Exemplos: Abra o livro na página **vinte e um**.
Ele mora na casa **duzentos e vinte e dois**.
Olhe a figura **seis** desta coleção.

Observação
Em linguagem jurídica, diz-se: Leia-se a folhas vinte e uma.

11 – Expressões invariáveis

11.1 – Locuções adjetivas

As locuções adjetivas permanecem invariáveis.

Exemplos: Heróis **sem caráter**.
Artistas **de talento**.
Indivíduos **sem-vergonha**.

11.2 – Palavras empregadas **como advérbio**

As palavras empregadas como advérbio não apresentam flexão de gênero e número. São, portanto, **invariáveis**.

Exemplos: Os juízes falavam **baixinho**.
Os vestidos custaram **barato**, mas as saias custaram **caro**.
Os candidatos estavam **meio** nervosos.
As crianças cantavam **desafinado**.
Os soldados estavam **alerta**.

11.3 – Expressões do tipo "é bom"

Nas locuções (**é bom, é necessário, é proibido** etc.) **o predicativo aparecerá sempre na forma masculina**, quando o sujeito, mesmo que seja um substantivo feminino singular ou plural, não vier determinado.

Exemplos: É necessário fé.

predicat.   suj.

Manteiga é bom para engordar.

suj.   predicat.

Observação
Todavia, se o sujeito vier determinado, então será feita a concordância.

Exemplos: **A** fé é **necessária**.
A manteiga é **boa** para engordar.

SÍNTESE DO ASSUNTO

CASOS	CONCORDÂNCIA	EXEMPLOS
Substantivo + adjetivo.	Do adjetivo com o substantivo, em gênero e número.	A cidade vazia. As cidades vazias.
Dois substantivos ou mais, do mesmo gênero, seguidos de adjetivo.	Do adjetivo no plural deste gênero ou com o mais próximo.	Toalha e mesa sujas Toalha e mesa suja.
Dois substantivos ou mais, gêneros diferentes, seguidos de adjetivo.	Do adjetivo no masculino plural ou com o mais próximo.	Rios e floresta imensos Rios e floresta imensa.

Adjetivo anteposto a mais de um substantivo.	Do adjetivo com o mais próximo geralmente.	Escolheste mau lugar e hora. Escolheste má hora e lugar.
Adjetivo anteposto a mais um nome próprio.	Do adjetivo no plural.	Os grandes Rui e Machado.
Um substantivo modificado por dois ou mais adjetivos no singular.	De dois modos diferentes: a) substantivo no plural, sem repetição do artigo. b) substantivo no singular com repetição do artigo.	Os poderes temporal e espiritual. O poder temporal e o espiritual.
Anexo, junto, incluso, mesmo, obrigado, próprio, quite.	Com o nome a que se referem.	O comprovante segue anexo. As cartas seguem anexas.
Adjetivo predicativo colocado antes do sujeito composto.	Do predicativo com o mais próximo ou no plural.	Estava quieta a casa e o campo. Estavam quietos a casa e o campo.
Adjetivo referindo-se a pronome de tratamento.	Com o sexo da pessoa.	V.Sa. é bondoso (homem). V.Sa. é bondosa (mulher).
Adjetivo referindo-se a nomes de rios, cidades, bebidas, comidas.	Com o gênero de rio, cidade...	O delicioso Lágrima de Cristo (vinho). O caudaloso Amazonas (rio).
Alerta, menos, pseudo.	Os elementos ficam invariáveis.	Mais amor e menos confiança. Os soldados estão alerta.

Barato, bastante, caro, alto, meio, muito, pouco, só.	a) Os elementos variam se forem adjetivos (isto é, se acompanharem o substantivo).	As blusas são baratas (caras). Poucas (muitas, bastantes).
	b) Os elementos ficam invariáveis, se advérbios acompanham (verbos, adjetivos, advérbios).	Andei por longes terras. As blusas custaram barato (caro).
Verbo *ser* + adjetivo, do tipo: é bom, é claro, é evidente, é preciso...	a) O verbo fica invariável, se não houver modificador. b) O verbo varia com modificador.	Cerveja é bom para a saúde. É proibido entrada. A cerveja é boa no verão. É proibida a entrada de estranhos.

Exercícios de Fixação

I – **Complete as lacunas, observando a concordância nominal:**

1 – O frondoso jacarandá agitava suas flores _____ (lilás).

2 – Grande parte dos funcionários _____ pediu demissão (interino).

3 – Manifestava repulsa, aversão e ódio _____ (mortífero).

4 – Terminamos um livro e uma revisão _____ (fastidioso).

5 – Demonstrou _____ inteligência e versatilidade (fabuloso).

6 – Viu, no zoológico, uma tartaruga e um macaco _____ (peludo).

7 – Os _____ Pasteur e Mme. Curie muito fizeram em prol da humanidade (incansável).

8 – _____ as provas, os professores retiraram-se (elaborado).

9 – Fizeram uma pesquisa _____ (técnico-científico) para uma entidade _____ (ibero-americano).

10 – Os velhinhos partiram _____ (tristonho).

11 – Solicitou alguns livros _____ (emprestado).

12 – Por serem profissionais _____ (de classe), eram muito bem _____ (remunerado).

13 – As guarnições, em face da situação política, permaneceram _____ (alerta).

14 – Perseverança _____ para vencer na vida (é necessário).

15 – _____ muita esperança para vencer na vida (é necessário).

16 – Subiu até _____ nono e décimo (o andar).

17 – Vestia sapatos _____ e calças _____ (vinho; bege).

18 – Tinha olhos _____ e usava lentes _____ (verde-claro; azul-turquesa).

19 – Fez uma festa para auxiliar a campanha dos ceguinhos e dos _____ _____ (surdo-mudo).

20 – As netas são _____ a avó (tal qual).

21 – Nos carros _____ aparece muito o pó (azul-marinho).

22 – Elas _____ foram averiguar o fato (mesmo).

CAPÍTULO V – SINTAXE | 213

23 – Nesta luta, não estamos _____ (só).

24 – Ganhou um condicionador de ar e uma bicicleta _____ (colorido).

25 – Iracema, heroína de Alencar, banhava-se em _____ lagoas e rios (tranquilo).

II – Corrija as seguintes frases:

1 – Infrutífera, na última expedição, resultaram as buscas.

_____

2 – Remetemos anexo a revista "Estilo", solicitado por Vossa Senhoria.

_____

3 – Reunido os representantes da família, decidiu-se entrar num acordo.

_____

4 – O livro tinha belíssimos capa e texto. _____

5 – Ela recebeu, de presente, uma joia e um relógio automáticos.

_____

6 – É vedado a entrada de pessoas estranhas. _____

7 – A enchente tornou irrecuperável aqueles móveis. _____

8 – Ficou marcado, no seu espírito, toda a revolta que nutria por aquela situação. _____

9 – A coreografia saiu tal qual os anseios dos artistas. _____

10 – Os fardamentos verde-olivas dos soldados não combinavam com o moreno-mate de seus rostos. _____

11 – Aqueles rapazes eram sem-vergonhas. _____

12 – Aqueles terrenos saíram caros para o comprador. _____

13 – Ficaria assegurado à herdeira a posse dos bens. _____

14 – Está subentendido na portaria, a necessidade da apresentação de títulos para efeito de concurso. _____

15 – Tornaram impossível quaisquer entendimentos entre os partidos.

_____

GABARITO

Capítulo V

Concordância Nominal

Exercícios de Fixação

I – Complete as lacunas, observando a concordância nominal:

1) lilases
2) interinos
3) mortífero / mortíferos
4) fastidiosa / fastidiosos
5) fabulosa
6) peludo
7) incansáveis
8) Elaboradas
9) técnico-científica / ibero-americana
10) tristonhos
11) emprestados
12) de classe / remunerados
13) alerta
14) é necessário
15) É necessária
16) os andares
17) vinho / bege
18) verde-claros / azul-turquesa
19) surdos-mudos
20) tais qual
21) azul-marinho
22) mesmas
23) sós
24) colorida
25) tranquilas

II – Corrija as frases:

1) Infrutíferas
2) anexa /solicitada
3) Reunidos
4) belíssima
5) automático
6) É vedada
7) irrecuperáveis
8) marcada
9) tal quais
10) verde-oliva
11) sem-vergonha
12) caro
13) assegurada
14) subtendida
15) impossíveis

CAPÍTULO VI

SINTAXE

- Concordância Verbal
- Síntese da Unidade
- Exercícios de Fixação
- Gabarito

CONCORDÂNCIA VERBAL

1 – Entende-se por concordância verbal a concordância do verbo com o sujeito em número e pessoa. Difícil é a coexistência entre o homem e a natureza.

1.1 – Regra Geral

O verbo concorda em número e pessoa com o sujeito, venha ele claro ou subentendido.

Exemplos: Paulo **voltou** para Corinto.
Acaso, **tinhas** razão quando falaste?
Nós **precisamos** voltar aqui.
Carlos e Pedro **saíram** juntos.

1.2 – Casos Especiais de Concordância

1.2.1 – Sujeito posposto ao verbo

a) Sujeito simples posposto ao verbo

O verbo concorda com o sujeito que vem após.

Exemplos: **Apareceram** <u>ossos comprometedores</u> para estudo científico.
Surgiram, após acalorada discussão, <u>as soluções</u>.

b) Sujeito composto posposto ao verbo

Se o sujeito é composto e vem após o verbo, esse poderá ir para o plural ou singular.

Exemplos:
Reinavam <u>a paz e o silêncio</u> ali. (concordância gramatical)
Reinava <u>o medo e a desconfiança</u> no quartel. (concordância estilística)
Não me **interessam** <u>nem propostas, nem cargos</u>. (concordância gramatical)
Interessa-me apenas <u>a saúde e o trabalho</u>. (concordância estilística)

1.2.2 – Verbos HAVER e FAZER

O verbo **HAVER** (com sentido de existir) e **FAZER** (indicando tempo) **são impessoais**, portanto **não têm sujeito**. **As expressões** que os acompanham **são meros objetos diretos**.
Exemplos:
Houve vários debates sobre o assunto. (vários debates = obj. direto)
Havia coisas que não se compreendiam. (coisas = obj. direto)
Na Bahia, **faz** verões quentíssimos. (verões quentíssimos = obj. direto)
Faz tempos que ele se formou. (tempos = obj. direto)

> **Observação**
>
> Numa locução verbal com esses dois verbos (**haver** e **fazer**), o auxiliar assume as características de impessoalidade do principal.
> Exemplos: **Deve haver** coisas erradas.
>   ↑   ↑
>   A   P
> **Está fazendo** três anos que ela nasceu.
>   ↑   ↑
>   A   P

1.2.3 – Sujeito Composto com Pronomes Pessoais de Pessoas Diferentes

O sujeito composto, representado por pronomes pessoais de pessoas diferentes, leva o verbo para o plural, concordando com a menor pessoa (numericamente falando).

Exemplos: Eu e tu **somos bons colegas** (verbo = 1ª p. plural).
                        1ª   2ª

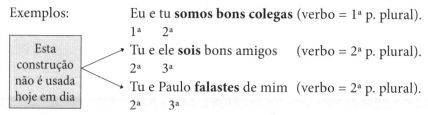

Esta construção não é usada hoje em dia → Tu e ele **sois** bons amigos (verbo = 2ª p. plural).
                        2ª   3ª
→ Tu e Paulo **falastes** de mim (verbo = 2ª p. plural).
    2ª   3ª

> **Observação**
>
> Na linguagem coloquial, aceita-se a construção – tu e ele são bons amigos –, mas a gramática a condena. Modernamente já é aceitável.

1.2.4 – Sujeito Composto Ligado por OU

O sujeito composto ligado por "ou" leva o verbo para o singular ou para o plural, conforme haja ideia de ação individual (exclusividade) ou de ação conjunta (alternância).

Exemplos:

Vera **ou** Ana **ficarão** contentes com a notícia **(ação conjunta)**.

Pedro **ou** Luís **receberá** a resposta, pois não quero responder a ambos **(ação individual)**.

Observação
A expressão **"um ou outro"** pede o **verbo no singular.**   Exemplo: **Um ou outro** pássaro **chilreava** ao amanhecer **(ação individual)**.

1.2.5 – A expressão NEM UM, NEM OUTRO

A expressão **nem um, nem outro** pede o verbo no singular.

Exemplo: Suspeita-se que **nem um, nem outro** <u>disse</u> a verdade.

1.2.6 – A expressão MAIS DE UM

A expressão **mais de um** pede o **verbo no singular**, a não ser que esteja repetida ou haja ideia de reciprocidade.

Exemplos:

Mais de um orador <u>fez</u> alusão ao aniversário do jornal.

Mas:

Mais de um povo, mais de uma nação <u>foram</u> arrasados nessa guerra **(repetição)**.

Mais de um voluntário <u>deram-se</u> as mãos nessa causa **(reciprocidade)**.

1.2.7 – Voz Passiva Pronominal – Passiva Sintética

Frases com verbo transitivo direto + SE

Em construções do tipo: **VENDEM-SE CASAS, CONSERTAM-SE CALÇA-DOS, ALUGA-SE UM CARRO,** o verbo deve concordar **com a expressão que o acompanha**, porque **ela é o seu sujeito.** O **SE** que acompanha o verbo é **pronome apassivador.**

Vendem-se <u>casas.</u>	**Casas** são vendidas.	(sujeito = casas)
Aluga-se <u>um carro.</u>	Um **carro** é alugado.	(sujeito = carro)
Consertam-se <u>calçados.</u>	**Calçados** são consertados.	(sujeito = calçados)

Todavia, se o termo que acompanha o verbo **vier preposicionado**, **não haverá sujeito** (porque o sujeito não pode ser preposicionado), o verbo ficará no singular e a voz **não será passiva, e o sujeito será indeterminado.** O **SE** que acompanha o verbo **transitivo indireto** é (*índice de indeterminação do sujeito*).

Exemplos:

Precisa-se de operários.   (se = índice de indeterminação do sujeito)

Necessita-se de secretárias.   (se = índice de indeterminação do sujeito)

Aqui **se assiste a** bons filmes. (se = índice de indeterminação do sujeito)

Lá **se obedece às** autoridades. (se = índice de indeterminação do sujeito)

Observações

1) Nas frases acima o **"se"** é **índice de indeterminação do sujeito,** e **a expressão preposicionada é objeto indireto**.

2) Às vezes aparece, junto ao verbo, uma expressão preposicionada, e **o sujeito vem mais afastado**.
Exemplo:
Observam-**se**, <u>daquele local</u>, <u>os lances da luta</u>. (**se = pronome apassivador**)
                adj. adv.   suj.
(Os lances da luta eram observados daquele local).

1.2.8 – Sujeito como Expressão Partitiva

Quando o sujeito é composto por uma expressão partitiva como: **UMA PARTE DE – UMA PORÇÃO DE – O RESTO DE – A METADE DE –** (e equivalentes) e após possui um substantivo plural ou um pronome plural, o verbo pode ir para **o singular (concordância gramatical)**, ou para **o plural (concordância estilística),** embora o emprego do singular indique maior rigorismo gramatical.

Exemplos: Uma porção de **moleques** me **olhavam** admirados.

            Uma porção de moleques me **olhava** admirada.

            O resto dos **doces estão** na cozinha.

            O resto dos doces **está** na cozinha.

Observação

A concordância será feita com a expressão que se quer destacar.

1.2.9 – Locuções "é que"

Nas frases em que ocorre a locução invariável "é que", o verbo concorda com o substantivo ou pronome que a precede, pois são efetivamente o seu sujeito.

Exemplos: Os **efeitos** é que **foram** diversos.

Eu é que não **posso** cuidar dos problemas dele.

> **Observação**
>
> A locução de realce "**é que**" é invariável e vem sempre colocada entre o sujeito da oração e o verbo a que ela se refere.
>
> Exemplo: **José** é que **trabalhou**, mas os **irmãos** é que **gozaram** de sua riqueza.

1.2.10 – Sujeito Representado por "que"

Quando o sujeito é representado pelo pronome relativo **QUE**, o verbo concorda em número e pessoa com o antecedente do pronome.

Exemplos: És **tu** que **deves** assumir a responsabilidade.

Somos **nós** que **iremos** à tua presença.

Eram **eles** que mais **erravam**.

1.2.11– Sujeito representado por "quem"

Quando o sujeito é representado pelo pronome relativo **QUEM**, o verbo fica na terceira pessoa do singular ou concorda com o seu antecedente; é facultativo.

Exemplos: Somos **nós** quem **devemos** pagar.

Somos nós **quem deve** pagar.

Não sou **eu** quem **mando** na fábrica.

Não sou eu **quem manda** na fábrica.

1.2.12 – Sujeito como plural aparente

O sujeito é um plural aparente **quando for nome de um determinado lugar e também de um título de obra que têm forma de plural**, contudo **o verbo deverá ficar no singular**, pois refere-se a um termo apenas.

Exemplo: **Efêmeras é** o título da segunda parte de um livro.
Congonhas possui obras de arte em pedra de sabão esculpidas por Aleijadinho.

Observação
Quando o substantivo vem precedido de artigo, o verbo assume normalmente a forma plural. Exemplo: **Os** Estados Unidos **declararam** guerra ao Iraque em março de 2003.

1.2.13 – Sujeito resumido por um pronome indefinido

Quando os sujeitos são resumidos por um pronome indefinido (**tudo, nada, ninguém etc.**), o verbo fica no singular, em concordância com esse pronome.

Exemplos: A pasta, a caneta, o fichário, os documentos, **tudo pertence** aos meus alunos.
O amor, a alegria, a fortuna, **nada vale** sem a caridade.

1.2.14 – PARECER

O verbo **PARECER** seguido de infinitivo admite duas construções:
a) PARECER variável + infinitivo invariável.
  Ex.: Algumas pessoas **pareciam chorar**.

b) PARECER invariável + infinitivo variável.
  Ex.: Algumas pessoas **parecia chorarem**.

Observação

Modernamente, a primeira forma é mais correta.

1.2.15 – HAJA VISTA

A expressão **HAJA VISTA** admite duas construções:
a) Invariável (seguida ou não de preposição).
  Exs.: **Haja vista** os exemplos dados por ele.
  Haja vista aos fatos explicados por essa teoria.

b) Variável (desde que não seguida de preposição), considerando-se o termo seguinte como **sujeito.**
  Ex.: **Hajam vista** os exemplos de sua dedicação.

Observação

A construção *haja visto é* errônea, devendo ser sempre evitada.

1.2.16 – MAIS DE, MENOS DE, PERTO DE + NUMERAL

O verbo sempre **deverá concordar com o numeral** que acompanha tais expressões.
  Exemplos:

Cerca de **dez** atores **faltaram** ao ensaio.
    sujeito

Mais de **um** interessado **criticou** o projeto.
    sujeito

1.2.17 – O verbo "SER" concordará com o sujeito ou com o predicativo.
Exemplos:

O perigo **seria** as febres.   O perigo **seriam** as febres.

Na vida, nem tudo **é** flores.   Na vida, nem tudo **são** flores.

Isto **é** vaias.   Isto **são** vaias.

Na primeira frase de cada exemplo, o verbo concorda com o sujeito; na segunda frase, o verbo vai para o plural, concordando com o predicativo.

Observações
Se o sujeito for personativo, isto é, representar um ser humano, o verbo concordará obrigatoriamente com ele. Exemplos: O **homem é** cinzas. Estas **garotas são** uma brasa. **Se o sujeito ou predicativo for um pronome pessoal, a concordância se fará com ele.** Exemplos: "O Brasil, senhores, **sois vós**." (Rui Barbosa) O responsável **és tu**. O acusado **sou eu**. **Quando o sujeito e o predicativo forem personativos, o pronome pessoal terá prioridade sobre qualquer outra classe gramatical na concordância verbal.** Exemplo: Naquela casa, **ele é** pai, companheiro e chefe.

Se tanto o sujeito como o predicativo forem personativos e nenhum dos dois for pronome pessoal, a concordância será facultativa (pode-se concordar com o sujeito ou o predicativo).

Exemplo: Todos aqueles **escritores eram (era) uma** só pessoa.

Quando está implícito o pronome, o verbo pode concordar com ele.

Exemplo: Os brasileiros **somos** um povo hospitaleiro (nós).

Se o sujeito e o predicativo forem pronomes pessoais, haverá predomínio do primeiro na concordância.

Exemplo: **Eu** não **sou ela.**

S   P

O verbo SER, nas indicações de hora, data ou distância, concorda com a expressão numérica. Neste caso **não haverá sujeito**, pois o verbo **SER é impessoal**, portanto a **concordância será feita com o predicativo.**

Exemplos: **São** cinco horas da madrugada.

Hoje **são** quinze de abril.

São sete horas.

É meio-dia.

São vinte e cinco páginas sobre textos jornalísticos.

Que horas **são**?

Amanhã **será** primeiro de maio.

Observe, porém:

Hoje é **dia** quinze de abril. Hoje **é** 15 de abril.

A palavra **"dia"** expressa ou não (é predicativo), e o verbo concorda com ela.

Hoje **são** 15 de abril (o verbo concorda com a expressão numérica).

Nas locuções é muito, é pouco, é mais de, é menos de, é tanto, especificando preço, peso ou quantidade, o verbo vai para o singular.

Exemplo:

Duas semanas não **é muito** para quem tanto esperou.

Para facilitar, observe o ESQUEMA abaixo:

Personativo + Não Personativo = concord. com o personativo

Personativo + Personativo = concord. facultativa

Personativo + Pronome Pessoal = concord. com o pronome pessoal

Pronome Pessoal + Não Personativo = concord. com o pronome pessoal

Pronome Pessoal + Pronome Pessoal = concord. com o sujeito

1.2.18 – Verbos DAR, BATER, SOAR

Quando o **sujeito não está expresso**, os verbos **DAR, BATER, SOAR** e sinônimos concordam com o número que indica as horas. Se há **sujeito, o verbo concorda com ele**.

Exemplos: **Deram dez** horas.   O **relógio deu** dez horas.

Batiam seis badaladas.   O **sino batia** seis badaladas.

1.2.19 – Núcleos do Sujeito ligados por COM

a) Quando se pretende dar a mesma importância a todos os núcleos, o verbo deve ficar no plural.

Exemplo: O pedreiro com seu ajudante **chegaram** cedo.

plural

b) Quando se pretende realçar, valorizar mais o primeiro núcleo, o verbo fica no singular.

Exemplo: O pedreiro com seu ajudante **chegou** cedo.

singular

1.2.20 – Sujeito representado por PRONOME DE TRATAMENTO

O verbo fica sempre na 3ª pessoa.

Exemplo: Vossa Majestade **enganou** seu próprio povo.

1.2.21 – SUJEITO ORACIONAL OU SUBORDINADA SUBJETIVA

Quando o sujeito for uma oração subordinada, o verbo permanecerá na 3ª pessoa do singular.

Exemplo: Ainda **falta** preencher os formulários.

(v. singular) (or. sub. subst. subjetiva)

1.2.22 – Sujeito representado por coletivo leva o verbo ao singular

Exemplo: **A multidão aplaudiu** a decisão do juiz.

• VERBO FAZER

O verbo fazer fica invariável na terceira pessoa do singular quando:
- indica tempo decorrido: **Faz** muitos anos que o Brasil ganhou o penta.
- exprime fenômenos meteorológicos: No inverno **faz** dias muito frios em Minas Gerais.

IMPORTANTE

O verbo **fazer** transmite a sua **impessoalidade aos verbos** que com ele formam locução.
Deve fazer duas horas que os atletas estão treinando.

SÍNTESE DA UNIDADE

• VERBO SER

Quando o verbo **ser** não apresenta sujeito e indica hora ou distância, concorda com a expressão numérica (isto é, o predicativo).
São dez horas da manhã.
Daqui ao colégio **serão cem metros**.

Atenção: No caso de locução verbal com o verbo **SER**, é o seu auxiliar que concordará com o predicativo:
Devem ser dez horas...
Deverão ser cem metros...

Se houver sujeito na oração, o verbo **ser** pode concordar com o sujeito ou com o predicativo:
Pedrinho era suas únicas preocupações. (O sujeito é nome de pessoa e atrai a concordância.)
O responsável **sois vós**. (O verbo concorda com o pronome pessoal.)
Nem **tudo é** flores. / Nem tudo **são flores**. (O verbo concorda com **tudo, isso, aquilo, nada** ou com o predicativo no plural.)
Os **livros são** a minha vida. / **A minha vida é** os livros. (Com substantivos comuns, o verbo **ser** concorda com o elemento que se quer realçar.)
Dois quilos de farinha **é muito** para esse bolo.

Hoje dez mil reais **é pouco**.

Doze meses **é muito** tempo para esperar tua volta! (Com a expressão **é muito, é pouco,** o verbo fica invariável.)

Casos Especiais

1 – Sujeito composto posposto ao verbo, o verbo fica no singular ou plural.

Passaram (Passou) <u>**o vexame e a dúvida.**</u>

suj. composto

2 – Sujeito composto por elementos de pessoas gramaticais diferentes, o verbo vai para o plural na pessoa que tiver prioridade.

Ela e eu consultamos a enciclopédia.

(A primeira pessoa prevalece sobre as outras.)

Tu e ela passeais no parque.

(A segunda pessoa prevalece sobre a terceira.)

Observação

Modernamente já se admite, nesse caso, a construção na terceira do plural. (**Tu e ela** passeiam no parque.)

3 – Sujeito composto de núcleos sinônimos ou de sentido aproximado, o verbo poderá concordar com o núcleo mais próximo (singular) ou com todos (plural).

<u>A instabilidade e a incerteza</u> **confundiu-o.**

<u>A instabilidade e a incerteza</u> **confundiram-no.**

4 – Sujeito composto por núcleos de gradação ascendente ou descendente, o verbo pode concordar com o núcleo mais próximo (singular) ou com todos (plural).

<u>Um olhar, um aceno, uma palavra</u> **bastava.**

<u>Um olhar, um aceno, uma palavra</u> **bastavam.**

5 – Sujeito composto de expressão partitiva (**a maioria de, grande parte de, a metade de** etc.) seguida de um substantivo no plural, o verbo pode ficar no singular, concordando com a expressão, ou no plural, concordando com o substantivo.

A maioria das pessoas **gosta** do próprio nome.

A maioria das **pessoas gostam** do próprio nome.

6 – Sujeito composto de expressões aproximativas seguidas de elementos numéricos, o verbo concorda com o numeral.

Cerca de oitenta mil torcedores **assistiram** ao jogo.

Perto de quinze presos **fugiram** da cadeia.

7 – Sujeito composto da expressão **mais de um,** o verbo vai para o plural se houver ideia de reciprocidade; se não houver essa ideia, ele fica no singular.

Mais de um político se **desacataram.** (uns aos outros)

Mais de um funcionário **foi** exonerado.

8 – Sujeito composto da expressão **um dos que** (ou outra equivalente), o verbo pode ir para o plural (o mais comum) ou ficar no singular (mais raro).

Não sou **um** daqueles **que recusa** esforço.

Não sou **um** daqueles **que recusam** esforço.

Sou **um dos** candidatos **que disputa** o cargo.

Sou **um dos** candidatos **que disputam** o cargo.

9 – Sujeito representado pelo pronome relativo **que,** o verbo concorda com o antecedente.

São **coisas** que já passaram.

antecedente

10 – Sujeito representado pelo relativo **quem,** o verbo fica na terceira pessoa do singular ou concorda com o antecedente.

Fostes vós **quem falou.**

Fostes **vós** quem **falastes.**

11 – Sujeito representado por **pronome interrogativo no singular**, seguido de **nós** ou **vós,** o verbo vai para a terceira pessoa do singular.

Qual de nós **cumprirá** o trato?

12 – Sujeito representado por pronome interrogativo ou indefinido **no plural**, seguido de **nós** ou **vós**, o verbo concordará com estes últimos ou ficará na terceira do plural.

Quais de **nós cumpriremos** o trato?

Quais de nós **cumprirão** o trato?

13 – Sujeito representado por nomes próprios de lugar e títulos de obras, se precedidos de **artigo no plural, o verbo vai para o plural. Se não houver artigo no plural, o verbo fica no singular.**

Estados Unidos **enfrenta** problemas com iraquianos.

Os Estados Unidos **enfrentam** problemas com o mundo inteiro, por causa da guerra no Iraque.

14 – Sujeito representado pelas expressões **um ou outro** e **nem um nem outro,** o verbo fica obrigatoriamente no singular.

Um ou outro correu até o fim.

Nem uma nem outra irá à festa.

15 – Sujeito composto ligado pela conjunção **ou,** o verbo fica no singular, se houver ideia de exclusão; caso contrário, vai para o plural.

Um elogio **ou** um castigo **cairá** sobre o aluno. (ideia de exclusão)

Pedro **ou** Paulo **foram** infiéis a Jesus, em algum momento. (não há ideia de exclusão)

Exercícios de Fixação

I – PREENCHA AS LACUNAS, USANDO OS VERBOS ENTRE PARÊN-TESES NOS TEMPOS E MODOS INDICADOS, FAZENDO A DEVIDA CONCORDÂNCIA:

1) Não nos _____ problemas. (FALTAR – pretérito imperfeito do indicativo)

2) _____ todos os terrenos. (VENDER – pretérito perfeito do indicativo)

3) Beth e eu _____ em setembro. (VIAJAR – futuro do presente do indicativo)

4) O frio, o vento e a chuva, nada o _____.
   (INCOMODAR – presente do indicativo)

5) _____ nesta sala alguns voluntários? (HAVER – futuro do pretérito do indicativo)

6) Esperam que Antônio ou Alfredo _____ o presidente do Diretório Acadêmico. (SER – presente do subjuntivo)

7) Desejavam que os Estados Unidos não _____ tropas ao Iraque. (ENVIAR – pretérito imperfeito do subjuntivo)

8) Qual de nós _____ o prêmio. (CONSEGUIR – futuro do presente do indicativo)

9) Quando tu e ela _____ o resultado da pesquisa, _____ me. (OBTER – futuro do subjuntivo; AVISAR – presente do subjuntivo)

10) A surpresa _____ as crianças. (SER – pretérito perfeito do indicativo)

11) Tudo _____ alegrias. (SER – futuro do pretérito do indicativo)

12) Aquilo _____ mentiras pavorosas. (SER – pretérito imperfeito do indicativo)

13) Entre nós não _____ haver segredos. (DEVER – presente do indicativo)

14) Duzentos reais _____ pouco. (SER – futuro do pretérito do indicativo)

15) No saguão, não _____ mais do que cinco pessoas. (HAVER – pretérito imperfeito do indicativo)

16) Este vento _____ os prenúncios de forte chuvas. (SER – futuro do pretérito do indicativo)

17) _____ vista as dificuldades que enfrentamos. (HAVER – presente do subjuntivo)

18) A causa de sua preocupação _____ as crises de bronquite do menino. (SER – pretérito imperfeito do indicativo)

19) _____ três dias que ele está acamado. (FAZER – presente do indicativo)

II – EFETUE A CONCORDÂNCIA, ESCOLHENDO A FORMA VERBAL ADEQUADA:

1) Ainda _____ 40 exercícios para resolvermos.
   (falta/faltam)

2) _____ 15 minutos para começar a aula de dança.
   (falta/faltam)

3) A multidão _____ por melhores salários.
   (gritava/gritavam)

4) A multidão de torcedores _____ o fracassado time.
   (vaiava/vaiavam)

5) A maioria dos convidados _____ ao evento.
   (compareceu/compareceram)

6) Grande parte dos convidados _____ ao evento.
   (compareceu/compareceram)

7) Minas Gerais _____ grandes poetas e poetisas.
   (revelou/revelaram)

8) As Minas Gerais _____ grandes poetas e poetisas.
   (revelou/revelaram)

9) Os Lusíadas _____ a história do Gigante Adamastor.
   (conta/contam)

10) Fui eu que _____ o problema. (resolvi/resolveu)

11) Fomos nós que _____ a pesquisa.
    (terminou/terminamos)

12) Susana foi uma das que _____ na UNB.
    (ingressou/ingressaram)

13) Mais de um clube _____ o campeonato.
    (ganhou/ganharam)

14) Mais de duas professoras _____ à reunião.
    (faltou/faltaram)

15) Qual de nós _____ o caso? (Aceitará/Aceitaremos)

16) O relógio da fábrica _____ duas horas. (deu/deram)

17) _____ duas horas no relógio da fábrica. (Deu/Deram)

18) _____-se em pessoas honestas. (Confia/Confiam)

19) _____-se casas. (Vende/Vendem)

20) _____-se aulas de Português. (Dão/Dar)

21) _____ muitos torcedores no estádio. (Existia/Existiam)

22) _____ muitos torcedores no estádio. (Havia/Haviam)

23) _____ de haver sérios problemas. (Há/Hão)

24) _____ de existir sérios problemas. (Há/Hão)

25) Ainda _____ solucionar quatro investigações. (falta/faltam)

26) Livros, roupas, CDs, tudo _____ fora de lugar. (estava/estavam)

27) _____ uma hora e vinte minutos. (É/São)

28) _____ duas horas e vinte minutos. (É/São)

29) _____ bem mais de uma hora. (É/São)

30) O responsável _____ eu. (é/sou)

31) Capitu _____ as preocupações de Bentinho. (era/eram)

32) Aquilo _____ tolices de criança. (era/eram)

TESTES

1. (FMU – SP) Assinale a alternativa que, na sequência, completa corretamente as orações a seguir:

   I.   Isto _____ migalhas.

   II. Nossa vida _____ loucuras.

  III. Vocês _____ meu castigo.

  IV. As cores vermelha e negra _____ a marca do brasão.

   V. Hoje _____ 20 de agosto.

     (a) são – eram – seria – eram – são

     (b) é – eram – serão – era – é

     (c) são – era – seria – era – são

     (d) é – eram – serão – eram – são

     (e) são – eram – serão – era – é

2. (UnB – DF) Em todas as opções, o verbo pode ir para o plural ou para o singular, exceto:

(a) Um grande número de fugitivos _____ (sair) pelas montanhas.

(b) Um bando de papagaios _____ (pousar) no laranjal.

(c) Mais de um ciclista _____ (cair) da bicicleta.

(d) Pequena parte dos visitantes _____ (estar) em silêncio.

3. (F.C. Chagas – BA) Sempre _____ pessoas revoltadas com pequenas coisas a que não se _____ dar maior importância.

    (a) há de haver – devem

    (b) há de haverem – deve

    (c) hão de haver – devem

    (d) há de haver – deve

    (e) hão de haver – deve

4. (F.C. Chagas – BA) Alguns sócios deixaram a firma _____ alguns meses, mas ainda _____ resolver alguns pontos, antes que se _____ a partilha das propriedades.

    (a) faz – faltam – defina

    (b) faz – falta – defina

    (c) fazem – faltam – defina

    (d) fazem – falta – defina

    (e) fazem – faltam – definam

5. (F.C. Chagas – BA) _____ três meses que não _____ os pássaros.

    (a) Fazia – via-se

    (b) Faziam – viam-se

    (c) Fazia – se viam

    (d) Fazia – se via

    (e) Faziam – se viam

GABARITO

Capítulo VI

Exercícios de Fixação

Concordância Verbal

I –
1) faltavam
2) Venderam-se
3) viajaremos
4) incomoda
5) Haveria
6) seja
7) enviassem
8) conseguirá
9) obtiverem / avisem-me
10) foram
11) seria / seriam
12) era / eram
13) deve
14) seria
15) havia
16) seria / seriam
17) Haja
18) era / eram
19) Faz

II –
1) faltam
2) Faltam
3) gritava
4) vaiava / vaiavam
5) compareceu
6) compareceu /compareceram
7) revelou
8) revelaram
9) contam
10) resolvi
11) terminamos
12) ingressou
13) ganhou
14) faltaram
15) aceitará
16) deu
17) Deram
18) Confia
19) Vendem
20) Dão
21) Existiam
22) Havia
23) Há
24) Hão
25) faltam
26) estava
27) É
28) São
29) É
30) sou
31) era
32) era / eram

Testes

1 (FMU – SP)   – (d)
2 (UnB – DF)   – (c)
3 (F.C. Chagas – BA)   – (d)
4 (F.C. Chagas – BA)   – (a)
5 (F.C. Chagas – BA)   – (c)

CAPÍTULO VII

SINTAXE

- Regência Verbal
- Síntese da Unidade
- Exercícios de Fixação
- Gabarito

REGÊNCIA VERBAL

Regência não faz parte apenas da Monarquia... os verbos também obrigam-nos a seguir a sua majestade – **A Regência Verbal**.

Regência é a relação de dependência que se estabelece entre duas palavras de uma mesma oração, no caso a estudar, relação entre o verbo e seu complemento.

Eis a regência de alguns verbos:

1.1 – Aspirar

a) No sentido de **cheirar**, **respirar**, pede **objeto direto** (sem preposição).
Exemplos: **Aspiramos** o ar frio da serra.
Aspirou o perfume do roseiral.

b) No sentido de **pretender**, **ambicionar**, pede **objeto indireto** (com preposição).
Exemplos: **Ela aspira a** um emprego bem remunerado.
O jovem **aspira** à carreira militar.

Observação

Não admite, como objeto indireto, os pronomes *LHE*, *LHES*. Em substituição, usamos as expressões *A ELE*, *A ELA*, *A ELES*, *A ELAS* ou outra equivalente.
Exemplo: O cargo de chefe? Aspiro a ele há muito tempo.

1.2 – Assistir

a) No sentido de **presenciar, ser espectador,** pede **objeto indireto**.
Exemplos: **Assistia a** tudo em silêncio.
Assistimos a um ótimo espetáculo teatral.

Observação

A mesma feita com relação ao verbo aspirar (pronome LHE, LHES).
Exemplo: O filme deve ser bom, pois muita gente já assistiu ao mesmo.

b) No sentido de **prestar auxílio, ajudar**, pede **objeto direto** *ou* **objeto indireto**, indiferentemente.

Exemplos: O médico **assiste** o doente.

O médico **assiste ao** doente.

c) No sentido de **caber direito** ou **razão**, pede **objeto indireto**.

Exemplos: Este é um direito que **me assiste**.

Nem **lhe assistem** razões para que assim proceda.

d) No sentido de **morar**, é regido pela preposição "EM" (uso arcaico).

Exemplos: "Eu sou Manuel João, para o servir. **Assisto no** Vão, perto do arraial de Morrinhos..."

(Afonso Arinos, citado na Gramática Normativa da Língua Portuguesa de Rocha Lima)

1.3 – Atender

a) No sentido de deferir (que se pede ou requer), exige **objeto direto**.

Exemplo: O Secretário de Educação **atendeu** o seu pedido, porque o processo foi protocolado em tempo hábil.

b) Nos demais sentidos, geralmente pede **objeto indireto** (com pessoas, é indiferente o uso do objeto).

Exemplos: **Atenderemos às** solicitações dos presentes.

Atendiam aos convidados com muita cordialidade.

Atendê-lo-ei imediatamente, ou

Atender-lhe-ei imediatamente.

1.4 – Precisar

a) No sentido de tornar preciso, pede **objeto direto**.

Exemplos: O relojoeiro **precisou** o relógio.

A secretária **precisou** o horário para o ano que vem.

b) No sentido de **ter necessidade**, pede **objeto indireto**.

Exemplos: **Precisamos** de boas datilógrafas.

Preciso de paz de espírito.

1.5 – Proceder

a) No sentido de conduzir-se, é **intransitivo**, seguido de **adjunto adverbial de modo.**

Exemplo: Aquele funcionário **procedeu** honestamente.

adj. adverbial de modo

b) No sentido **de ter fundamento, é intransitivo.**

Exemplo: Essa notícia não **procede.**

c) No sentido de **realizar,** pede **objeto indireto.**

Exemplo: **Procedemos** à feitura das provas.

d) No sentido de **provir,** pede a **preposição de.**

Exemplo: Esta madeira **procede do** Paraná.

1.6 – Querer

a) No sentido de **desejar,** pede **objeto direto.**

Exemplos: **Quero** meia xícara de café preto com pão e manteiga.

Quero-a para professora de meus filhos.

b) No sentido de **querer bem, estimar,** pede **objeto indireto.**

Exemplos: **Queria-lhe** mais do que **à** própria vida.

Marisa quer muito **a** seu pai.

1.7 – Responder

No sentido de **dar resposta,** pede:

a) objeto indireto em relação à pergunta (respondeu A QUEM ou A QUÊ?).

Exemplos: **Respondeu a** todas as questões da prova.

Respondeu-lhe na hora.

b) objeto direto para expressar a resposta (respondeu O QUÊ?).

Exemplos: Ela apenas **respondeu** isso.

Respondeu que não gostava de brincadeiras.

1.8 – Visar

a) No sentido de **pôr o visto ou apontar a arma,** pede **objeto direto.**

Exemplos: A embaixada **visou** o passaporte.

Atirou a espingarda, **visando** o alvo.

Capítulo VII – Sintaxe | 243

b) No sentido de **ter um objetivo, pretender**, pede **objeto indireto**.
   Exemplos: A educação **visa ao** progresso do povo.
   Este curso **visa** aprimorar culturalmente nossos alunos (quando o verbo visar é seguido de infinitivo, a preposição é geralmente omitida).

ATENÇÃO AGORA PARA A REGÊNCIA DOS SEGUINTES VERBOS:

1.9 – Chegar, ir e voltar

Exigem a preposição "**a**" ou (no caso dos dois últimos verbos) a preposição "**para**".
   Exemplo: **Chegamos** tarde à festa.
   Chegaremos a Belo Horizonte no horário previsto.
   Vai à Bahia em julho.
   Foi para São Paulo a fim de estabelecer-se lá.
   Voltou para a sua pátria.
   Voltarei à França em breve.

Observação

A preposição "**a**" indica movimento transitório e a preposição "**para**" indica movimento duradouro, embora, no uso corrente da língua, isso não seja muito observado.
   Exemplos: **Fui ao** Rio no carnaval.
   Vim para Brasília definitivamente.

1.10 – Custar

No sentido de **ser difícil**, deve ser empregado na terceira pessoa do singular, tendo por sujeito uma oração reduzida de infinitivo. Pede **objeto indireto**.
   Exemplos: **Custou**-me muito conseguir passagem.
                      ↓   ↓
                    O.I.   Sujeito

   Custa a algumas pessoas permanecer em silêncio.
                      ↓   ↓
                    O.I.   Sujeito

Observação

Não são aceitas pela gramática as seguintes construções:
Eu custei a achar um táxi.
Elas custaram a entender o problema.

Diz-se:
Custou-me achar um táxi.
Custou-lhes entender o problema.

1.11 – Implicar

No sentido de **"trazer como resultado"**, pede **objeto direto**.
Exemplos: Essa medida **implicará** a majoração dos impostos.
Tal atitude **implicou** descontentamento.

Observação

Evite construções com a preposição "em", como ilustra este exemplo:
Liberdade implica em responsabilidade. (incorreto)
– **DIGA**: Liberdade implica responsabilidade.

1.12 – Morar, residir, situar-se, estabelecer-se, estar situado

Por serem **de quietação, estáticos**, pedem a preposição "**EM**".
Exemplos: **Moro no** Lago Norte.
Resido num bairro calmo.
O edifício **situa-se** num local aprazível.
O comerciante **estabeleceu-se** no centro da cidade.
O prédio **está situado em** zona de muito movimento.

Observação

Os adjetivos derivados desses verbos também são regidos pela preposição
"**EM**".
Exs.: Foi ao cartório sito na rua Barão de Queluz em Lafaiete, MG.
Fulano de tal, brasileiro, casado, residente em Taguatinga.
Seu Joaquim, estabelecido, com comércio de adubos, em Sobral
Pinto, MG.

1.13 – Obedecer e desobedecer

Pedem **objeto indireto.**
> Exemplos: Os filhos **obedecem** aos pais.
> Quem **obedece aos** sinais de trânsito evita acidentes.

1.14 – Preferir

Pede **objeto direto** no sentido de **dar a primazia, escolher.**
> Exemplo: **Prefiro** um celular mais novo, pois este está ultrapassado.

Pede **objeto direto e indireto** no sentido de **querer antes**, prefere-se uma coisa a outra. É gramaticalmente **incorreto** dizer-se: **Prefiro isto do que aquilo.**
> Exemplos:
Prefiro o̲ Português à Matemática. (com artigo + preposição haverá crase)
Prefiro Português a Matemática. (sem artigo não haverá crase, apenas a preposição)
Prefiro a Europa aos Estados Unidos.

1.15 – Pisar

Pede **objeto direto**. Evite construções com a preposição "**EM**".
> Exemplos: **Pisei** o pé de Maria.
> **Pisei** a grama.
> **NÃO DIGA**: Pisei no pé de Maria. / Pisei na grama.

Porém há gramáticos que aceitam a preposição:
> Exemplos: Bom dançarino não **pisa no** pé da dama.
> Pelé já **pisou na** grama de estádios famosos do mundo inteiro.

ATENÇÃO PARA A REGÊNCIA DOS VERBOS:

1.16 – **Avisar**
    Certificar
    Impedir
    Incumbir   Verbos que exigem objeto direto e indireto sem vinculação
    Informar   obrigatória com pessoa ou coisa
    Lembrar
    Notificar
    Proibir

1.16.1 – **Avisar**

Exemplos:
Avisarei a cozinheira de que teremos convidados para o jantar.

        O.D.   O.I.

Avisarei à cozinheira que teremos convidados para o jantar.

        O.I.   O.D.

1.16.2 – **Certificar**

Exemplos: **Certifiquei-o** de sua promoção.

                      O.D.   O.I.

              Certifiquei-lhe que seria promovido.
                      O.I.   O.D.

1.16.3 – **Impedir**

Exemplos: **Impediram-no** de ingressar na função pública.

                      O.D.   O.I.

              Impediram-lhe que ingressasse na função pública.
                      O.I.   O.D.

1.16.4 – **Incumbir**

Exemplos: **Incumbiram-no** da matrícula do menino.

                      O.D.   O.I.

              Incumbiram-lhe que matriculasse o menino.

                      O.I.   O.D.

1.16.5 – **Informar**

Exemplos: **Informei-o** de que sua aposentadoria saiu.
            ↓   ↓
           O.D.   O.I.

Informei-lhe que sua aposentadoria saiu.
    ↓   ↓
   O.I.   O.D.

1.16.6 – **Lembrar**

Exemplos: **Lembrei-o** do aniversário de sua sobrinha.
            ↓   ↓
           O.D.   O.I.

Lembrei-lhe o aniversário de sua sobrinha.
    ↓   ↓
   O.I.   O.D.

1.16.7 – **Notificar**

Exemplos: **Notificaram** os vestibulandos do resultado das provas.
                ↓   ↓
               O.D.   O.I.

Notificaram aos vestibulandos o resultado das provas.
    ↓   ↓
   O.I.   O.D.

1.16.8 – **Proibir**

Exemplos: **Proibiram-no** de fumar.
            ↓   ↓
           O.D.   O.I.

Proibiram-lhe que fumasse.
    ↓   ↓
   O.I.   O.D.

1.17 – Verbos que pedem objeto direto para coisas e objeto indireto para pessoas.

Exemplos: **Anunciamos**-lhe nosso noivado.
                ↓   ↓
               O.I.   O.D.

Participamos-lhe nosso noivado.
              ↓   ↓
             O.I.   O.D.

Comunicamos-lhe nosso noivado.
              ↓   ↓
             O.I.   O.D.

Anunciou sua mudança **aos** parentes mais íntimos.
          ↓   ↓
         O.D.   O.I.

Comunicou sua mudança **aos** parentes mais íntimos.
          ↓   ↓
         O.D.   O.I.

Participou sua mudança **aos** parentes mais íntimos.
          ↓   ↓
         O.D.   O.I.

Pagou tudo **o** que devia.
        ↓
      O.D.

Perdoou as ofensas.
         ↓
       O.D.

Pagou-**lhe** com atraso.
   ↓
  O.I.

Maria **perdoou** a João.
         ↓
      O.I.

Pagarei ao empregado.
    ↓
  O.I.

Se tens coração, **perdoa-lhe**.
               ↓
            O.I.

Pediu silêncio ao auditório.
     ↓   ↓
   O.D.   O.I.

Disse-**lhes** isto.
  ↓ ↓
 O.I. O.D.

Observação

Quando aquilo que se pede (objeto direto) é uma oração, essa deve vir introduzida pela conjunção QUE e não pela preposição PARA (a não ser que estejam subentendidas as palavras *licença* ou *permissão*).
Exemplos:
Pediu para entrar (licença).
O diretor **pediu** que todos os professores comparecessem à reunião.
                                  ↓
                              O.D.

Não se diz, portanto, "o diretor **pediu para** todos os professores comparecerem à reunião".
Pediram-me que distribuísse as fichas entre os alunos.
                ↓
           O.D.

(e não, "**pediram-me para** distribuir as fichas...").
Essa regra é válida também para o verbo **dizer** quando significa **pedir**.

1.18 – Verbos que pedem objeto direto para pessoa objeto indireto para coisa.

> **Autorizar**
> **Cientificar**   objeto direto de pessoa
> **Convidar**   objeto indireto de coisa

Exemplos: O diretor **autorizou** <u>o professor</u> **a** <u>dispensar os alunos</u>.
                                    ↓   ↓
                                   O.D.   O.I.

O médico **autorizou**-<u>a</u> **a** <u>fazer repouso</u>.
                        ↓   ↓
                       O.D.   O.I.

Cientificaram-<u>no</u> **de** <u>sua aprovação no concurso</u>.
                    ↓   ↓
                   O.D.   O.I.

Cientificou <u>a polícia</u> **do** <u>desaparecimento do menor</u>.
                   ↓   ↓
                  O.D.   O.I.

Convidou-<u>o</u> **a** <u>ficar</u>.
               ↓   ↓
              O.D.   O.I.

Convidei-<u>o</u> **para** <u>padrinho de meu casamento</u>.
               ↓   ↓
              O.D.   O.I.

1.19 – **Regência de alguns verbos de uso frequente**

Anuir: "concordar, condescender" **transitivo indireto** com a preposição a:
  Exemplos: Todos **anuíram àquela** proposta.
            O Governo **anuiu** de boa vontade **ao** pedido do sindicato.

Aproveitar: aproveitar alguma coisa é **transitivo direto**, aproveitar-se de alguma coisa é **transitivo indireto** (pronominal + preposição).
  Exemplos: **Aproveito** a oportunidade para manifestar repúdio ao tratamento dado a esta matéria.
            O relator **aproveitou-se da** oportunidade para emitir sua opinião sobre o assunto.

Comparecer: comparecer a (ou em) algum lugar ou evento pede adjunto adverbial de lugar.

Exemplos: **Compareci ao** (ou **no**) local indicado nas instruções.

A maioria dos delegados **compareceu à** (ou **na**) reunião.

Compartilhar: compartilhar alguma (ou de alguma) coisa pede **objeto direto** ou **objeto indireto**.

Exemplo: O povo brasileiro **compartilha os** (ou **dos**) ideais de preservação ambiental do Governo.

Consistir: consistir **em** alguma coisa (consistir *de é* anglicismo), pede **objeto indireto**.

Exemplo: O plano **consiste em** promover uma trégua de preços por tempo indeterminado.

Declinar: declinar de alguma coisa (no sentido de rejeitar) pede **objeto indireto**.

Exemplo: **Declinou das** homenagens que lhe eram devidas.

Observação

Quanto ao verbo que nesse capítulo não se encontra, o melhor é, em caso de dúvida, procurar pela sua acepção no dicionário e cientificar a sua transitividade.

SÍNTESE DA UNIDADE

a) **Agradar**   = fazer carinho → é VTD. Ex.: A mãe **agrada** o filho.
= satisfazer → é VTI. Ex.: A novela não **agradou** a todos.

b) **Agradecer** = sentir-se grato → é VTD. Ex.: Quero **agradecê**-lo.
→ ou VTI. Ex.: Quero **agradecer**-lhe.

c) **Aspirar**   = respirar → é VTD. Ex.: Ele **aspirou** o gás.
= desejar → é VTI. Ex.: Ele **aspira** ao sucesso.

d) **Assistir**   = ver → é VTI. Ex.: Eu **assisti** ao filme.
= socorrer → é VTD/VTI. Ex.: **Assistimos** o/ao rapaz doente.
= pertencer → é VTI. Ex.: Esse direito **assiste** aos jovens.

e) **Chegar**   = atingir a meta → é VI. Ex.: **Chegamos** ao colégio.
= parar → é VTI. Ex.: **Chega** de trabalho.

f) **Esquecer**   Quando desacompanhados de pronome oblíquo, são VTD.
e   Ex.: Eu **esqueci** o problema. Eu **lembrei** o nome dele.
Lembrar   Quando acompanhados de pronome oblíquo, são VTI.
Ex.: Eu **me esqueci do** problema. Eu **me lembro de** você.

g) **Implicar**   = demonstrar antipatia → é VTI.
Ex.: Ele **implica** com os outros.
= acarretar, exigir → é VTD.
Ex.: Isso **implica** soluções difíceis.

h) **Importar**   = trazer de fora para dentro → é VTD.
Ex.: **Importou** mercadorias.
= acarretar, exigir → é VTD. Ex.: Isto **importa** grandes gastos.

i) **Informar**   VTDI (exige um objeto direto e um objeto indireto).
Admite duas construções:
- informar alguma coisa a alguém.
  Ex.: Ela **informou** o fato aos alunos.
- informar alguém de (sobre) alguma coisa.
  Ex.: Ela **informou** os alunos do (sobre o) fato.

CAPÍTULO VII – **SINTAXE** | 253

j) Namorar = cortejar → é VTD. Ex.: Pedro **namora** Helena.
= desejar → é VTD. Ex.: Pedro **namora** um novo emprego.

k) Desobedecer São VTI (exigem preposição **a**).
e Obedecer Ex.: Ele nunca **obedece** aos regulamentos.

l) Pisar = caminhar sobre → é VTD. Ex.: Ele **pisou** o gramado.

m) Pagar São VTI quando o objeto refere-se à pessoa.
e Exs.: O pai sempre **perdoa** aos filhos.
Perdoar O gerente **pagou** aos empregados.
São VTD quando o objeto refere-se à coisa.
Exs.: Nós já **pagamos** os impostos.
O gerente **perdooou** a dívida.

n) Preferir É VTDI (**preferir** alguma coisa a outra).
Exs.: Ele **prefere** o futebol ao vôlei. (com o artigo usa-se **ao**)
Ele **prefere** futebol a vôlei. (sem o artigo, só a preposição)

o) Proceder = ter fundamento → é VI. Ex.: Sua reclamação não **procede**.
= originar-se → é VI. Ex.: O navio **procede** de Santos.
= dar início → é VTI. Ex.: O juiz **procedeu** ao julgamento do rapaz.

p) Querer = desejar → é VTD. Ex.: Todos **queriam** o prêmio.
= gostar → é VTI. Ex.: As mães **querem** aos filhos.

q) Simpatizar = ter simpatia, afeição → é VTI.
Ex.: Todos **simpatizam** com você.

r) Visar = pretender → é VTI. Ex.: Ele **visava** ao sucesso.
= mirar → é VTD. Ex.: O jogador **visou** o gol.
= assinar → é VTD. Ex.: Você já **visou** o cheque?

Exercícios de Fixação

I – Complete, se necessário, as seguintes frases, observando a Regência Verbal.

1 – Aspiramos _____ o aroma das plantas.

2 – Ele aspirou _____ o posto de chefe.

3 – Assisti _____ o espetáculo circense.

4 – Este é um direito que _____ assiste (o – lhe).

5 – O desfile _____ que assisti foi excelente.

6 – Pisou _____ os calos de Joaquina.

7 – O Ministro atendeu _____ a sua solicitação.

8 – O professor precisou _____ os assuntos da reunião.

9 – Precisa-se _____ uma empregada doméstica.

10 – Procedeu _____ a leitura da ata.

11 – Pedrinho quer muito _____ os pais, que também _____ querem muito (o – lhe).

12 – Quero _____ (o – lhe) para padrinho de meu filho.

13 – Respondeu _____ todos, mas não respondeu _____ o que eu queria.

14 – Este curso visa _____ dar noções de Português.

15 – O delegado visou _____ o documento.

16 – Os objetivos _____ que visamos são ótimos.

17 – Avisaremos _____ o maestro que hoje não haverá ensaio.

18 – Incumbiram _____ (o – lhe) da confecção dos convites.

19 – Proibiu _____ José de fumar.

20 – Participou- _____ (o – lhe) que se casaria logo.

21 – Pagou- _____ (o – lhe) com notas de R$ 100,00.

22 – Perdoa- _____ (o – lhe), se és capaz.

23 – O pai autorizou- _____ (a – lhe) a viajar.

24 – Convidaram- _____ (o – lhe) para paraninfo.

25 – Foi _____ uma casa situada _____ a Rua da Praia.

26 – O ônibus chegou _____ Brasília no horário.

27 – O julgamento implicou _____ a condenação dos culpados.

28 – João da Silva, brasileiro, maior, residente _____ a Rua X etc.

29 – Devemos obedecer _____ sinais de trânsito.

30 – Prefiro sorvete de nozes _____ sorvete de abacaxi.

II – Assinale as frases corretas e corrija as incorretas.

1 – Pediu-me para entrar.

2 – Pedimos que todos compareçam à reunião.

3 – O professor pediu para todos os alunos lerem os livros.

4 – Ela custou a achar a pulseira.

5 – Custou-lhe obter o certificado.

6 – Residem à Rua Dr. Flores.

7 – O armazém sito na Rua Garibáldi é de um português.

8 – O sacerdócio implica em sacrifícios.

9 – Pisaram nos meus calos.

10 – A medida adotada implicou mil critérios.

GABARITO

Capítulo VII

Exercícios de Fixação

Regência Verbal

I –
1) – – – – –
2) ao
3) ao
4) lhe
5) a
6) – – – – –
7) – – – – –
8) – – – – –
9) de
10) à
11) aos / lhe
12) o
13) a – – –
14) – – – – –
15) – – – – –
16) a
17) ao
18) no
19) – – – – –
20) lhe
21) lhe
22) lhe
23) a
24) no
25) a / na
26) a
27) – – – – –
28) na
29) aos
30) a

II – Assinale as frases corretas e corrija as incorretas:

1) **Correta**
2) **Correta**
3) ... que todos os alunos lessem os livros.
4) Custou-lhe achar a pulseira.
5) **Correta**
6) Residem na Rua Dr. Flores.
7) **Correta**
8) O sacerdócio implica sacrifícios.
9) Pisaram os meus calos.
10) **Correta**

CAPÍTULO VIII

SINTAXE

- Colocação Pronominal
- Exercícios de Fixação
- Gabarito

COLOCAÇÃO PRONOMINAL

Será oportuno relembrar a posição das formas oblíquas átonas dentro do quadro geral dos pronomes pessoais:

Retos	Oblíquos átonos	Oblíquos tônicos
eu	me	mim, comigo
tu	te	ti, contigo
ele, ela	se, lhe, o, a	si, consigo
nós	nos	conosco
vós	vos	convosco
eles, elas	se, lhes, os, as	si, consigo

PRÓCLISE = pronome antes do verbo.
Eu te amo.

MESÓCLISE = pronome no meio do verbo.
Amar-te-ei.

ÊNCLISE = pronome depois do verbo.
Amo-te.

A Gramática tradicional tem disciplinado a matéria – para a linguagem escrita formal – da maneira como se expõe a seguir:

1) Próclise

Usa-se a próclise, quando houver:

1. palavras de sentido negativo – **Não me** esqueças.
2. pronomes relativos – Ouve, com atenção, **quem te** fala.
3. pronomes indefinidos – **Tudo me** faz crer em você.
4. pronomes demonstrativos – **Isto me** incomoda.
5. o numeral "ambos" – **Ambos se** encontraram.
6. conjunções subordinativas (mesmo elípticas) – **Quando me** chamaram, era tarde. Peço a V. Alteza **me dispense (que me dispense)**.
7. advérbios não seguidos de vírgula – **Aqui me** sinto bem.
8. gerúndio precedido da preposição **"em"** – **Em se tratando** de você...
9. infinitivo pessoal regido de preposição – **Por se considerarem** honestos, sentiram-se injustiçados.

10. orações optativas com o sujeito anteposto ao verbo – **Deus te proteja.**
11. orações exclamativas iniciadas por expressão exclamativa – **Como te exibes!**
12. orações interrogativas iniciadas por um vocábulo interrogativo – **Quem te falou?**

2) Mesóclise

<u>Usa-se a mesóclise</u>; quando o verbo estiver no futuro do presente ou no futuro do pretérito:
Exemplos: **Amar-te-ei** para sempre.
Procurar-te-ei a vida toda.

a) Quando a próclise for obrigatória. (mesóclise proibida)

Palavra negativa
↓
Não se aplaudirão desavenças.
(mesóclise proibida).

b) Quando houver sujeito expresso, anteposto ao verbo (mesóclise facultativa).
A viagem **te animará** – ou – A viagem **animar-te-á**. (mesóclise facultativa).

(Suj. expresso anteposto ao verbo)

3) Ênclise

Usa-se a ênclise quando o verbo estiver:

1. no imperativo afirmativo – **Levanta-te** depressa!
2. no infinitivo impessoal – **Esperá-lo** não custa.
3. no gerúndio – **Vendo-nos**, surpreendeu-se.
4. iniciando frase – **Falei-lhe**.

- As formas verbais do **infinitivo pessoal, do imperativo afirmativo e do gerúndio** exigem a ênclise pronominal.
Exemplos: Essas ordens devem **cumprir-se** rigorosamente.
Aqui estão as ordens: **cumpra-as**.
Afastando-se dos objetivos iniciais, não atingiu a meta.

- Se o gerúndio vier precedido da preposição **em**, antepõe-se o pronome (próclise):

Exemplo: **Em se tratando** de concursos, o concorrente deve estudar muito.

- A ênclise é forçosa em início de frase. Não se principia frase com pronome átono.

Exemplo: Dê-me um suco, por favor. (e não: Me dê um suco, por favor)

Observações

1) O futuro do presente, o futuro do pretérito e o particípio não aceitam a ênclise.

    Exemplos: Não te perdoarei.

                Perdoar-te-ei tuas ofensas.

2) Nas orações principais, coordenadas ou absolutas, a próclise ou a ênclise são facultativas.

    Exemplos: Eu me arrependo.

                Eu arrependo-me.

3) Com os infinitivos impessoais, precedidos de preposição ou locução prepositiva, a próclise ou a ênclise são facultativas.

    Exemplos: Tudo fez para agradar-lhe.

                Tudo fez para lhe agradar.

Nota: A ênclise, porém, é usada, quase que, exclusivamente, com os pronomes (o, a, os, as) e as preposições "a" e "por", regendo infinitivo impessoal.

    Exemplos: Continuou a esperá-lo.

                Tudo fez por consegui-lo.

Colocação enclítica dos pronomes oblíquos

- Geralmente o acréscimo dos pronomes oblíquos (te, vos, lhe) ao verbo não implica transformação nesse verbo.

Exemplos: solicitamos + te   = solicitamos-te

           agradar   + vos = agradar-vos

           tomar   + lhe = tomar-lhe

Porém, quando o pronome oblíquo é "o", "a", "os", "as" devemos considerar o seguinte:

3.1 Verbo terminado por R, S ou Z

Quando a pessoa verbal termina por "**r**," "**s**" ou "**z**", cortam-se essas letras e acrescenta-se "**L**" antes do pronome oblíquo.

Exemplos: envia**r**   + o = enviá-lo
           observamo**s** + o = observamo-lo
           fi**z**   + o = fi-lo
           repõe**s**   + o = repõe-lo

Observação
Essa regra é válida também para os verbos "partidos" (fut. do pres. e fut. do pret.).   Exemplos: observarei + o = observá-lo-ei   observaria + o = observá-lo-ia

3.2 Verbo terminado por M ou ditongo nasal

Quando a pessoa verbal termina por "**m**" ou por **ditongo nasal** (ão, õe), acrescenta-se "**n**" antes do pronome oblíquo.

Exemplos: leva**m**   + o = levam-no
           d**ão**   + o = dão-no
           rep**õe**   + o = repõe-no

3.3 Casos tipo "subscrevemo-nos"

Por uma questão de eufonia, corta-se o "**S**" final das formas verbais que se assemelham aos seguintes casos:

Exemplos: subscrevemo**s** + nos = subscrevemo-nos
           firmamo**s**   + nos = firmamo-nos

Nos outros casos, apenas acrescentamos o pronome oblíquo ao verbo, sem qualquer modificação.

Exemplos: solicitamos + lhe = solicitamos-lhe
           manda   + o   = manda-o

4. O pronome oblíquo nas locuções verbais

Como já se viu, as locuções verbais têm, como segundo termo, um infinitivo, um gerúndio ou um particípio.

Exemplos: Ele **vai casar** na próxima semana.
Ela **está estudando** Sociologia.
Temos saído frequentemente.

Observação		
Quanto à colocação do pronome, o particípio não admite a ênclise. Temos então as seguintes hipóteses:		
	Infinitivo	**Gerúndio**	**Particípio**
Próclise	O aluno se deve aplicar.	O aluno se vem aplicando.	O aluno se tem aplicado.
Mesóclise	O aluno deve-se aplicar.	O aluno vem-se aplicando.	O aluno tem-se aplicado.
Ênclise	O aluno deve aplicar-se.	O aluno vem aplicando-se.	

1. A próclise, motivada por advérbios, pronomes e conjunções, deixa de ser obrigatória nas locuções verbais.

Exemplos: Não devo dar-lhe mais explicações.
Escuta, com paciência, quem vem-te falar.
Quando veio avisar-me, era tarde.

2. Gramaticalmente a proibição de começar uma frase por pronome oblíquo é rigorosa, sobretudo na língua escrita.

Estilisticamente, porém, tal emprego é permitido, hajam vista os escritores modernos.

Na língua oral, no Brasil, a próclise é amplamente usada.

Tal uso não é comum em Portugal.

Exemplos: Me estenda a mão (Brasil).
Estenda-me a mão (Portugal).

3. A colocação mais comum, contudo, na "língua falada" **é a próclise com o infinitivo ou o gerúndio.**

Exemplos: Devo-lhe mandar o livro hoje. (pode ficar sem o hífen)
Nada devo-lhe contar.
Vinha-se arrastando pelas ruas.
Todos estavam-nos esperando.

4. Havendo preposição entre o verbo auxiliar e o infinitivo, a colocação do pronome é facultativa:

Exemplos: A moça há de acostumar-se com a vida de casada.
A moça há de se acostumar com a vida de casada.

5. Com a preposição a **e o pronome oblíquo** o (e variações), **o pronome deverá ser colocado depois do infinitivo:**

Exemplo: Tornou a vê-los depois do casamento.

COM VERBO AUXILIAR + PARTICÍPIO

– **Se não houver fator que justifique a próclise, o pronome ficará depois do verbo auxiliar:**
Exemplo: Haviam-*me* oferecido um bom emprego.

– **Se houver fator que justifique a próclise, o pronome ficará antes do verbo auxiliar:**
Exemplo: Não *me* haviam oferecido nada de bom.

– **É comum na** "língua falada" **o uso da próclise ao particípio:**
Exemplos: Haviam *me* oferecido um bom emprego. (língua falada sem hífen)
Não haviam *me* oferecido nada de bom.

Exercícios de Fixação

1. Nas frases abaixo os pronomes oblíquos átonos estão colocados inadequadamente ou de acordo com a língua falada. Reescreva-as, colocando os pronomes conforme orientação da norma culta.

a) Embora __ mantivesse-o preso, a polícia tinha certos cuidados.

b) Lhe disse __ poucas e boas.

c) Os ratos e restos de comida lhe representaram __ um banquete.

d) Se entediavam __ de tanto assistir, aos domingos, aos programas de TV.

e) Muitos __ julgavam-no o líder de nossa turma.

f) Nada __ ajudá-lo-á nessa fase de rebeldia.

g) Me solicitaram __ os documentos necessários para a internação no hospital.

h) Venderia-lhe um carro tão cheio de defeitos _____?

i) Não __ digo-lhes nenhuma mentira para dar bom exemplo.

j) Nunca __ procurei-o para pedir favores.

k) Tudo __ falou-se sobre as doenças contagiosas.

l) Quando __ assustei-me com o ladrão, já era tarde.

m) Não __ joga-se comida fora.

n) Lhe ofereça __ a mercadoria a um bom preço.

o) Visitaria-o caso não chovesse _____.

p) Deus _____ acompanhe-o.

2. Desfaça a mesóclise de acordo com o modelo.

Encontrá-lo-ei às duas horas.
Não o encontrarei às duas horas.

a) Fá-lo-ei para você. _____

b) Explicar-lhe-emos a matéria. _____

c) Esclarecer-lhe-ei o assunto hoje. _____

d) Trá-lo-ei amanhã. _____

e) Dir-lhes-ei todas as verdades._____

f) Comprá-lo-ei para você. _____

3. Desfaça a mesóclise conforme o modelo.

Alugar-se-ão os apartamentos. **(voz passiva sintética)**
Os apartamentos serão alugados. **(voz passiva analítica)**

a) Vender-se-iam alguns livros. _____

b) Realizar-se-á uma reunião. _____

c) Terminar-se-ão todos os projetos. _____

d) Consertar-se-ão todos os buracos das ruas. _____

e) Procurar-se-ia um emprego mais adequado. _____

4. Introduza o pronome oblíquo átono dos parênteses nas locuções verbais.

a) O brasileiro **precisa __ habituar __** a ler mais. (se)
b) O sol **ia __ tornando __** cada vez mais forte. (se)
c) Ninguém comentava sobre o que **havia __ passado __** ali. (se)
d) Não **__ quiseram __ dizer __** nada sobre o acontecido. (me)
e) Você **há de __ acostumar __** nessa nova casa. (se)
f) **Voltei a __ encontrar __** depois de muitos anos. (o)
g) Devo **__ contar __** tudo. (lhe)
h) Tudo **__ devo __ contar __**. (lhe)
i) Não **__ havia __ lembrado** desse fato. (me)
j) Eu já **__ havia __ esquecido** de apagar o fogo. (me)

5. Introduza o pronome oblíquo átono, de acordo com a norma culta.

a) João estava cansado, **__ recebeu __** friamente. (me)
b) **Doamos __** o quadro. (lhe)
c) **Recebemos __** com certa expectativa. (o)
d) Teve ideia de assustar o irmão, mas **__ seguraram __**. (o)
e) **Deixe de __ magoar __** com essas aflições. (se)
f) O certo é que **__ sentíamos __** infelizes. (nos)
g) O hábito de **__ perfumarem __** logo de manhã era enjoativo. (se)
h) É muito rápido para **__ contar __** do meu amor. (lhe)

i) **Ajudai** __ uns aos outros. (vos)

j) **Segurei** __ no colo, enquanto a mãe procurava a mamadeira. (a)

k) **Apliquei** __ a injeção sem que ela sentisse dor. (lhe)

l) A verdade é que __ **percebia** __ inibida perto dele. (me)

m) Todos dirão que não __ **recordam** __ dessa história. (se)

n) **Diria** _____ que pouco sabíamos da matéria para a prova. (se)

o) A professora ____ **ensinaria** ____ , se houvesse silêncio. (lhe)

p) Em __ **falando** __ de pobreza no Nordeste, não __ **esqueçamos** __ de outras capitais em todo o Brasil. (se – nos)

q) Tenho __ **visto** __ pouco feliz. (a)

r) Preciso __ **mandar** __ os originais do livro de Gramática. (lhe)

s) Ao __ **encontrar** __ , percebi que o amava. (o)

t) O homem que __ **chamava** __ Paulo __ **confundiu** __ tomando o ônibus errado. (se – se)

u) Sabia que ____ **entenderíamos** ____ muito bem. (nos)

6. Informe quais colocações pronominais estão de acordo com a norma culta e conserte as demais no espaço ao lado.

a) Sustentar-se-ia com um pequeno salário, mas não deixaria o emprego do qual gostava. _____

b) Me falaram sobre o filme que denuncia os problemas brasileiros, mas não fui vê-lo. _____

c) Seria necessário ensinar-lhe educação. _____

d) Devo lhe mandar as crianças para passarem as férias aí. _____

e) Não amar-te-ei ainda que me convença. _____

GABARITO

Capítulo VIII

Colocação Pronominal

1)
- a) o mantivesse
- b) Disse-lhe
- c) representaram-lhe
- d) Entediavam-se
- e) o julgaram
- f) o ajudará
- g) Solicitaram-me
- h) Vender-lhe-ia
- i) lhes digo
- j) o procurei
- k) se falou
- l) me assustei
- m) se joga
- n) Ofereça-lhe
- o) Visitá-lo-ia
- p) o acompanhe

2) **Desfaça a mesóclise:**

- a) Não o farei...
- b) Não lhe explicaremos...
- c) Não lhe esclarecerei...
- d) Não o trarei...
- e) Não lhes direi...
- f) Não o comprarei...

3) **Desfaça a mesóclise conforme o modelo:**

Alugar-se-ão os apartamentos. (voz passiva sintética)
Os apartamentos serão alugados. (voz passiva analítica)

- a) Alguns livros seriam vendidos.
- b) Uma reunião será realizada.
- c) Todos os projetos serão terminados.
- d) Todos os buracos da rua serão consertados.
- e) Um emprego mais adequado seria procurado.

4) Introduza o pronome átono dos parênteses nas locuções verbais:

    a) ... precisa-se habituar / precisa habituar-se
    b) ... ia-se tornando / ia tornando-se
    c) ... se havia passado
    d) Não me quiseram dizer / Não quiseram dizer-me
    e) ... há de se acostumar / há de acostumar-se
    f) Voltei a encontrá-lo...
    g) Devo-lhe contar tudo. / Devo contar-lhe...
    h) Tudo lhe devo contar. / Tudo devo contar-lhe.
    i) Não me havia lembrado desse fato.
    j) Eu já me havia esquecido de apagar o fogo.

5) Introduza o pronome oblíquo de acordo com a norma culta:

    a) ... recebeu-me
    b) Doamos-lhe
    c) Recebemo-lo
    d) seguraram-no
    e) Deixe de se magoar.../Deixe de magoar-se
    f) ... que nos sentíamos...
    g) o hábito de se perfumarem.../ou o hábito de perfumarem-se
    h) contar-lhe
    i) Ajudai-vos
    j) Segurei-a
    k) Apliquei-lhe
    l) que me percebia
    m) ... não se recordam
    n) Dir-se-ia...
    o) ...ensinar-lhe-ia
    p) Em se falando.../não nos esqueçamos
    q) Tenho-a visto pouco feliz.
    r) Preciso-lhe mandar / Preciso mandar-lhe
    s) Ao encontrá-lo...
    t) ... que se chamava Paulo, confundiu-se...
    u) ... que nos entenderíamos

6) Informe quais as colocações pronominais estão de acordo com a norma culta:

(a) correta
(b) Falaram-me
(c) correta
(d) Devo-lhe mandar – Devo mandar-lhe
(e) Não te amarei...

CAPÍTULO IX

SINTAXE

- Crase
- Dica Preciosa
- Exercícios de Fixação
- Gabarito

CRASE

USA-SE A CRASE:

a) Antes de **hora certa**.
Ex.: Ele saiu às duas horas.

b) Antes de **locuções adverbiais femininas**.
Ex.: Ele saiu à noite.

c) Quando houver a palavra **moda** ou **maneira** subentendida.
Ex.: Comemos bacalhau à portuguesa.

d) Quando está **implícita uma palavra feminina**.
Ex.: Esta religião é semelhante à dos hindus. (a religião)

e) Sempre que ocorrer **ao** no masculino há crase no **a** do feminino.
Ex.: Falei **à** diretora.
Ex.: Falei **ao** diretor.

f) Antes de **Virgem Maria**.
Ex.: Ele orou **à** Virgem Maria.

g) Há crase **antes de hora acompanhada de preposição (da = de + a)**
Ex.: Trabalharei **das** sete **às** nove.

h) Há crase **apenas antes** destes pronomes de tratamento: **senhora, senho-rita, madame, dona** (este quando vem precedido de adjetivo).
Ex.: Dirigi-me à senhora Alda na secretaria.
Ex.: Dirigi-me à <u>ilustre dona</u> Benta no Sítio do Pica-pau-Amarelo.

Dica Preciosa

O verbo transitivo direto não pede crase.
Ex.: **Encontrei** a revista atrás da cadeira.

Coloca-se **com, para** antes do **a**, se encaixar é porque houve mesmo a crase.
Ex.: Falei **para a** diretora. Falei **à** diretora.

Pode ser qualquer preposição antes do **a**.
Exs.: Falei **com a diretora**. Falei **à** diretora.
Insensíveis **à** dor alheia. Insensíveis **com a dor alheia**.

i) Palavra casa se **a casa for alheia**.
   Ex.: Vou à **casa de Paulo**.

j) Com os verbos de movimento: **ir, chegar, vir, voltar**.
   Exs.: **Voltei da ...**   **Cheguei na...**   **Vim da...**
         Vou à Bahia.
         Vou à França.
         Vou à Europa.

k) Antes da palavra **distância se estiver determinada**.
   Ex.: Via-se um tubarão à **distância de 500m** em Pernambuco.

A CRASE É OBRIGATÓRIA NAS SEGUINTES LOCUÇÕES:
Locuções Prepositivas, Adverbiais e Conjuntivas, desde que sejam femininas.

Exs.:		
à queima-roupa	às pressas
à maneira de	à custa de
às cegas	à vontade (de)
à noite	à moda de
às tontas	às mil maravilhas
à força de	à tarde
às vezes	às oito horas
às escuras	às dezesseis horas
à medida que	etc.

l) Palavra **terra; no sentido de chão, lugar – à**.
   Ex.: Ir à **terra** onde nasceu. (lugar)

m) Aquele, aquela, aquilo; tem crase se no lugar deles encaixar: **a esta, a este, a isto**.
   Ex.: Referi-me àquela moça. (Referi-me a esta moça).

NÃO EXISTE CRASE:

a) **Antes de substantivo masculino.**
   Ex.: Andaram **a cavalo**.

b) **Antes de verbos.**
   Ex.: Ficamos **a admirar** a paisagem.

c) **Antes de artigo indefinido.**
Ex.: Refiro-me **a uma** pessoa educada.

d) **Antes de pronomes de tratamento.**
Ex.: Trouxemos **a Vossa Majestade** uma mensagem de paz.

e) **Antes dos pronomes demonstrativos ESTA e ESSA.**
Ex.: Não me refiro **a esta** carta.

f) **Antes dos pronomes pessoais.**
Ex.: Nada revelei **a ela.**

g) **Antes de pronomes indefinidos, exceto OUTRA.**
Ex.: Direi isto **a qualquer** pessoa.

h) **Quando o "a" estiver no singular** e a **palavra seguinte** estiver **no plural.**
Ex.: Falei **a vendedoras** desta firma.

i) **Quando, antes do "a", existir preposição.**
Ex.: Os papéis estavam **sob a** mesa.

j) **Com expressões repetitivas.**
Ex.: Eles estavam **frente a frente.**

k) **Com as expressões tomadas de maneira indeterminada.**
Ex.: Ele foi submetido **a dieta leve.**

l) **Antes de horas,** ou seja, no começo e fim de um horário **com apenas a preposição "de".**
Ex.: Trabalhei **de** sete **as** onze horas.

m) **Antes de nomes de personalidades históricas.**
Ex.: A história geral faz alusões **a** Joana d'Arc.

n) **Depois de verbos transitivos diretos.**
Exs.: Paguei **a** conta. (a = artigo)
Li **a** mensagem. (a = artigo)

CRASES FACULTATIVAS

Ex.: Enviamos um telegrama à Marisa.
Enviamos um telegrama a Marisa.

Ex.: Pediu informações à minha secretária.
Pediu informações a minha secretária.

Ex.: O ladrão foi ferido à faca.
O ladrão foi ferido a faca. (mais correta)

Ex.: Ele escreve à máquina.
Ele escreve a máquina. (mais correta)

Ex.: Ir até à vila.
Ir até a vila.

Ex.: Comprei à vista.
Comprei a vista. (a prazo) (mais correto)

Exercícios de Fixação

I – Nas frases abaixo, indique a crase, quando houver:

1 — Dirijo-me **a** Vossa Senhoria **a** fim de comunicar-lhe o programa **a** respeito de minha excursão **a** Europa.
2 — Mostrou-se submisso **as** decisões da comissão.
3 — Quem falta **a** sua palavra, não merece **a** estima dos amigos.
4 — Esta advertência não se destina **a**queles alunos que vêm **as** aulas.
5 — **A** crise de dinheiro leva-nos **a** circunstâncias angustiantes.
6 — Estava **a** procura do carro, **a** olhar para todos os lados.
7 — Graças **a** ela houve obediência **as** regras do jogo.
8 — Desejamos **a** todos que sejam felizes na sua viagem **a** Manaus.
9 — **A** rua **a** que te referes não é tão calma quanto **a** que apareceu na revista.
10 — Quanto **a**quele caso, não aceitamos **as** suas desculpas.
11 — Saiu **a** cavalo e voltou **a** tardinha.
12 — Boa mãe é **a** que orienta **a** criança **a** enfrentar **a** vida e não **a** que quer o filho sempre junto **a** si.

13 — Chegou **a** uma hora, e todos já estavam **a** mesa para almoçar.

14 — Prefiro morrer **a** viver submisso.

15 — Vai **a** Brasília em visita **a** parentes.

16 — Foi **a** terra de seus antepassados e, **a** distância, ia saboreando um mundo de recordações.

17 — Os astronautas desceram **a** Terra precisamente **as** 15h30min.

18 — **A** capacidade e **a** pesquisa dos tecnocratas deve **a** nossa civilização o rumo vertiginoso do progresso.

19 — Resistiremos **a** qualquer pressão, pois não renunciaremos **a** liberdade.

20 — Assistiu **a** enferma hora **a** hora, minuto **a** minuto.

II – Testes de Escolha Múltipla:

De acordo com o código abaixo, assinale as proposições que estejam corretas:

A – se I e II estiverem corretas.

B – se I e III estiverem corretas.

C – se II e III estiverem corretas.

D – se todas estiverem corretas.

E – se nenhuma estiver correta.

1)   I   – O suplemento literário é publicado as segundas e quintas.

        II – Mandou uma carta à redação do jornal.

( ) III – Percorreu a cidade às pressas.

2)   I   – Na reunião, houve referência à mudança de currículo.

        II – A menina sentou-se a beira da estrada.

( ) III – Relatou a Sua Excelência o encontro entre jornalistas e deputados.

3)   I   – As cordas atadas uma às outras, sustentavam a embarcação.

        II – Usava bolsa à tiracolo à moda da época.

( ) III – Confiou a execução da tarefa a uma pessoa experiente.

4)   I   – Não se subtrai à defesa do povo, nem a causa dos justos.

        II – Chegaram, uma à uma, ao saguão.

( ) III – Falamos à essas criaturas, incitando-as à cooperação.

5)   I   – Dirigiu-se a Roma, mas não pôde ir à Paris dos seus sonhos.

        II – Serviram bacalhau à Gomes de Sá.

( ) III – Procedemos à leitura da ata.

III – Testes de Escolha Simples:

1 – Muitas vezes os educadores erram, porque pretendem que ... vida da criança não seja diferente da do jovem e... deste da do homem maduro. Aquilo que agrada... velhice geralmente não atrai ...juventude. É preciso compreender... diferenças individuais e etárias para se dosar... educação.

    (a)   à — a — a — a — às — a
    (b)   a — a — à — a — as — a
    (c)   a — à — à — a — as — à
    (d)   à — à — à — a — as — a
    (e)   a — a — a — à — às — à

2 – Ela sentiu-se... vontade, falando... claras... respeito do crime.

    (a)   a — as — a
    (b)   à — as — à
    (c)   à — às — à
    (d)   à — às — a
    (e)   a — às — a

3 – ... muitos anos que ele ...procura, percorrendo ... estrada que vai ...Santa Maria.

    (a) Há — a — a — a
    (b) Há — a — a — à
    (c) A — a — a — a
    (d) A — a — à — a
    (e) Há — à — a — a

4 – ... medida que o tempo passava, ele sentia que perdia ... vontade de viver e que ... morte chegaria ... qualquer momento.

    (a) A — a — a — a
    (b) À — a — a — à
    (c) À — a — a — a
    (d) A — à — a — a
    (e) À — a — à — a

GABARITO

Capítulo IX

Crase

I – Nas frases que se seguem, indique a crase, quando houver:

1) à Europa
2) às decisões
3) à sua palavra
4) àqueles alunos...às aulas
5) ------
6) ...à procura
7) ...às regras
8) ------
9) ------
10) ...àquele caso
11) ... à tardinha
12) ------
13) ... à uma hora ... à mesa
14) -------
15) -------
16) ... à terra dos seus antepassados
17) ...à Terra às 15h30min
18) À capacidade ... à pesquisa
19) ...à liberdade
20) à enferma

II – Testes de Escolha Múltipla:

1) (c)
2) (b)
3) (d)
4) (e)
5) (d)

III – Testes de Escolha Simples:

1) (b)
2) (d)
3) (a)
4) (c)

CAPÍTULO X

SINTAXE

- Pontuação Gráfica
- Dica Preciosa
- Síntese da Unidade
- Exercícios de Fixação
- Gabarito

PONTUAÇÃO GRÁFICA

Pontuação é o conjunto de **sinais** que representam, na língua escrita, as **pausas** e a **entoação** da língua falada. Ela é composta dos seguintes sinais:

1	– vírgula	(,)
2	– ponto e vírgula	(;)
3	– ponto	(.)
4	– ponto de interrogação	(?)
5	– ponto de exclamação	(!)
6	– dois pontos	(:)
7	– reticências	(...)
8	– aspas	(" ")
9	– travessão	(—)
10	– parênteses	(( ))

> *Esforcemo-nos para que cada um de nós*
> *possa colocar um ponto-final na violência.*

1 – Vírgula

A vírgula marca uma pausa de pequena duração.

É proibido o uso da vírgula para separar:

a) sujeito e predicado

Exemplo:
O IBAMA convocou uma reunião com o MST.
　Sujeito 　　　　　 predicado

b) o verbo e seus complementos (objeto direto e indireto).

Exemplo:
Comunicamos ao prezadíssimo amigo que estaremos a seu inteiro dispor.
　verbo 　　 objeto indireto 　　　　　 objeto direto

Emprega-se a vírgula nos seguintes casos:

a) Para separar termos da mesma função sintática:
Exemplos:
A casa ficou **enorme, vazia, escura** sem a presença dos filhos.
Gostava **dos amigos, da cidade, das coisas.**

b) Para isolar o aposto:
Exemplo:
Leonardo da Vinci, **espírito enciclopédico**, foi a alma da Renascença.

c) Para isolar o vocativo:
Exemplos:
Podem sair, **meninos**, pois a aula terminou.
Maria, por que não respondes?

d) Para isolar o adjunto adverbial deslocado (vírgula não obrigatória, mas aconselhável):
Exemplos:
"Ama, **com fé e orgulho**, a terra em que nasceste." (Olavo Bilac – "A Pátria")
Dizem que, **na cidade de Varginha**, apareceu um ET.
Durante a peça teatral não se escutou um só ruído.
Explique, **sem constrangimento**, qual o seu problema.

Observação

Quando o Adjunto Adverbial for constituído de um só termo, mesmo que esteja deslocado, não há necessidade de vírgula. Porém, se se quiser enfatizar a expressão, poder-se-á usar este recurso de pontuação.
Exs.: **Ali** várias pessoas discutiam. / **Ali,** várias pessoas discutiam.

e) Para separar a localidade da data e nos endereços:
Exemplos:
Brasília, 21 de abril de 1960.
Brasília, abril de 1986.
Praça dos Três Poderes, anexo II.

f) Para marcar a supressão do verbo:
Exemplos:
Eu fui de ônibus, e ela, de avião (= ela foi de avião).
Nós tivemos só alegrias; eles, só tristezas (= eles tiveram só tristezas).

g) **Para isolar certas expressões (exemplificativas ou de retificação), tais como**: por exemplo, além disso, isto é, a saber, aliás, digo, minto, ou melhor, ou antes, outrossim, com efeito etc.

Exemplo:

Observe, **por exemplo,** o edital publicado no Diário Oficial de quinta-feira passada.

h) **Para isolar o predicativo deslocado (vírgula não obrigatória, mas aconselhável):**

Exemplos:

A mulher, **desesperada**, correu em seu socorro.

Desesperada, a mulher correu em seu socorro.

Observação

Se estivesse em ordem direta, o período ficaria assim:
A mulher correu desesperada em seu socorro.

i) **Para separar as conjunções deslocadas:**

Exemplos:

Estou doente; não contem, **portanto**, comigo.

Durante o ano, trabalhamos muito; nas férias, **porém,** viajamos.

Tudo não passou de um mal-entendido; façamos, **pois**, as pazes.

Observação

Quando as conjunções vêm em sua posição normal, não se coloca vírgula depois delas.

Exemplo:

Passamos um certo trabalho na infância, porém hoje desfrutamos alguma segurança.

j) **Para isolar os elementos repetidos:**

Exemplo: Verinha **pulou, pulou, pulou** carnaval até cansar...

k) **Para separar orações coordenadas:**

Exemplos:

Vim, **vi, venci.**

Estudou, **mas não conseguiu aprovação.**

Vá de uma vez, **porque vai chover** (= pois).

Observação

As conjunções **E, NEM** e **OU** normalmente não são virguladas. A vírgula poderá, no entanto, ser usada nos seguintes casos:

a) **OU** → se houver retificação ou alternativa.
Exemplo: Ou tudo, ou nada.

b) **E** → se os sujeitos forem diferentes.
Exemplo: Chegou o dia da partida, e as seleções defrontaram-se.

c) **NEM** → para separar orações aditivas negativas, iniciadas pela conjunção **NEM**.
Exemplo: O louco não entrava, nem saía, nem se calava.

l) **Para separar o complemento do verbo (quando vier anteposto a esse e houver um outro complemento – pleonástico):**
Exemplos:
Paciência, melhor não perdê-**la**.
  O.D.   O.D. pleonástico

O homem, fê-**lo** Deus à sua semelhança.
  O.D.   O.D. pleonástico

Ao pobre, não **lhe** devo. **Ao rico**, não **lhe** peço.
  O.I.   O.I.   O.I.   O.I.
       pleonástico   pleonástico

m) **Para separar orações intercaladas:**
Exemplo:
Abaixem as velas, **gritava o corsário**, que a tempestade vem forte.

n) **Para separar orações adjetivas explicativas (ou não - restritivas):**
Exemplos:
A água, **que é incolor**, tem por fórmula H_2O.
O gelo, **que é frio**, conserva os alimentos.
Aqueles homens, **que a tudo assistiam com interesse**, ficaram perplexos.

Observação

As orações adjetivas restritivas não são obrigatoriamente separadas por vírgula, dependendo isso da extensão do período e do encontro dos verbos.

Exemplos:
O aluno **que é responsável** não cria problemas.
A água **que contém veneno** não deve ser ingerida.
O homem **que falou, representou**-me na assembleia. (encontro de verbos)

o) **Para separar as orações adverbiais (reduzidas ou não), com exceção da comparativa e conformativa, quando o verbo estiver elíptico:**
   Exemplos:
   Não chegou a tempo, **porque sofreu um acidente.**
   Era tão simpática, **que todos a elogiavam.**
   Enquanto não arruma emprego, seu pai manda-lhe uma mesada.
   Sua casa, **embora seja pequena,** é bem ventilada.
   Saciada a sede, ela deitou-se para descansar.
   Ao vê-la triste, compreendeu que havia errado.
   Cumprimentando pela formatura, envio-te um abraço.
   Ela é tão inteligente **como a irmã** (comparativa).
   Ela sairá **conforme o tempo** (conformativa).

Observação

As orações substantivas não são virguladas por se constituírem em termos integrantes (objeto, complemento nominal etc.) ou essenciais (sujeito, predicativo).

Exemplos:
    <u>Eu</u>   <u>quero</u>   <u>que me leve ao teatro.</u>
  sujeito núcleo do   objeto direto
          predicado

    <u>Urge</u>   <u>que se apresse.</u>
  núcleo do   sujeito
  predicado

2 – Ponto e vírgula

O ponto e vírgula tem duração um pouco maior do que a da vírgula. Coloca-se como intermediário entre a vírgula e o ponto.

Emprega-se nos seguintes casos:

a) **Para separar orações coordenadas de uma certa extensão:**
   Exemplo:
   "De repente, arma-se um temporal, que parecia vir o mundo abaixo; o vento era tão forte, que do mar, apesar da escuridão, viam-se contradançar no espaço as telhas arrancadas da cidade alta."
   Manuel Antônio de Almeida – "Memórias de Um Sargento de Milícias".

b) **Para separar partes de um período que já se encontram interiormente separadas por vírgulas:**
   Exemplo:
   A vida para uns é bela, é alegre, só traz felicidade; para outros, um fardo pesado a carregar.

c) **Para separar orações coordenadas assindéticas de sentido contrário:**
   Exemplos:
   Cláudio é ótimo filho; Paulo, ao contrário, incomoda os pais.
   Marta gosta muito de acampar; Lúcia, por sua vez, não aprecia esse tipo de programa.

d) **Para separar orações coordenadas adversativas e conclusivas com conectivo deslocado:**
   Exemplos:
   O exame de Física foi bastante difícil; o de Geografia, entretanto, foi bem melhor.
   Consegui uma folga; aceitarei, por conseguinte, o teu convite.

e) **Para separar os diversos itens de uma lei, de uma exposição de motivos etc.**
   Exemplo:
   "Art. 187 – O processo será iniciado:
   I – por auto de infração;
   II – por petição do contribuinte interessado;
   III – por notificação ou representação verbal ou escrita."

   Código das Penalidades e do Processo Fiscais

3 – Ponto

O ponto assinala a pausa de máxima duração.
Quando separa períodos escritos na mesma linha, chama-se **ponto simples**.
Quando separa períodos em linhas diferentes, chama-se **ponto parágrafo**.
Quando termina um enunciado, chama-se **ponto-final**.

Emprega-se o ponto nos seguintes casos:

a) **Para encerrar períodos:**
   Exemplo:
   "Lá pelas tantas, um de nós encostava a cabeça no companheiro mais próximo e fechava os olhos cansado[1]. Depois outro; depois outro[2].
   E quando vovó Candinha acabava a história, todos nós dormíamos uns encostados aos outros, a sonhar com os palácios do fundo do mar, com as fadas e as princesas maravilhosas[3]."

   1 = **ponto simples**
   2 = **ponto parágrafo**
   3 = **ponto-final**

b) **Para abreviar as palavras:**
   Exemplos:
   V. Exa. (Vossa Excelência)
   Dec.   (Decreto)
   S.O.P. (Secretaria de Obras Públicas)

4 – Ponto de Interrogação

O ponto de interrogação é uma pausa com uma melodia característica (entoação ascendente).

Emprega-se nos seguintes casos:

a) **Após as interrogações diretas.**
   Exemplos:
   Por que não estuda?
   Que dia é hoje?

Observações

a) Pode-se combinar o ponto de interrogação com o ponto de exclamação, quando a pergunta traduzir surpresa.
Exemplo:
O real passou a valer tanto quanto o dólar.
– O quê?!

b) Nas interrogações indiretas não se usa ponto de interrogação ou entoação ascendente.
Exemplo:
Não sei por que existe discórdia entre os povos.

5 – Ponto de Exclamação

O ponto de exclamação tem pausa e entoação não uniformes e pertence mais à Estilística do que à Gramática.

Emprega-se nos seguintes casos:

a) Nas frases exclamativas:
Exemplo:
"A enxurrada, coando pelo leito pétreo das nascentes e do curso do regato, não conseguira macular o cristal das águas!"

Tristão de Ataíde – "Afonso Arinos"

b) Nas frases imperativas:
Exemplo:
"Andrada! Arranca esse pendão dos ares!
Colombo! Fecha a porta dos teus mares!"

Castro Alves – "O Navio Negreiro"

c) Após as interjeições:
Exemplo:
"Ó Pátria amada,
Idolatrada,
Salve! Salve!"

Hino Nacional

6 – Dois Pontos

Os dois pontos marcam uma suspensão de voz em uma frase ainda não terminada.

Emprega-se nos seguintes casos:

a) Antes de uma citação (letra maiúscula após a pontuação):
Exemplos:
"E o pastor prosseguiu:
– Sois vós realmente os verdadeiros ouvintes do meu sermão de hoje sobre a mentira."

João Ribeiro – "Cartas Devolvidas"

E o professor respondeu:
– Sim, todos os alunos serão homenageados pela formatura.

b) Antes de uma enumeração (letra minúscula após a pontuação):
Exemplos:
Duas coisas pretendo conseguir neste ano: muitos alunos e vagas para eles na UnB e CMB.
Comprou diversas coisas no supermercado: artigos de limpeza, gêneros alimentícios e brinquedos.

c) Antes de um esclarecimento (em que os dois pontos substituem a supressão de uma conjunção):
Exemplos:
Sou uma mãe muito feliz: tenho dois filhos maravilhosos.
Quando eu o vi, fiquei contente: sabia que me traria boas notícias.

Dica Preciosa

Tenta-se substituir os dois pontos por um "porquê".
Se der, então é uma explicação.

d) Antes de uma complementação (letra minúscula após a pontuação):
Exemplos:
Aquela mãe preocupa-se com uma coisa: o futuro dos filhos.
A situação do Iraque com os Estados Unidos causou uma crise generalizada: o terrorismo se espalhou pelo mundo inteiro.

Observação

Nos vocativos de cartas, ofícios etc., usa-se vírgula, ponto, dois pontos ou ausência de pontuação, sendo mais frequentes, as duas últimas opções:
Exemplos: Senhor Diretor,   Senhor Diretor
           Senhor Diretor: Senhor Diretor

---

7 – Reticências

As reticências marcam uma suspensão da frase e ligam-se mais à Estilística do que à Gramática.

O seu emprego é variado. Eis alguns exemplos:

a) Em citações não completas:
"...Inácio avermelhou de novo e novamente saiu fora de si."
Monteiro Lobato – "Cidades Mortas"

"A cara larga do velho, toda raspada, os cabelos brancos..."
José Lins do Rego – "Fogo Morto"

b) Para indicar uma interrupção brusca da frase:
"– Não ... quar ... quaren ... quar ..."
Machado de Assis

c) Para indicar que o término da frase deve ser imaginado pelo leitor:
"Mas um dia ... me ausentaram..."
Juvenal Galeno – "Cajueiro Pequenino"

d) Para indicar ironia:
O Presidente Bush foi "muito sensato": ao mesmo tempo que os aviões americanos atiravam mísseis no Iraque, também jogavam sacos de alimentos à população...

8 – Aspas

São empregadas nos seguintes casos:

a) **Citações ou transcrições literárias.**
   Exemplo:
   "Como dois e dois são quatro sei que a vida vale a pena embora o pão seja caro e a liberdade pequena." (Ferreira Gullar)

b) **Palavras ou expressões estrangeiras.**
   Exemplo:
   Não temos "chopp" escuro.

c) **Para realçar uma expressão com ironia.**
   Exemplo:
   João, com seus 90 quilos, está "fraquinho"...

d) **Para assinalar um termo que precisa ser realçado.**
   Exemplo:
   A palavra "que" pode ser analisada de diversas maneiras.

e) **Para gírias e expressões de nível vulgar.**
   Exemplo:
   O baile "bombou". Estava "massa".

Observação

a) Quando as aspas abrangem parte do período, o sinal de pontuação é colocado depois delas.
   Ex.: Fomos à Itália a bordo de um avião "Alitália".

   Quando as aspas abrangem todo o período, o sinal de pontuação é colocado antes dela.
   Ex.: "Nem tudo o que reluz é ouro."

b) Quando já há aspas numa citação ou numa transcrição, usa-se a "aspas simples" ou o "negrito".
   Ex.: "Até já se falava em 'impeachment', mesmo antes da renúncia de Fernando Collor."
   "Até já se falava em **impeachment**, mesmo antes da renúncia de Fernando Collor."

9 – Travessão

É empregado nos seguintes casos:

a) **Para indicar, nos diálogos, mudança de interlocutor.**
   Exemplo:
   – Torce para que time, professora?
   – Para o Cruzeiro — o grande campeão dos últimos anos.

b) **Para isolar termos ou orações intercaladas (como desempenha função análoga à dos parênteses, usa-se geralmente o travessão duplo):**
   Exemplo:
   "Eles eram muitos cavalos,
   – rijos, destemidos, velozes –
   entre Mariana e Serro Frio,
   Vila Rica e Rio das Mortes."

   Cecília Meireles – "Romanceiro da Inconfidência"

Observação

Às vezes usa-se o travessão em lugar dos dois pontos.
Exemplo:
"Era mesmo o meu quarto – a roupa da escola no prego atrás da porta, o quadro da santa na parede, os livros na estante de caixote que eu mesmo fiz, aliás, precisava de pintura."

José J. Veiga – "Os cavalinhos de Platiplanto"

---

10 – Parênteses

São utilizados nos seguintes casos:

a) **Para intercalar uma explicação acessória:**
   Exemplos:
   "Presenciada, no entanto, por testemunhas idôneas, largamente falada nas ladeiras e becos escusos, a frase final repetida de boca em boca, representou, na opinião daquela gente, mais que uma simples despedida do mundo, um testemunho profético, mensagem de profundo conteúdo (como escreveria um jovem autor de nosso tempo)."

   Jorge Amado – "Os Velhos Marinheiros"

   Chacrinha (o velho guerreiro) jamais será esquecido.

b) Para intercalar uma manifestação emocional:
Exemplo:
Durante o jogo, um jogador do time de Portugal sofreu um ataque fulminante. Os companheiros inconsoláveis (com olhos cheios de lágrimas) entenderam uma triste realidade: estava morto.

SÍNTESE DA UNIDADE

Principais empregos da vírgula

1. No período simples, a vírgula é usada para:

a) separar termos coordenados.
Exemplo: Ele quer *carinho, ajuda, compreensão.*

b) separar o aposto.
Exemplo: Campinas, *cidade paulista,* é um grande polo industrial.

c) separar o vocativo.
Exemplo: Não se preocupe, *meu amigo,* com esses detalhes.

d) separar adjunto adverbial deslocado.
Exemplo: A cidade, *no fim da tarde, é* mais triste.

e) indicar elipse do verbo.
Exemplo: Vocês vão ao teatro; nós, ao jogo de futebol.

2. No período composto, a vírgula é usada para:

a) separar orações coordenadas não ligadas por e.
Exemplo: Ele é velho, mas é dinâmico.

b) separar orações subordinadas adverbiais (principalmente as que aparecem antes da oração principal).
Exemplo: *Se não fizer frio,* iremos ao clube.

c) separar orações subordinadas adjetivas explicativas.
Exemplo: Florianópolis, *que fica numa ilha, é* a capital de Santa Catarina.

d) **separar orações coordenadas com sujeitos diferentes unidos por e**.
Exemplo: *Os professores* ensinam, **e** *os alunos* aprendem com facilidade.

Principais casos em que a vírgula é proibida

1. No período simples não se usa a vírgula:

a) **entre o sujeito e o predicado.**
Exemplo: Os brasileiros comemoraram os quatrocentos e cinquenta anos da cidade de São Paulo.

b) **entre o verbo e o objeto.**
Exemplo: Na confusão, ninguém se lembrou da saída de emergência.

c) **entre o nome e seus adjuntos adnominais e complemento nominal.**
Exemplos:
Todos os jogos do campeonato foram cancelados.
Você estava desconfiado da atitude dele.

d) **entre dois termos ligados por nem / ou / e.**
Exemplo:
Você não comprou o carro *nem* a casa.

2. No período composto não se usa a vírgula:

a) **entre duas orações coordenadas ligadas por "e" que tenham o mesmo sujeito.**
Exemplo: Ele foi à cidade e vendeu a colheita.

b) **entre oração principal e oração subordinada substantiva.**
Exemplo: Ele nos garantiu que conhecia o caminho.

c) **entre oração principal e oração subordinada adjetiva restritiva.**
Exemplo: As críticas que recebemos foram construtivas.

Exercícios de Fixação

EXERCÍCIOS SOBRE PONTUAÇÃO

I – Coloque vírgulas, quando necessário:

1 – Eu fui ao Rio; ele à Argentina.

2 – À mãe afetuosa ofereceram os filhos uma homenagem.

3 – Belo Horizonte 5 de abril de 2003.

4 – Eu você todo o pessoal vamos ao churrasco.

5 – "Galatéia sois Senhora de formosura extrema..." (Camões)

6 – Ao ilustre visitante ofereceram os congressistas uma bela recordação.

7 – As estrelas que cintilam no firmamento ajudam a embelezar a noite.

8 – Embora não tivesse dinheiro prometeu levá-la ao teatro.

9 – Ao vê-lo triste compreendeu que algo deveria ter ocorrido porém não quis ser indiscreto formulando perguntas.

10 – Trabalhando serás vencedor; do contrário nada conseguirás.

11 – Formavam uma turma alegre aqueles meninos do bairro e os professores que os acompanhavam.

12 – José Bonifácio o "Patriarca da Independência" orientou a educação do jovem príncipe herdeiro.

13 – Corre minha filha porque do contrário perderemos o trem.

14 – Esperar-te-emos para o almoço domingo às doze em nossa casa.

15 – Aquela criança se lhe permitíssemos fazer tudo o que quisesse nos deixaria loucos.

16 – Com muito afeto a mãe aproximou-se dela acariciou-a e pouco a pouco fê-la desabafar.

17 – A filosofia de Comte afirma que o espírito humano no que se refere ao conhecimento da realidade passou por três estágios culturais.

18 – A menos que não colabores conosco pretendemos resolver o problema.

19 – Como tudo não passara de um mal-entendido fizeram pois as pazes.

20 – No pampa onde vive o homem da campanha o cavalo além de ser utilizado como meio de transporte é também instrumento de trabalho.

21 – Deitei dormi mas ainda não descansei.

22 – Leonardo venha cá e chame o Álvaro por favor.

23 – A menina correu chorosa em direção ao pai.

24 – Quando descobrimos suas intenções resolvemos por decisão da maioria cortar-lhe o crédito.

25 – Dizem que naquela época as pessoas tinham mais tempo para dialogar.

II – Nos testes seguintes, assinale o item em que o texto está corretamente pontuado (todos os textos são de Machado de Assis).

1. a) Não nego que, ao avistar, a cidade natal tive uma sensação nova.
   b) Não nego, que ao avistar a cidade natal tive, uma sensação nova.
   c) Não nego que, ao avistar a cidade natal, tive uma sensação nova.

2. a) Os rapazes continuaram a bradar e a rir, e Rubião foi andando, com o mesmo coro atrás de si.
   b) Os rapazes continuaram a bradar, e a rir, e Rubião foi andando, com o mesmo coro, atrás de si.
   c) Os rapazes, continuaram a bradar e a rir, e Rubião foi andando com o mesmo coro atrás de si.

3. a) Chegando à vila, tive más notícias do coronel. Era homem insuportável, estúrdio, exigente, ninguém o aturava, nem os próprios amigos.
   b) Chegando à vila tive más notícias, do coronel. Era homem insuportável, estúrdio, exigente; ninguém o aturava; nem os próprios amigos.
   c) Chegando à vila, tive más notícias do coronel. Era homem insuportável; estúrdio; exigente; ninguém o aturava, nem os próprios amigos.

4. a) Ouvimos passos no corredor, era D. Fortunata. Capitu compôs-se depressa; tão depressa que, quando a mãe apontou à porta, ela abanava a cabeça, e ria.
   b) Ouvimos passos no corredor; era D. Fortunata. Capitu compôs-se depressa, tão depressa, que quando, a mãe apontou à porta, ela abanava a cabeça e ria.
   c) Ouvimos passos no corredor; era D. Fortunata. Capitu compôs-se depressa, tão depressa que, quando a mãe apontou à porta, ela abanava a cabeça e ria.

III – (FGV-SP) Leia atentamente:

"A maior parte dos funcionários classificados no último concurso, optou pelo regime de tempo integral".

Na frase acima, há um erro de pontuação, pois a vírgula está separando de modo incorreto:
   a) o sujeito e o predicado.
   b) o aposto e o objeto direto.
   c) o adjunto adnominal e o predicativo do sujeito.
   d) o sujeito e o predicativo do objeto direto.
   e) o objeto indireto e o complemento agente da passiva.

GABARITO

Capítulo X

Pontuação Gráfica

Exercícios sobre Pontuação Gráfica

I – Coloque vírgulas, quando necessário:

1)   ... ele, à Argentina.
2)   ―――――――
3)   Belo Horizonte, 5 de abril de 2003.
4)   Eu, você, todo pessoal...
5)   Galatéia sois,
6)   ―――――――
7)   As estrelas, que cintilam no firmamento,
8)   dinheiro,
9)   triste, ... ter ocorrido, ... indiscreto,
10) Trabalhando, serás vencedor; do contrário,
11) ―――――――
12) José Bonifácio, o Patriarca da Independência,

13) Corre, minha filha, porque, do contrário,
14) almoço, domingo, às doze...
15) Aquela criança, ... tudo quisesse,
16) afeto, dela, e, pouco a pouco,
17) espírito humano, ... realidade,
18) conosco,
19) ... mal-entendido, fizeram, pois, as pazes.
20) No pampa, ... da campanha, o cavalo, de transporte, ...
21) Deitei, dormi, mas ainda...
22) Leonardo, venha cá e chame o Álvaro, por favor!
23) ———————
24) suas intenções, resolvemos, por decisão da maioria, cortar-lhe o crédito.
25) ... que, naquela época,

II – Assinale o item em que o texto está corretamente pontuado:
   1. c
   2. a
   3. a
   4. c

III – (a)

CAPÍTULO XI

DIFICULDADES ORTOGRÁFICAS

- Usos do Porquê
- Emprego de Senão, Se não
- Emprego das Interjeições Ó e Oh!
- Emprego de Mal, Mau, Má
- Emprego do Infinitivo
- Casos especiais
  - A fim ou afim
  - A par ou ao par
  - A cerca de, acerca de, há cerca de
  - De encontro a, ao encontro de etc.
  - A ou há
- Exercícios de Fixação
- Gabarito

USO DOS PORQUÊS

1. Há quatro grafias **por que, por quê, porque e porquê**.

1.1 Por que (separado e sem acento)

a) **Nas interrogações diretas e indiretas.**
   Exs.: **Por que** dia 12 de outubro é feriado?
   Não sei **por que** dia 12 de outubro é feriado.

b) **Quando for substituível por "pelo qual, pela qual, pelos quais, pelas quais."**
   Ex.: O caminho **por que** segui não foi o mais indicado.

c) **Após os vocábulos "eis e daí", uma vez que se subentende a palavra motivo.**
   Exs.: Daí **por que** aceitei as sugestões.
   (Daí o motivo pelo qual aceitei as sugestões.)
   Eis **por que** a dúvida persiste.
   (Eis o motivo pelo qual a dúvida persiste.)

1.2 Por quê (separado e com acento) sempre que a expressão estiver em posição final, isto é, o **"e"** for tônico.
   Ex.: O dia 21 de abril é feriado **por quê**?

1.3 Porque (junto e sem acento) quando ocorrer conjunção coordenativa explicativa ou subordinativa causal.
   Exs.: Esta desculpa não serve, **porque**, afinal de contas, teus negócios vão bem.
   Foi aprovado **porque** estudou com dedicação.

1.4 Porquê (junto e com o acento) quando a palavra estiver substantivada (precedida de artigo).
   Exs.: **O porquê** de sua desistência, ninguém sabe.
   Nem mesmo o vento sabe **o porquê** de sua fúria.

EMPREGO DE SENÃO, SE NÃO

2. Emprega-se **senão** no sentido de:

a) Caso contrário.
Ex.: Compareça, **senão** você receberá falta.

b) Mas sim.
Ex.: Minha intenção não foi ofendê-lo, **senão** adverti-lo.

c) A não ser, sem que.
Ex.: Ninguém faz reclamações, **senão** sobre o horário.

Emprega-se **"se não"** quando o **se** pode ser substituído por **caso, na hipótese de que**.
Ex.: **Se não** for possível comparecer, avise com antecedência.

EMPREGO DAS INTERJEIÇÕES Ó E OH!

3. É distinto o emprego dessas duas interjeições:

"Ó" é uma interjeição vocativa que, como diz o próprio adjetivo, serve para chamar. Vem sempre antes de um substantivo (comum ou próprio), nomes de seres (reais ou fictícios) que possam ser chamados.
Ex.: **"Ó** vós que tendes tempo sem ter conta."

(Laurindo Rabelo)

"Oh" é uma interjeição exclamativa que se basta a si mesma, podendo, sozinha, integrar uma frase: **Oh!,,,**
Exs.: **"Oh!** dias da minha infância! **Oh!** meu céu de primavera!"

(Casimiro de Abreu)

"Oh! filhas das névoas!"
(Fagundes Varela)

"Se a segunda morresse, **oh!** transe amargurado!"
(Luís Delfino)

EMPREGO DE MAL, MAU, MÁ

4. "Mal" substantivo, advérbio, conjunção

Exs.: O **mal** não pode sobrepujar-se ao **bem**. (mal = substantivo precedido de artigo o)

Almocei **mal** naquele dia. (mal = advérbio modificando o verbo)

Mal chegou, começou a trabalhar. (Mal = conjunção – logo que, assim que)

4.1 "Mau/Má" adjetivo

Exs.: Ele teve um **mau** procedimento.

Ele apresentou, naquele encontro, uma **má** conduta.

Em caso de dúvida, substitua:

Mal = bem (substantivo e advérbio)

Mal = logo que (conjunção)

Mau: bom

Má: boa

Observe as substituições feitas nos exemplos acima:

O **bem** deve sobrepujar-se ao **mal**.

Almocei **bem** naquele dia.

Logo que chegou, começou a trabalhar.

Ele teve um **bom** procedimento.

Ele apresentou, naquele encontro, uma **boa** conduta.

Observação

A dificuldade desse emprego, além de ser de ordem fonética, também advém do fato de **pior** servir de comparativo tanto ao adjetivo **mau** como ao advérbio **mal**.

Exs.: O menino é **pior** do que a menina.

Naquele hotel dormia-se **pior** do que em barraca.

Entretanto, quando se comparam duas qualidades do mesmo ser emprega-se **mais mau**.

Ex.: Ele é **mais mau** do que esperto.

Não se deve, também, usar a expressão **"o pior escrito"** que deve ser substituída por **o mais mal escrito,** uma vez que o adjetivo está seguido de particípio.

CAPÍTULO XI – DIFICULDADES ORTOGRÁFICAS | 307

EMPREGO DO INFINITIVO

5. Infinitivo Impessoal

O Infinitivo Impessoal (aquele que não se flexiona) será empregado quando:

a) **Tiver sujeito idêntico ao do verbo regente.**

Exemplos: Não **ousaste encarar** teu ofensor.
suj.   tu
Costumamos levantar cedo.
suj.   nós
Tomaram a resolução de **resistir** até o fim.
suj.   eles

b) **Tiver sentido passivo (vem depois de um adjetivo + preposição e funciona como complemento nominal).**

Exemplos: Esses livros são bons de **ler** (de serem lidos).
Tais coisas não são fáceis de **perceber** (de serem percebidas).

c) **Tiver como sujeito um pronome pessoal oblíquo.**

Exemplos: Mandou-**os** sair.
suj. de sair = mandou que eles saíssem.
Viu-**a** fugir.
suj. de fugir = viu que ela fugiu.

6. Infinitivo Pessoal

O Infinitivo Pessoal (aquele que se flexiona) será empregado quando:

a) **Tiver sujeito diferente daquele da oração principal.**

Exemplos: **Vejo** as crianças **brincarem**.
suj. = eu   suj. = as crianças

O professor **mandou** os alunos **estudarem**.
suj. = o professor   suj. = os alunos

Viveu muito bem sem lhe **faltarem** amigos.
suj. = ele   suj. = amigos

b) Quando o verbo tiver sujeito expresso.

Ex.: Não é possível **os anões** <u>vencerem</u> aos gigantes (suj. = os anões).

c) Vier preposicionado, sozinho, sem formar locução verbal, precedendo a oração principal.

Exs: **Para saberes**, é preciso que estudes.

Ao verem-no caminhar, ficaram pasmos.

Exercícios de Fixação

I. **Escolha a forma correta dentro do parêntese e complete as frases:**

1. Observamos os políticos _____-se (retirar-retirarem) do plenário, antes que a sessão tivesse terminado.

2. Nós não quisemos _____ (voltar-voltarmos) atrás, para não se (abrir-abrirem) precedentes.

3. Ficavam horas a _____ (ver-verem) os nadadores _____ fazer-fazerem) acrobacias.

4. Ela sentiu _____ (tremer-tremerem) as pernas, quando foi chamada à ordem.

5. Naquela noite, até os astros pareciam _____ (chorar-chorarem).

6. Naquela noite, até os astros parecia _____ (chorar-chorarem).

7. Envelheceu sem lhe _____ (faltar-faltarem) alegrias.

8. Estas soluções são fáceis de _____ (dar-darem), mas difíceis de _____ (executar-executarem).

9. Ao _____ (perceber-perceberem) a gafe, decidiram _____ (fugir-fugirem).

10. Comunicamos _____ (estar-estarem) a caminho os visitantes.

11. Deixei-os _____ (entrar-entrarem) no recinto.

12. Julgo _____ (ser-seres) tu o responsável.

13. Dizia _____ (existir-existirem) superstições.

14. Tomaram a decisão de _____ (persistir-persistirem) lutando.

15. Vi os carros _____ (desfilar-desfilarem).

USO DE ONDE, AONDE E DONDE

7. Usa-se ONDE, AONDE E DONDE:

7.1. Onde

Onde é empregado em situações estáticas (verbos de quietação).
Exemplos:
Onde moras?
O local onde se situa a Praça da República é aprazível.

7.2. Aonde

Aonde é empregado em situações dinâmicas (com verbos de movimento).
Exemplos:
Aonde vamos?
Aonde corres com tanta pressa?

7.3. Donde

Donde é empregado em situações de procedência.
Exemplos:
Donde vens?
Ele passou muito bem no vestibular, donde se conclui que estudou muito.

Casos especiais

8. A fim ou afim?

- Escrevemos **"afim"**, quando queremos dizer semelhante.
  Exemplo: O gosto dela era **afim** ao da turma.

- Escrevemos **a fim** (de), quando queremos indicar finalidade.
  Exemplos:
  Veio **a fim de** conhecer os parentes.
  Pensemos bastante, **a fim de** que respondamos certo.
  Ela não está **a fim do** rapaz.

9. A par ou ao par?

A expressão **"ao par"** significa sem **ágio no câmbio**. Portanto, se quisermos utilizar esse tipo de expressão, **significando ciente, deveremos escrever a par**.
  Exemplos: Fiquei **a par** do ocorrido.
          Maria não está **a par** do assunto.

10. A cerca de ou acerca de?

A cerca de > significa uma distância
Acerca de > significa sobre
Exemplos: Luziânia fica **a cerca** de duas horas de Brasília.
          Conversaram **acerca** de política.

Há cerca de > significa que faz ou existe(m) aproximadamente.
Exemplos:
Moro neste apartamento **há cerca de** oito anos.
Há cerca de doze mil vestibulandos, concorrendo às vagas na Universidade.

11. Ao encontro de ou de encontro a?

Ao encontro de > quer dizer favorável a, para junto de.
Exemplos: Vamos **ao encontro dos** colegas.
          Isso vem **ao encontro do** desejo da turma.

De encontro a > quer dizer contra.
Exemplos:
Um carro foi **de encontro a** outro.
A greve desagradou aos patrões, porque veio **de encontro às** suas aspirações.

12. Há ou a?

Empregamos **"há ou a"** para indicar um espaço de tempo, nas seguintes situações:

Há > quando o espaço de tempo já tiver decorrido.
Exemplo:
Ela saiu **há** dez minutos.

A > quando o espaço de tempo ainda não transcorreu.
Exemplo:
Ela voltará daqui **a** dez minutos.

13. Menos ou menas?

A palavra **"menos"** é invariável, sendo incorreto o uso da expressão <u>menas</u>.
Exemplos:
Havia **"menos"** gente na aula (e **não menas** gente...).
Da próxima vez, ponha menos água na sopa (e **não menas** água...).

14. Bastante ou bastantes?

A palavra **"bastante"** varia em número, quando usada como pronome adjetivo.
Exemplos:
Eu já lhes pedi, **bastantes** vezes, que não fizessem mais isso.
Há pessoas **bastantes** para coordenar o trabalho.

Observação
Quando usada como advérbio, a palavra **"bastante"** fica invariável.   Exemplos: **Passearam bastante** na orla. **(advérbio modificando o verbo)**   Ele escreve **bastante bem**. **(advérbio modificando outro advérbio)**   Ela é **bastante simpática**. **(advérbio modificando o adjetivo)**

15. Meio ou meia?

A palavra **"meio"**, quando significa **um tanto** e modifica um adjetivo, é **advérbio.**
Exemplos:
Os excursionistas ficaram **meio** cansados. (meio = advérbio, portanto invariável)
Aquela menina é **meio** tímida. (meio = advérbio, portanto invariável)

16. Mais bem (mais mal) ou melhor (pior)?

Usa-se **mais "bem" (mais mal) antes de um particípio**.
Exemplos:
O aluno **mais bem preparado** também fica nervoso.
As casas **mais mal construídas** estão naquela rua.

Usa-se **melhor (ou pior) junto a verbos**.
Exemplos:
Ninguém **conhece melhor** a saúde do doente do que o próprio médico.
Ela **sente-se pior**.

17. Em vez de ou ao invés de?

A expressão **"em vez de"** significa em lugar de.
Exemplos:
Hoje, Pedro foi **em vez de** Paulo.
Em vez de Márcia, Paula foi escolhida secretária.

A expressão **"ao invés de"** significa **ao contrário de**.
Exemplos:
Ao invés de proteger, resolveu não assumir.
Ao invés de curar, o remédio piorou a situação.

18. Todo o ou todo?

A expressão **"todo o" significa inteiro**.
Exemplos:
Todo o Brasil deu as mãos.
Toda a Europa sofreu com a guerra.

A expressão **"todo"** significa qualquer.
Exemplos:
Todo mundo entrou na dança.
Toda primavera é florida.

19. Com nós (com vós) ou conosco (convosco)? Usam-se as duas formas, dependendo do caso.

Exemplos:
Ela irá conosco.
Ela irá convosco.
Falarão conosco.
Falarão convosco.

CORRETO

Mas, por uma questão de eufonia, diz-se:

É com nós mesmos que querem falar.
É com vós mesmos que querem falar.
É com nós próprios que querem falar.
É com vós próprios que querem falar.

CORRETO

20. Vi e gostei da peça ou vi a peça e gostei dela?

Somente a segunda construção está correta, uma vez que os dois verbos da frase têm predicação diferente:
Quem vê, vê alguma coisa. (transitivo direto)
Quem gosta, gosta de alguma coisa. (transitivo indireto)

21. Eu me proponho fazer isto. (CORRETA)
Eu me proponho "a" fazer isto. (INCORRETA)

A primeira opção é a correta, porque a regência do verbo PROPOR é a seguinte: **ALGUÉM** propõe **ALGUMA COISA A ALGUÉM.** A coisa proposta é a oração "fazer isto", e o pronome **ME** é o objeto indireto (= a mim).

22. Ela se deu "ao" luxo "de" comprar uma joia. (INCORRETA)
Ela se deu "o" luxo "de" comprar. (CORRETA)

A segunda opção é a correta pelo mesmo motivo acima exposto. A expressão **"o luxo"** é o objeto direto e o pronome **SE** é o objeto indireto (a si). Ela deu a si mesma o luxo de comprar uma joia.

23. Obeso e Obsoleto

A vogal tônica tem som aberto (obéso e obsoléto).

Exercícios de Fixação

II. Assinale as frases gramaticalmente corretas e corrija as incorretas:

1. Pelo fato do homem ter cobrado duas vezes, ela perdeu a confiança na loja. (   )

2. Hoje tem teatro. (   )

3. Voltamos a fim de cumprimentá-lo. (   )

4. Eles não estão a par do assunto. (   )

5. A tempo que não te vejo. (   )

6. O trabalho nos satisfez, porque veio de encontro aos nossos anseios. (   )

7. De repente, não se escutou um só ruído. (   )

8. Moro há cerca de duas quadras do colégio. (   )

9. Moro há cerca de um ano naquele bairro. (   )

10. Daqui a pouco, nos dirigiremos ao salão. (   )

11. Entre eu e tu, não deveria haver segredos. (   )

12. Nós não podemos nos dar ao luxo de viajar. (   )

13. O professor se propôs revisar as provas. (   )

14. Assisti e apreciei o filme de ontem. (   )

15. Tu não estás quites com a tesouraria. (   )

16. O restaurante mais bem atendido é aquele, embora os garçons pior remunerados sejam os de lá. (   )

17. Ela saiu meia desconfiada. (   )

18. Quanto menos gente souber, melhor. (   )

19. Na festa, tinha tanta gente! (   )

20. A biblioteca possui bastantes livros. (   )

21. Ontem tu lembras-te Maria com saudade. (   )

22. Haja visto o ocorrido, tomaremos as medidas que se impõem. (   )

23. Foi-me feito um pedido: é para mim avaliar a obra. (   )

24. Todo o indivíduo gosta de ser bem tratado. (   )

25. Com nós próprios, também acontece isso. (   )

26. Vai incluso a mercadoria solicitada. (   )

27. Os cheques seguem apenso ao formulário. (   )

28. Se ela cantasse mais afinado, poderia fazer parte do coro. (   )

29. Estuda, se não a chance de passar no concurso é mínima. (   )

30. Algumas alfabetizadoras usam o método da abelinha. (   )

GABARITO

Capítulo XI

Dificuldades Ortográficas – Exercícios de Fixação

I – Emprego do Infinitivo:

1) retirarem-se
2) voltar / abrirem
3) ver / fazerem
4) tremerem
5) pareciam chorar
6) parecia chorarem
7) faltarem
8) dar / executar
9) perceberem / fugir
10) estarem
11) entrar
12) seres
13) existirem
14) persistir
15) desfilarem

Exercícios de Fixação

II – Assinale as frases gramaticalmente corretas e corrija as incorretas:

1) ... fato de o homem ...
2) ... há teatro.
3) correta
4) correta
5) Há tempo...
6) ... porque veio ao encontro dos...
7) correta

8) ... a cerca de
9) correta
10) correta
11) Entre mim e ti...
12) ... nos dar o luxo...
13) correta
14) Assisti ao filme e apreciei-o.
15) ... estás quite...
16) correta/ mais mal remunerados...
17) ... saiu meio desconfiada.
18) correta
19) ... havia...
20) correta
21) ... tu lembraste...
22) Haja vista...
23) ... é para eu avaliar...
24) Todo indivíduo
25) correta
26) ... inclusa...
27) ... seguem apensos ao ...
28) correta
29) ...senão
30) abelhinha

CAPÍTULO XII

- Funções do Que
- Pronome relativo: Que
- Pronome relativo: Quem
- Pronome relativo: Cujo(s), Cuja(s)
- Pronome relativo: O Qual, A Qual, Os Quais, As Quais
- Pronome relativo: Onde, Como, Quanto
- Função do Se
- Dica Preciosa
- Exercícios de Fixação
- Gabarito

FUNÇÕES DO QUE

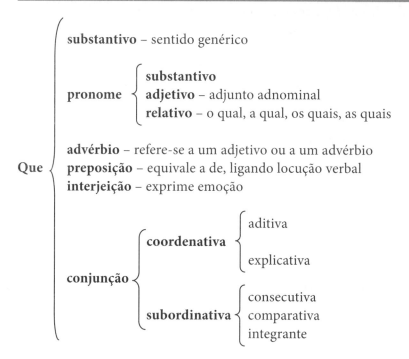

A **palavra QUE pode ser analisada tanto morfológica como sintaticamente:**

1 – **SUBSTANTIVO – Virá precedido por artigo ou qualquer palavra adjetiva.**
   Será acentuado por ser uma palavra tônica e poderá ser substituído por: "**alguma coisa**", "**qualquer coisa**".
   O mendigo trazia **um quê** de esperança no olhar.

2 – **PRONOME SUBSTANTIVO RELATIVO – Refere-se a um termo antecedente (substantivo)**, e pode ser substituído por "**o qual e suas variações**".
   Os quadros **que** foram pintados por PORTINARI são valiosíssimos.

3 – **PRONOME SUBSTANTIVO INTERROGATIVO – Ocorre nas perguntas diretas ou indiretas** com o sentido de "**a qual, que coisa**" e outros:
   A **que** você se refere no item C da prova de Conhecimentos Gerais?
   Gostaria de saber a **que** você se referiu no item C.

Capítulo XII | 321

4 – PRONOME ADJETIVO INTERROGATIVO – Mesmo que **ocorra nas perguntas diretas e indiretas**, refere-se, todavia, **a um substantivo**:
Gostaria de saber **a que assunto** você se refere? (direta)
Gostaria de saber a **que assunto** você se refere. (indireta)

5 – PRONOME SUBSTANTIVO INDEFINIDO – Neste caso, pode ser substituído por um **outro indefinido e ocorrer em frases interrogativas e exclamativas**:
A aula estimulou o **quê?**
Que aconteceu com o aluno?

6 – PRONOME ADJETIVO INDEFINIDO – Ocorre em frases exclamativas, desde que esteja acompanhado por um substantivo:
Que alegria provocou-me a formatura dos alunos do **ISB!** (Quanta alegria).

7 – PREPOSIÇÃO – Encontra-se nas **locuções verbais** em substituição ao **de**:
<u>Temos</u> **que** <u>lutar</u> pela paz.
<u>Temos</u> **de** <u>lutar</u> pela paz.

8 – INTERJEIÇÃO – Manifesta surpresa e espanto. Deve ser um **monossílabo tônico** terminados em **e**:
Quê! Ainda no trabalho até agora!

9 – ADVÉRBIO – Quando o pronome modifica um **adjetivo (quão),** ou pode modificar **um outro advérbio (tão, muito).**
Que lindas são as pirâmides do EGITO!
Que perto ficam vistas de longe, **que longe** ficam vistas de perto!
(Quão lindas... Quão perto... ou Tão longe!)

10 – CONJUNÇÃO – O conectivo pode ser **coordenativo** ou **subordinativo**:
Façam silêncio, **que** o menino já adormeceu.
(conectivo coordenativo explicativo)
O amor materno é tão grande **que** nos consola em todas as situações.
(conectivo subordinativo consecutivo)

11 – PARTÍCULA EXPLETIVA – Serve de **realce** e **não exerce função sintática nenhuma**:

Quanta pobreza **que** vemos neste mundo globalizado!
Quanta pobreza vemos neste mundo globalizado!
Cada cidadão **é que** é responsável pelo seu voto.
Cada cidadão é responsável pelo seu voto.

Observação

(o **"que"** pode ser retirado sem prejuízo semântico).

PRONOME RELATIVO: QUE

- O PRONOME RELATIVO "QUE" REFERE-SE AO SEU ANTECEDENTE
- O PRONOME RELATIVO "QUE" SUBSTITUI O NOME ANTECEDENTE
- O PRONOME RELATIVO "QUE" EXERCE A MESMA FUNÇÃO SINTÁTICA DO SEU ANTECEDENTE

O pronome relativo QUE pode exercer várias funções sintáticas:

a) **SUJEITO** – O homem **que conhece a si mesmo** conhece melhor aos outros.
   Quem conhece a si mesmo? O **homem** (o **"que"** se refere a **"homem"** = sujeito do verbo conhecer).

b) **OBJETO DIRETO** – As preces **que eu faço** me confortam o espírito.
   Eu faço o quê? **as preces** (o **"que"** se refere a **"as preces"** = objeto direto do verbo fazer).

c) **OBJETO INDIRETO** – As histórias **de que gostamos** são muitas.
   Nós gostamos de quê? **das histórias** (o **"que"** se refere a **"das histórias"** = objeto indireto do verbo gostar).

d) **PREDICATIVO DO SUJEITO** – O menino acanhado **que ele era** tornou-se seminarista.
   O menino era o quê? **acanhado** (o **"que" se refere** a **"acanhado"** = predicativo do sujeito).

e) COMPLEMENTO NOMINAL – O quadro **a que fiz referência** era famoso.
Eu fiz referência a quem? **ao quadro** (o **"que"** se refere a **"o quadro"** = complemento nominal de referência).

f) **ADJUNTO ADVERBIAL** – A rua em **que ele mora** é tranquila.
Ele mora onde? **Na rua** (o **"que"** se refere a **"a rua"** = adjunto adverbial do verbo morar).

g) **AGENTE DA PASSIVA** – A ideia **por que ele foi consagrado** tornou-o famoso.
(Ele foi consagrado por quem? p**ela ideia** (o **"que"** se refere a **"ideia"** = agente da passiva).

PRONOME RELATIVO: QUEM

O **pronome relativo "quem" se refere ao seu antecedente** (pessoas ou coisas).

O PRONOME RELATIVO EXERCERÁ A MESMA FUNÇÃO SINTÁTICA DO SEU ANTECEDENTE

É sempre precedido de preposição. Também pode exercer várias funções sintáticas.

a) OBJETO DIRETO PREPOSICIONADO –... "o dragão do mar reapareceu, na figura de um bravo feiticeiro **a quem a história não esqueceu.**"
(A história não esqueceu **a quem?**... **o dragão do mar** = **objeto direto preposicionado**).

b) **OBJETO INDIRETO** – Conheci o filósofo **a quem o aluno se referiu na sua monografia.**
(O aluno se referiu **a quem?**... **ao filósofo** = **objeto indireto**).

c) COMPLEMENTO NOMINAL – Ele é o poeta **de quem somos admiradores.**
(Somos admiradores **de quem?**... **do poeta** = **complemento nominal**).

d) **ADJUNTO ADVERBIAL** – As pessoas **com quem viajei** são ótimas companhias.
(Viajei com quem? **com as pessoas = adjunto adverbial de companhia**).

e) **AGENTE DA PASSIVA** – O criminoso **por quem a polícia procurava** se entregou. (A polícia procurava por quem? **pelo criminoso = agente da passiva**).

PRONOME RELATIVO: CUJO(S), CUJA(S)

Costuma estabelecer relação de posse entre o antecedente e o substantivo que o precede, atuando como adjunto adnominal:
O poeta **de cuja** obra falávamos foi premiado.
(= falávamos da obra do poeta)
O poeta **cuja** obra nos fala da condição humana deixou muitas saudades.
(= a obra do poeta nos fala)

Em alguns casos, atuam como complementos nominais:
O ideal **cuja** realização buscamos não nos deve abandonar.
(= buscamos a realização do ideal)
O livro **cuja** leitura foi recomendada pelos críticos está esgotado.
(= a leitura do livro foi recomendada)

PRONOME RELATIVO: O QUAL, A QUAL, OS QUAIS, AS QUAIS

Esse relativo pode, teoricamente, exercer as mesmas funções sintáticas que o pronome **que**. Seu uso, no entanto, tem se limitado aos casos em que é necessário evitar ambiguidade. Observe:

Existem dias e noites, **às quais** se dedica o repouso e a intimidade.

O uso de **às quais** permite deixar claro que nos estamos referindo apenas às noites. Se usássemos **a que**, não poderíamos impor essa restrição.

CAPÍTULO XII | 325

PRONOME RELATIVO: ONDE, COMO, QUANTO

Onde e **como** são pronomes relativos que sempre desempenham função sintática de **adjunto adverbial**. **Onde** é sempre adjunto adverbial de lugar; **como**, por sua vez, é sempre **adjunto adverbial de modo**.
Quanto é pronome relativo quando se segue ao pronome indefinido tudo (tudo quanto), podendo exercer várias funções sintáticas (principalmente às de sujeito e objeto direto).

Veja os exemplos:
O lugar **onde** nos encontraríamos era-me desconhecido. (observe: nos encontraríamos no **lugar**)
A maneira **como** agiu foi muito apropriada. (observe: agiu de determinada maneira, de determinado modo.)
Tudo **quanto** nos disseram era mentira. (= nos disseram **tudo** – objeto direto)

FUNÇÕES DO SE

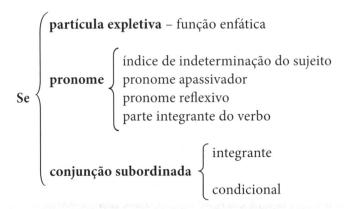

1 – PRONOME REFLEXIVO
(se = a si mesmo)

O **PRONOME SE**: é classificado como **reflexivo** quando a ação é praticada e sofrida pelo próprio sujeito (o **pronome refexivo se** equivale **a si mesmo**, ou seja, refere-se ao sujeito).

O pronome reflexivo pode assumir a função sintática de:

a) OBJETO DIRETO – (se = a si mesmo)
O trabalhador feriu-se com o próprio machado.

b) OBJETO INDIRETO – (se = a si mesmo)
O réu arroga-se direitos que não possui.

c) SUJEITO DO INFINITIVO – (se = é o sujeito da oração seguinte iniciada por um infinitivo)
A jovem deixou-se amar com os olhos do coração.

2 – PRONOME REFLEXIVO RECÍPROCO
(se = um ao outro)

No final da corrida, os pilotos **cumprimentaram-se** gentilmente.
Todos **se abraçaram, deram-se** as mãos, **beijaram-se**, pois era **NATAL**.

3 – PARTÍCULA DE REALCE OU EXPLETIVA
(o se não faz falta, serve para dar ênfase a verbos de movimento)

O torcedor **foi-se** embora do campo contrariado.
Os recrutas **iam-se** enfileirados para o combate.
Vão-se os anéis e ficam os dedos.

4 – ÍNDICE DE INDETERMINAÇÃO DO SUJEITO

a) Com o verbo transitivo indireto na 3ª pessoa do singular + preposição.
Precisa-se de paz entre os povos.

b) Com o verbo INTRANSITIVO.
Vive-se bem neste vilarejo.

c) Com o verbo na 3ª pessoa do plural, com a percepção clara de que não se sabe de quem se trata.
Esqueceram o farol do carro aceso. **(Quem?)**

5 – PARTÍCULA APASSIVADORA

(passiva sintética) > **Vende-se** um carro.   **Vendem-se** carros.
(passiva analítica) > Um carro **é vendido.**   Carros **são vendidos.**

6 – CONJUNÇÃO SUBORDINATIVA INTEGRANTE

Veja **se** o táxi chegou.

Se confessou não sei.

(obs.: todo **se** depois de verbo trans. direto é conjunção integrante)
(o **se** inicia as orações substantivas e completa o sentido do verbo da oração principal)

7 – CONJUNÇÃO SUBORDINATIVA CONDICIONAL

Se terminar o trabalho, poderá sair.
Seremos felizes em qualquer lugar, **se** amarmos o nosso próximo.

8 – PARTÍCULA PRONOMINAL

Os pronomes **oblíquos átonos (me, te, se, nos, vos, se)** são **partes integrantes dos verbos. Não são reflexivos**, pois designam sentimentos e não se pode dizer: **(zango-me a mim mesmo).**

Exs.:   Pedro **arrependeu-se** do seu pecado.
        A professora **queixou-se** do aluno.

"João fala de si." **Há reflexibilidade**, mas **não há voz reflexiva,** porque o verbo não é **reflexivo.**

9 – PRONOME OBLÍQUO – SE

Reflexivo – "Capitu olhava-**se** no espelho."
Recíproco – Os amigos **se** despediram aos prantos.

Exercícios de Fixação

1 – O **"que"** tem a função de preposição na alternativa:

a) Sei que amar é complicado.
b) O dia foi tão comemorado que ficou lasso.
c) Entendi que a resposta estava correta.
d) O escritório tem que ser mais organizado.
e) Venha logo que choverá muito.

2 – "Nas situações mais difíceis, o temor muitas vezes, é maior **"que"** o problema."

a) Conjunção subordinada consecutiva.
b) Conjunção coordenada explicativa.
c) Conjunção subordinada comparativa.
d) Conjunção coordenada conclusiva.
e) Pronome relativo

3 – "Todo juiz é **que** deve saber **que** os crimes são julgados conforme a lei."
A palavra **"que"** classifica-se, respectivamente:

a) Conjunção coordenada explicativa e conjunção final.
b) Palavra de realce e pronome relativo.
c) Pronome relativo e conjunção causal.
d) Conjunção integrante e conjunção integrante.
e) Palavra de realce e conjunção integrante.

4 – Ela tem um **"quê"** de importante. A palavra destacada é?

a) Pronome relativo.
b) Pronome indefinido.
c) Substantivo.
d) Conjunção integrante.
e) Partícula expletiva.

5 – Assinale a alternativa onde a palavra **"que"** tem função morfológica de advérbio.

a) Que horas são?
b) Quê! Saiam sem fazer pânico.
c) Que bonitos olhos têm meus filhos.
d) Que amor estranho ele sentia por Lara.
e) Disse-lhe o que achava melhor no seu trabalho.

6 – Assinale a alternativa onde a palavra **"que"** foi utilizada como pronome relativo.

a) Até parece que Pedro entende pensamentos.
b) Só ele pôde responder o que se passava aqui.
c) Seu olhar tem um quê de ternura.
d) Falei tanto que fiquei cansado.
e) Disse-me que tivesse calma.

7 – Em qual alternativa encontra-se o **"se"** como **pronome apassivador**?

a) Fala-se de um novo acordo nuclear.
b) Nesta casa nem se come nem se deita.
c) Ela deixou-se estar na varanda.
d) Não se fazem mais chapéus como os de Napoleão.
e) Na capacidade dele confia-se muito.

8 – No período: "**Se** os alunos quisessem, saberiam **se** a questão estava falsa ou não."
A palavra **"se"** é respectivamente:

a) Pronome reflexivo – conjunção integrante.
b) Conjunção condicional – conjunção condicional.
c) Conjunção integrante – conjunção integrante.
d) Pronome reflexivo – pronome oblíquo.
e) Conjunção condicional – conjunção integrante.

9 – Deixou-**se** aborrecer por coisas tão banais. Qual é a função do **"se"** da frase citada?

a) Pronome reflexivo.
b) Pronome reflexivo com função de sujeito do infinitivo.
c) Conjunção integrante.
d) Conjunção condicional.
e) Índice de indeterminação do sujeito.

10 – Quero saber **se** os atletas brasileiros serão anfitriões na Copa de 2014.

Em qual opção abaixo há um **"se"** com a mesma função daquele da frase supracitada?

a) Olhou-**se** no espelho e percebeu a sua palidez.
b) Acredita-**se** em vários deuses na cultura indígena.
c) Sabe-**se** que os planetas serão alinhados em breve.
d) **Se** o criminoso foi encontrado, não sabemos.
e) O novo diretor queixou-**se** da infraestrutura da escola municipal.

GABARITO

Capítulo XII

Funções do Que e Se – Exercícios de Fixação

1 – (d)
2 – (c)
3 – (e)
4 – (c)
5 – (c)
6 – (b)
7 – (d)
8 – (e)
9 – (b)
10 – (d)

CAPÍTULO XIII

ESTILÍSTICA

- Vícios de Linguagem
- Figuras de Linguagem

VÍCIOS DE LINGUAGEM

"São palavras ou construções que deturpam, desvirtuam ou dificultam a manifestação do pensamento." (Napoleão Mendes de Almeida).

1. BARBARISMO

É o emprego indevido de palavras. Pode ser de:
a) **Pronúncia**: "crisanterno" em lugar de crisântemo.
b) **Grafia**: *"atrazado"* por atrasado.
c) **Forma gramatical**: "cidadões" em vez de cidadãos.
d) **Significação**: "desapercebido" empregado no lugar de despercebido.

2. SOLECISMO

Erro sintático. Pode ser de:
a) **Concordância**: Deu duas horas. (Por: Deram duas horas.)
b) **Regência**: Estava sempre alerta, atendia uma e outro. (Por: Estava sempre alerta, atendia a um e a outro.)
c) **Colocação**: Não afaste-se daqui (Por: Não se afaste daqui.)

3. CACOFONIA

Som desagradável provocado por uma sequência de palavras que facilmente pode ser evitada.
Ex.: Este assunto foi tratado pelo Presidente na **vez pa**ssada.
A expressão "vez passada" poderia ter sido substituída por "vez anterior" ou "última vez.

4. PLEONASMO

Diferente do pleonasmo estilístico, **consiste no emprego de uma palavra ou expressão redundante.**
Ex.: O seguro não é obrigatório, é facultativo.

5. AMBIGUIDADE

Quando a frase admite dupla interpretação.
Ex.: O policial deteve o ladrão em sua casa.

6. COLISÃO

Repetição, sem efeito estilístico, de consoantes iguais, ou muito seme-lhantes, numa sequência de palavras próximas.
Ex.: Parecia patente que o papel preponderante da pesquisa precisava ficar estabelecido naquela reunião.

7. HIATO

Sequência ininterrupta de vogais ocasionando efeito dissonante.
Ex.: Sempre que fala, **eu o ou**ço com atenção.

8. ECO

Repetição de terminações iguais ou semelhantes que causa dissonância.
Ex.: A orienta**ção** à popula**ção** exige solu**ção** compatível com a situa**ção** da ocasi**ão**.

9. ESTRANGEIRISMO

É o emprego desnecessário de um termo estrangeiro quando há equiva-lente em língua portuguesa.
Ex.: Vou **abordar** um assunto difícil.
Nesta acepção, é considerado um galicismo e deve ser substituído por **tratar.**

10. ARCAÍSMO

Consiste no emprego de termos em desuso.
Ex.: O **mancebo** recebeu a notícia com alegria.
Mancebo é termo antigo, por isso em seu lugar é conveniente empregar-se uma forma atual, como **rapaz, moço** ou **jovem.**

11. NEOLOGISMO

É o emprego de palavras ou expressões novas que, embora formadas de acordo com o sistema da língua, **não foram ainda incorporadas pelo idioma.** Só constitui vício se for empregado desnecessariamente.
Ex.: A propaganda **telecomunicada** atinge grande parcela da população.
(Tal expressão poderia ser substituída por **veiculada a distância.**)

12. OBSCURIDADE

Sentido obscuro ou duvidoso decorrente do emaranhado da frase, da má colocação das palavras da impropriedade dos termos, da pontuação defeituosa ou do estilo embolado, linguagem rebuscada e vazia de ideias.

Ex.: Hoje, quando no seio de uma família numerosa há um jovem que, por falta de vivacidade, ou dos que adquirem pelo esforço do trabalho, sem obter colocação, um emprego desqualificado.

FIGURAS DE LINGUAGEM

Estilo é a maneira de exprimir sentimentos e pensamentos por meio de uma linguagem própria e mais expressiva.

As figuras de estilo dividem-se em:

- **Figuras de palavras** consistem em apresentar sempre aos elementos: um termo real e outro ideal.
- **Figuras de pensamento** em que o sentido da mensagem se encontra subentendido, nas entrelinhas.
- **Figuras de sintaxe ou construção** consistem na disposição das palavras dentro do período, podendo ser distribuídas de acordo com estilo de cada um.

• FIGURAS DE PALAVRAS

COMPARAÇÃO: compara dois elementos através de qualidade comum a ambos. Os elementos são ligados pela conjunção **como:**
Ex.: A bola entrou **como** um raio.

METÁFORA: compara dois seres através de uma qualidade atribuída a ambos. **Comparação sem a presença da conjunção.**
Ex.: Sua voz **é** um violão em serenata.

METONÍMIA: substitui o sentido de uma palavra pelo de outra que com ela apresenta relação constante.

Há **metonímia** quando se emprega:

1. O autor pela obra
Ex.: Gosto muito de ouvir **Mozart.**

2. O continente (o que contém) pelo conteúdo (o que está contido)
Ex.: Quantos **copos** você **bebeu?**

3. O efeito pela causa
Ex.: Os **trabalhadores** construíram este país com o seu **suor.**

4. O instrumento pela pessoa que o utiliza
Ex.: Ele é um bom **garfo.**

5. A matéria pelo objeto
Ex.: Vamos comprar uns **cristais** novos para a festa.

6. O lugar ou a marca pelo produto
Ex.: Comprei um **danone.**
     Fumei um **havana.**

7. A parte pelo todo
Ex.: Em casa são **oito bocas** para **alimentar.**

8. O singular pelo plural
Ex.: Todo **homem** tem direito a uma vida decente.

9. O abstrato pelo concreto
Ex.: A **juventude** é, às vezes, inconsequente.

CATACRESE: Dá um novo sentido a um termo já existente que passa a designar um outro ser semelhante.
Ex.: Ele descansava nos **braços** da poltrona.

PERÍFRASE: Substitui um nome próprio por uma circunstância ou qualidade que a ele se refere.
Ex.: O **poeta dos escravos** morreu jovem.

SINESTESIA: Mistura numa mesma expressão sensações percebidas por diferentes sentidos.
Ex.: Uma **doce vida** depende muito do seu autor.

- **FIGURAS DE PENSAMENTO:**

ANTÍTESE: Opõe duas ou mais ideias ou pensamentos.
Ex.: Ora temos **esperança,** ora nos damos ao **desespero.**

PROSOPOPEIA: Atribui características de seres vivos a seres inanimados.
Ex.: **As estrelas** nos **espiam** lá de cima.

HIPÉRBOLE: Exagera a expressão para reforçar uma ideia.
Ex.: Trago **milhares** de alunos no meu coração.

IRONIA: Ocorre quando dizemos o contrário do que pensamos.
Ex.: Ele está bem **magrinho** com seus 103 quilos.

EUFEMISMO: Abranda as expressões duras e rudes.
Ex.: Você **faltou com a verdade.**

APÓSTROFE: Interpela alguém em meio ao discurso.
Ex.: **Jovens,** não desperdicem a sua mocidade.

- **FIGURAS DE CONSTRUÇÃO**

PLEONASMO: É a palavra ou expressão redundante que torna a frase mais vigorosa e enfática.
Ex.: **Vi com meus próprios olhos** a terrível cena.

ASSÍNDETO: **Omite** propositalmente a conjunção e ou outras conjunções aditivas.
Ex.: O louco corria, pulava os portões, assustava as pessoas, ria sem parar.

POLISSÍNDETO: **Repete** enfaticamente a conjunção **e.**
Ex.: Sua irmã é carinhosa **e** meiga **e** doce **e** encantadora.

ELIPSE: **Omite** palavras ou expressões facilmente subentendidas.
Ex.: Usa luvas, nas mãos; na cabeça, chapéu.

SILEPSE: Faz a **concordância** com a ideia subentendida e não com a palavra expressa.
Ex.: São Paulo é muito **populosa.**   (Silepse de gênero)
Todos os homens **somos** iguais. (Silepse de número)

ANACOLUTO: Frase **interrompida**, quando se inicia um outro pensamento sem ligação alguma com o anterior.

Ex.: A beleza, é em nós que ela existe.

INVERSÃO: Altera a ordem normal dos termos na oração ou das orações no período.

Ex.: Desfilavam à frente de todos as crianças da pré-escola.

ANÁFORA: Repete a palavra ou a frase no início de versos ou frases.

Ex.: "**Nosso** céu tem mais estrelas.
Nossas várzeas têm mais flores.
Nossos bosques têm mais vida.
Nossa vida mais amores."

(Gonçalves Dias)

CAPÍTULO XIV

- Redação
  - Descrição
  - Narração
  - Dissertação

- Linguagem Literária e Não Literária

- Dicas Preciosas

- Redação Oficial
  - Memorando
  - Requerimento
  - Ofício
  - Relatório
  - *Curriculum Vitae*

- Exercícios de Fixação

- Gabarito

REDAÇÃO

A arte de redigir vem de dentro para fora seja para qual for o tipo de Redação. É fundamental que o redator esteja completamente desbloqueado de quaisquer pensamentos negativos que certamente refletirão nas suas palavras, pois, como o seu interior, a sua obra sairá sem sentido, inócua, sem intenção. Cândido Portinari tem uma bela citação para suas obras: "Tudo que se faz sem intenção cai no vazio".

Descrever, narrar e dissertar envolvem a maneira de como se vê e se sente mediante a um objeto a ser descrito, a um assunto a ser narrado e a um tema a ser dissertado ou discutido.

Escrever revela inteiramente o retrato de nossa alma. Tanto que, ao ler uma redação, percebo a situação em que o aluno se encontra dentro de sua família e de seu círculo de amizade. **Alunos lacônicos, pais objetivos. Alunos que abusam de adjetivos, criados pelos avós. Alunos muito concisos e diretos devido à convivência com pessoas estrangeiras dentro de casa: avós libaneses, espanhóis, italianos e outros idiomas.**

Aquele que já chega às aulas de Redação dizendo não gostar de escrever, já antecipou a sua própria derrota.

Não faça uma Redação com uma finalidade. Nunca! Faça-a com um propósito. É extremamente importante que o aluno tenha em mãos uma obra de arte a ser escrita com o propósito de agradar tanto a ele quanto aos outros que apreciarão a sua arte, afinal toda obra de arte tem a sua qualidade e o seu preço. Há alunos que se conformam com uma nota regular em sua Redação na qual não houve sequer um erro gramatical. Sentir-se seguro pelo fato de não cometer erros gramaticais na Redação já é um barco preparado para atravessar o rio.

Por outro lado, se o aluno não for um bom remador, poderá encontrar obstáculos pela frente e o barco não chegar ao seu destino, pois não soube colocar na Redação: **Precisão, Clareza, Coerência, Coesão** e seguir os **métodos e roteiros necessários** para atingir um porto seguro.

Para quem precisar navegar nesse rio **é imprescindível obter explicações precisas de um instrutor, que lhe ensinará minuciosamente o trajeto a seguir.** Poderá ter o melhor instrutor recomendado, contudo de nada adiantará, se o aluno não abrir o seu coração e sentir intenso prazer em navegar.

Redigir tem cheiro e perfume. Dependendo da qualidade do seu extrato, todo texto perfumará a alma do autor e do leitor.

CAPÍTULO XIV | 343

DESCRIÇÃO

Pintar com as palavras. Dar detalhes, tanto da aparência física quanto psicológica. Pode ser feita apenas em um parágrafo ou dividi-los em características (física e psicológica).

"Mamãe e papai são inesquecíveis. Tinham traços de uma pessoa comum. Estatura média, cabelos e olhos castanhos, pele macia, voz doce e cheia de emoção, amor, consolo e sabedoria. Papai, contudo, era bravo. Impossível esquecer os olhos deles pousados em nós tanto para nos aprovar quanto para nos repreender. A história deles já se passou aqui na terra, mas nunca passará em nossos corações."

(Tânia Dutra Henriques)

NARRAÇÃO

Consiste em narrar um fato dentro de um tema proposto. É necessário que **dentro de uma narração** haja **introdução, desenvolvimento e conclusão.**

O brilho de uma estrela

Eu sou uma estrela jovem, portanto minha cor é azul. Sou brincalhona e gosto de passear com meus amigos e amigas. Tenho a temperatura de treze mil graus centígrados e sou um pouco grande.

Gosto muito de minha vida aqui nesse imenso universo de azul profundo. Não preciso girar elipticamente em torno de uma estrela, porque eu mesma sou uma estrela e são os planetas que giram elipticamente em torno de mim. Sou quente e meu brilho é intenso, entretanto algum dia morrerei como o sol, mas isto levará milhões de anos. O bom de ser uma estrela é que eu não morrerei de doença.

Eu penso que os homens da Terra pensam em como eu sou bonita. Eles, toda noite, devem pensar porque eu não sou uma pessoa e eles estrelas. Eu queria poder ter uma chance de ser pessoa só por um dia.

Leonardo Dutra Henriques
(Escola Fundamental Alvacir Vite Rossi – 9 anos – 4ª série)

Tópico frasal

Em geral **o parágrafo-padrão, aquele de estrutura mais eficaz, consta, sobretudo na Dissertação**, de três partes:

Introdução: representada por um ou dois períodos curtos iniciais, em que se expressa de maneira sumária, sucinta a <u>ideia-núcleo</u> (o que passaremos a chamar daqui por diante de **tópico frasal**).

Desenvolvimento: é a explanação da **ideia-núcleo** no sentido de especificá-la, justificando-a e fundamentando-a. Pode ser feita em dois, três parágrafos, sendo cada um deles bem maior do que a <u>introdução</u> e <u>conclusão</u>.

Conclusão: parágrafo pouco extenso no qual a **ideia-núcleo** não apresenta maior complexidade. Constituído habitualmente por um ou dois períodos curtos iniciais, **o tópico frasal encerra de modo geral e conciso a ideia--núcleo do parágrafo**.

Redija apenas um parágrafo iniciado por um tópico frasal que permita desenvolvimento por comparação, confronto ou contraste dos seguintes temas:

1 – O campo e a cidade;

2 – O homem moderno e o desenvolvimento sustentável;

3 – Democracia e demagogia;

4 – Escola pública *versus* escola particular;

5 – O celibato dos padres católicos deve ou não deve ser abolido.

DISSERTAÇÃO

É imprescindível que **o escritor tenha conhecimento suficiente para dissertar sobre o determinado tema proposto** porque **terá de conceituá--lo na "introdução", discuti-lo no "desenvolvimento" e dar-lhe uma "conclusão" coerente com todos os argumentos mencionados ao longo da Redação.**

Lembre-se de que **coesão e coerência são os elementos fundamentais para uma perfeita redação**. Não existe uma sem a outra, além de que **é imprescindível que estes elementos estejam plenamente de acordo com as normas da nossa língua.**

A maioria dos redatores acerta impecavelmente quanto à **coesão**, entretanto se perde na **coerência** entre as partes fundamentais de uma dissertação:

introdução – desenvolvimento argumentativo – conclusão.

COESÃO é, pois, a união entre os termos da frase que fazem parte de um todo.

Precisamente trata-se dos princípios básicos gramaticais entre um termo e outro.

Ex.: Os alunos **estudaram bastante**, <u>**consequentemente**</u> **sairão bem** no concurso.

COERÊNCIA consiste em **ordenar e interligar as ideias de maneira clara e lógica** de acordo com um plano bem definido. Sem **coerência** é impossível obter-se ao mesmo tempo **unidade e clareza. A coerência é a alma da composição. A vida do texto.**

Ex.: Os alunos foram às **aulas de matemática** e **resolveram várias equações.**

Comentários de provas pós-concurso

Em se tratando de concursos, de maneira em geral, há uma polêmica, ou quase um estardalhaço por parte dos candidatos e seus familiares. Queixam-se da má formulação das questões, do número de vagas, sobre o sistema adotado na contagem de acertos e erros em provas de alguns concursos públicos. Apelam até mesmo para anulações de questões em busca de uma justificativa para a sua frustração. Há muitos anos trabalho com "concurseiros", portanto posso afirmar que no fim de cada concurso o assunto é sempre o mesmo: insatisfação geral, justificação atroz, vontade de desabafar.

Agora, reflita sobre o tema acima e redija uma Redação Dissertativa de forma coerente e coesa.

(extensão máxima: 40 linhas)

"Concurseiros"

As estrelas brilham no céu quando este está límpido e enluarado, é verdade. Ao admirar o céu sob o luar de um sertão, percebe-se claramente que ele não tem limite. O seu espaço é ilimitado e as estrelas brilham à vontade. Também é verdade que as estrelas brilham dependendo de sua magnitude e grandeza, mesmo que o céu esteja límpido ou não!

Em se tratando de concursos em geral, muitos candidatos têm todas as condições de ser uma estrela. É certo que alguns possuem mais brilho do que outros, contudo só aparecerão dentre o número de vagas limitadas aquelas classificadas, porque realmente se destacarão pelo seu intenso brilho, pois neste céu há limite. Lembre-se de que ele comporta apenas uma quantidade de estrelas para tantas vagas limitadas.

Não se trata de reclamar de forma alguma ou colocar a culpa sobre eminentes professores que, com esmero e muita dedicação, elaboraram a prova. Eles passaram muitas horas tentando colocar dentro daquelas questões coesão e coerência a fim de que o nome deles fosse preservado e, principalmente, que os candidatos saíssem da prova conscientes de que ela realmente foi elaborada dentro dos princípios básicos dos editais propostos.

Por outro lado, há possibilidade de erros em digitação, troca ou repetição de letras, enunciados prolixos, porém corretos, que levam o candidato a um estado de angústia, ansiedade, expectativa, acarretando-lhe um desgaste que já vem acumulado desde que ele começou a se preparar para esse tão grande dia.

"Concurseiros", não se desanimem jamais! Lutem até o fim, pois a sua magnitude e grandeza dependem do seu esforço e da sua vontade de vencer.

É bem provável àquele que tem vontade e determinismo estar com a mão na chave do céu. Basta girá-la e ser uma dessas estrelas ocupantes de tão poucas vagas neste cantinho de um céu tão disputado. O que não deve ocorrer, em hipótese alguma, é a intolerância de alguns cidadãos, sem respaldo e sem respeito para com a equipe de elaboração das provas. Há concorrentes muito competentes dentro da sua área, entretanto, eliminados devido ao pouco número de vagas.

Tânia Dutra Henriques

Dicas Preciosas

A Redação sempre foi para mim a matéria predileta dentro da Língua Portuguesa. Trabalho com alunos a partir da terceira série do ensino fundamental, ensino médio e concursandos para qualquer área almejada, portanto posso afirmar: a redação é uma obra de arte que brota de dentro do coração do aluno e como toda obra de arte ela tem o seu autor e o seu preço. O mais difícil sobra para nós, os mestres, que temos de descobrir o potencial de cada aluno e trabalhar com as suas possibilidades até que ele se sinta apto para redigir e admirar a sua própria obra.

As Redações mais belas, dentre várias que já li e corrigi até hoje, foram de dois alunos: um já é médico em Juiz de Fora. O título da redação foi: **"As botas de um general"**; a outra, de uma aluna aqui de Brasília que estuda Odontologia na UNB, cujo tema era: **"Os poderosos continuam fazendo guerra em nome da paz entre Israel e Palestinos. Sempre existirá uma esperança de negociação de paz entre eles. Qual seria a melhor saída, ou como agir mediante a esse impasse que implica o mundo inteiro?"**

Nossos alunos levam sempre vantagem sobre nós. A geração deles, com certeza, já está há décadas mais evoluída do que a nossa. Urge que os respeitemos pela facilidade que eles têm em lidar com o "moderníssimo" que lhes deu milhões de facilidades. Enquanto as gerações anteriores plantavam, colocavam a mão na terra, hoje há máquinas que fazem tudo por elas. O segredo está em conversar muito com eles. Temos de nos conscientizar de que **não existe máquina para abrir o pensamento de ninguém**. O pai, o mestre, o responsável têm de estar atentos e procurar a chave mágica de um coração que hoje em dia anda sempre palpitante diante de tantas opções de lazer e cultura como a internet pela qual pode-se navegar por um oceano de informações.

Muitos alunos me questionam sobre o desinteresse que eles têm para com o Português e a Redação, pois alegam que não precisam dessas matérias, por almejarem ser: médico, dentista, químico, engenheiro, matemático, físico, cientista e outras opções. Entretanto, provo-lhes que falar e escrever bem é a moldura exata para aprovação do seu currículo, portanto leia estas dicas:

1) A Redação está presente em jornais, revistas, independente do assunto, pois até mesmo uma bula farmacêutica necessita informar com clareza, coesão, coerência sobre os efeitos do remédio, detalhes que interessam ao paciente.

2) A Redação pesa muito nos concursos públicos como também nas melhores universidades do país, logo é bom que a faça com carinho.

3) A Redação não diz respeito somente aos escritores, pelo contrário, ela está presente no cotidiano de qualquer cidadão ao anotar um simples recado, mandar mensagens, e-mails, contratar e despedir alguém por meio de uma pequena carta.

4) **A Redação é a tradução de nossa alma.** É necessário, pois, que se esteja bem-informado. **Ter em mãos boas leituras e uma cuidadosa escolha.** Não importa o assunto, e sim o que ele informa. É importante ater-se para o que se lê e ouve. **A boa leitura é um tesouro. Uma arma poderosa que será acionada em momentos imprevisíveis.**

5) A Redação, seja qual for o título, deve apresentar soluções, opções, tentar motivar o leitor para assuntos generalizados, sem jamais fugir do tema proposto. Tentar explanar o assunto com coesão e coerência de uma maneira que ele se enquadre bem dentro do contexto. É muito importante que o leitor possa ter uma ótima impressão de todo aquele conjunto de palavras. Esta é a melhor saída.

6) **Uma dissertação deve ser feita em 3ª pessoa do singular.** A pessoa que vai ler será um cidadão qualquer e não necessariamente do seu partido **nós**. Usa-se "– se"... "**Sabe-se que ...**" na intenção de impessoalizar o sujeito que atingirá a todos.

7) Evite fazer períodos longos e com gerúndios. São comprometedores, pois o aluno se perde e, muitas vezes, não consegue dar-lhe uma conclusão coerente.
   Ex.: **Vendo** que o seu limite se esgotava, os rios **transbordando, causando** calamidades, **aumentando** a miséria e **acentuando** mais os conflitos em grandes favelas e a chuva **continuando** sem dó...

8) Não se deve usar frases feitas ou comparações. A Redação será algo novo, somente sua. Procure usar períodos curtos, vocabulário simples e ideias já preparadas dentro do seu rascunho. Leia-o antes de passar a limpo. O valor da redação será medido pela sua simplicidade, conteúdo coerente e criatividade.

   Ex.: "A vida é um combate que aos fracos abate e aos fortes nem faz temer", portanto urge que cada um procure o caminho de ser forte e nunca deixar-se abater. Mediante as vicissitudes da vida é preciso lutar e vencer...

9) O excesso de "que" é extremamente deselegante e justifica o quanto o autor desconhece as regras básicas das transformações desses quês em orações desenvolvidas.

   Ex.: Sabe-se **que** o governo pretende **que** a fome seja zero no Brasil, a fim de **que** diminua a pobreza **que** sempre esteve presente e **que** está longe de desaparecer...

10) A "repetição de palavras" empobrece a Redação, tornando-a sem estilo e deselegante.

   Ex.: A **violência** está globalizada. Entrou na moda. É com **violência** que se pede paz. Em nome da paz a **violência** se espalha pelo mundo inteiro.

   Parabéns!!! Você já é escritor.

COMENTÁRIOS

É lamentável que ocorra em uma "aula de Redação" um ato de coragem por parte de um professor que apenas lança um tema sem comentá-lo e pede ao aluno que o faça em trinta e cinco linhas. Em se tratando de "aula de Redação", o aluno deve ser motivado pelo professor com várias ideias sobre o assunto. Até mesmo é importante que o professor dê oportunidade para os alunos falarem o que pensam. **É imprescindível que o professor esteja preparado para ouvir o que deve, o que serve, o que acrescenta e enriquece o assunto, como também não deixar que "os comentários inúteis" tomem força.**

Um professor jamais deverá deixar que um aluno use termos complicados numa Redação, alimentando o intuito dele de que está causando boa impressão. Eu me lembro de que no Colégio Santa Catarina, em Juiz de Fora, um aluno me apresentou uma Redação com palavras vindas do embrião do nosso idioma. Olhei quase uma dúzia delas no dicionário. Claro, percebi que ele quis me testar. Ao entregar as Redações corrigidas e sempre comentadas, deixei a dele por último. Os seus olhos estavam ávidos. Parecia que ele havia realizado um sonho. Ele chegou a minha mesa e me disse: "Professora, e a minha Redação?" Eu lhe entreguei a Redação, e ele olhou, procurou a nota e não a encontrou. Eu havia escrito bem em cima do título: **"Estilo muito prolixo".** Ele me disse inocentemente: "Professora, o que é **prolixo?".**...

Eu lhe respondi com os meus olhos e lhe disse: **"É tudo aquilo que você conseguiu fazer na sua Redação.** Confundir o professor, levá-lo ao dicionário e ainda assim ninguém conseguiria entender nada por usar palavras tão **complicadas.** Você acha que o professor que vai corrigir a sua Redação terá tempo para decifrar o seu estilo Simbolista em pleno Pós-modernismo?"

O FILHOTE DA UNICAMP —... "a Facamp, Facudade de Campinas, surgiu há apenas quatro anos e em seu **primeiro Provão conseguiu figurar entre as melhores escolas.** Uma das razões do sucesso da nova faculdade é o regime rigoroso que impõe aos alunos. A carga horária diária de aulas vai das 8 às 17 horas. **Entre as disciplinas tradicionais, estão encaixadas no currículo aulas de Língua Portuguesa nos primeiros três anos.** O objetivo é suprir as lacunas básicas herdadas do ensino médio e **ensinar os estudantes a escrever um bom texto, a expressar-se em público e a trabalhar em grupo, habilidades cada vez mais exigidas no mercado de trabalho.** Está dando certo. **Segundo as estatísticas, 80% dos recém-formados** já conseguiram emprego, a maioria deles em grandes empresas." Cardoso de Mello. (Reportagem publicada na revista *Veja* n. 13, ano 37, em 31 de março de 2004).

Se as escolas públicas e particulares investissem na Língua Portuguesa, dando-lhe prioridade, incentivando os estudantes a compreenderem o quanto a nossa língua nos capacita e nos dá cidadania, certamente os efeitos seriam grandes para o sucesso do aluno.

Urge que, principalmente, haja professores de Redação disponíveis para corrigirem as Redações com cada aluno e comentarem com eles os seus erros. Caso contrário, ele continuará cometendo os mesmos erros

CAPÍTULO XIV | 351

sem a oportunidade de tê-los corrigidos com o seu professor e simplesmente guardará a Redação sem saber o porquê deles.

Investir em Educação é dar liberdade e cidadania para o povo.

LINGUAGEM LITERÁRIA E NÃO LITERÁRIA

A linguagem literária se preza, sem dúvida, pela vontade ou maneira de como o escritor **deseja transmitir as suas impressões sobre determinado tema, usando o sentido conotativo e muitas metáforas.**

> *Quando o português chegou*
> *Debaixo duma bruta chuva*
> *Vestiu o índio*
> *Que pena!*
> *Fosse uma manhã de sol*
> *O índio tinha despido*
> *Português.*

> Oswald de Andrade

A linguagem não literária se preza pela maneira mais simples de informar, sem que o sentimento do escritor tome força. **É uma linguagem informativa, referencial, metalinguística, técnica e que tem por finalidade o real ou o sentido denotativo.**

Essa linguagem se faz presente nos escritos jornalísticos e sobretudo na redação oficial.

"Acenderam-se as tochas. E eles entraram. Mas nem sinal de cortesia fizeram, nem de falar ao Capitão, nem a alguém. Todavia um deles fitou o colar do capitão, e começou a fazer acenos com a mão em direção à terra, e depois para o colar como se quisesse dizer-nos que havia ouro na terra."

> *Pero Vaz de Caminha*

LINGUAGEM NÃO LITERÁRIA	LINGUAGEM LITERÁRIA
Objetiva, 3ª pessoa	Subjetiva, 1ª pessoa
Impessoal, racional	Pessoal, emocional
Denotativa	Conotativa
Função referencial	Função emotiva, poética
Preocupa-se mais com o conteúdo	Preocupa-se mais com a forma
Expressa-se diretamente	Expressa-se por meio de figuras
Científica	Artística
Sentido único, preciso	Sentido múltiplo, polissemia

Observação

Em muitos textos, vale a pena salientar que essa divisão entre a linguagem não literária (comum) e a linguagem literária (artística) nem sempre possui limites precisos. É bem possível que um texto não literário deixe escapar algumas emoções e até mesmo metáforas.

REDAÇÃO OFICIAL

Nem sempre podemos nos dirigir de qualquer jeito, oralmente ou por escrito, a determinadas pessoas. Há alguns padrões que devem ser seguidos e observados. É a chamada **Redação Oficial**.

A seguir, os documentos mais usuais.

FLUXO HIERÁRQUICO	DEFINIÇÃO	CARACTERÍSTICAS
CARTA	Documento semioficial que serve para se responder a uma cortesia, fazer uma solicitação, convite, agradecimento. Tem caráter impessoal (quem assina responde pela firma ou órgão).	Correspondência externa. Linguagem formal usada entre empresas privadas ou de órgãos públicos para empresas privadas.
MEMORANDO OU CI (Comunicação-interna)	Comunicação interna utilizada para situações simples e frequentes da atividade administrativa em geral.	Correspondência interna. Linguagem simples e breve. Usada em órgãos públicos e empresas privadas.

CAPÍTULO XIV | 353

FLUXO HIERÁRQUICO	DEFINIÇÃO	CARACTERÍSTICAS
CIRCULAR	Informação de circulação interna, destinada aos órgãos interessados. Constitui um **aviso**, porém com responsabilidade quanto ao cumprimento. O desconhecimento implica responsabilidade.	Correspondência interna multidirecional: mesma mensagem, vários destinatários subordinados ao remetente.
ORDEM DE SERVIÇO	Comunicação para a transmissão de ordens de chefe ou subchefe dirigida a seus funcionários sobre procedimentos, ordens, proibições, caracterização de atividades competentes ao órgão etc.	Correspondência interna por meio da qual um superior hierárquico estabelece normas e revoga ordens.
OFÍCIO	Correspondência oficial de caráter externo, com fins de informação diversos sobre assuntos oficiais da competência de quem a envia.	Correspondência externa utilizada entre órgãos públicos de administração direta e indireta.
REQUERIMENTO	Processo formal de solicitar algo que pareça legal ao requerente.	Texto breve, que se constitui do próprio objeto pedido. Documento de solicitação, de forma padronizada.
RELATÓRIO	Histórico ou relato de assunto específico, ocorrências ou serviços executados.	Relatórios podem ser periódicos ou eventuais e podem conter anexos, constando gráficos, quadros, mapas.
ATA	Histórico. Relato de uma sessão ou reunião para tomada de decisões ou providências.	Documento de registro, com forma padronizada e linguagem formal utilizada por órgãos públicos e empresas privadas.

PRONOMES E EXPRESSÕES DE TRATAMENTO

PERSONALIDADES	TRATAMENTO	ABREVIATURA	NO ENVELOPE	VOCATIVO
Presidente da República Presidente do Supremo Tribunal Federal e do Congresso Nacional	Excelência, Vossa Excelência	Só por extenso	Excelentíssimo Senhor	Senhor Presidente
Deputados, Senadores, Governadores, Embaixadores, Ministros, Oficiais, Generais, Prefeitos	Excelência Vossa Excelência Sua Excelência	V.Exa.^{a} V.Exa. V.Ex.^{as} S.Ex.ª S.Exa. S.Ex.^{as}	Exmo. Sr. Exmos. Srs.	Senhor (mais título)
Oficiais superiores e subalternos, Diretores de repartições e empresas, chefes de serviço, pessoas de cerimônia	Senhor, Vossa Senhoria, Sua Senhoria	V. S.^{a} V.Sa. V.S.as S. S.^{a} S.Sa S.S.as	Ilmo. Sr. Ilmos. Srs.	Senhor (mais título)
Reitor de universidade	Magnificência, Vossa Magnificência	V.Mag^a V. Maga. V. Mag.as	Exmo. Sr. Exmos. Srs.	Magnífico Reitor
Papa	Santidade, Vossa Santidade, Sua Santidade	V. S. S.S. SS.SS.	Sua Santidade	Santíssimo Padre
Juízes de Direito	Meritíssimo, Vossa Excelência, Sua Excelência	V. Ex.ª S.Ex.ª	Exmo. Sr. Exmos. Srs.	Meritíssimo Juiz
Cardeais	Eminência, Vossa / Sua Eminência	V. Em.^{a} V. Ema. V. Em.as S. Em.^{a}	Sua Eminência Reverendíssima	Eminentíssimo Reverendíssimo
Bispos	Excelência, Vossa Excelência Reverendíssima	V. Ex.ª V. Exa. Rev.ma	Sua Excelência Reverendíssima	Reverendíssimo Excelentíssimo
Superiores de	Paternidade,	V. Rev.ma / V.P.	V. Rev.ma /	Reverendíssimo
Convento	Vossa Paternidade	Paternidade		Padre

Capítulo XIV | 355

CASOS ESPECIAIS

FORMAS	ABREVIATURA	
	SINGULAR	PLURAL
Digníssimo Senhor	DD. Sr.	DD. DD. Srs.
Muito Digno	M. D.	M. DD.
Excelentíssimo Senhor	Exmo. Sr.	Exmos. Srs.
Meritíssimo	MM.	MM.MM.
Eminência Reverendíssima	Em.ª Rev.^{ma}	Em^{as}. Rev.^{mas}
Excelentíssima Senhora	Exma. Sra.	Exmas. Sras.
Excelentíssima Senhorita	Exma. Srta.	Exmas. Srtas.
Vossa Mercê	V. M.	V.M.cês.
Dom e Dona	D.	——
Amigo/Amiga	Am./Am.	Amos./Amas.
Você	V.	——
Sociedade Anônima	S.A.	——

MILITARES	ABREVIATURAS
Almirante	Alm.
Marechal	Mal.
General	Gal.
Brigadeiro	Brig.
Coronel	Cel.
Tenente-Coronel	Ten-Cel.
Major	Maj.
Capitão	Cap.
Companhia	Cia.
Sargento	Sgt.

MEMORANDO

1) Timbre
2) Número
3) Remetente
4) Destinatário
5) Súmula ou Ementa

6) Local e data
7) Texto
8) Fecho
9) Assinatura e cargo

Observação
Todo memorando deve ter cópia com CIENTE e data, além de linguagem bem objetiva.

Memorando – Modelo:

(1) SERVIÇO PÚBLICO FEDERAL
UNIVERSIDADE FEDERAL DE SANTA CATARINA
GABINETE DO REITOR
CAMPUS UNIVERSITÁRIO REITOR JOÃO DAVID FERREIRA LIMA – TRINDADE
CEP: 88040-900 – FLORIANÓPOLIS – SC
TELEFONE (048) 3721-9320 – FAX (048) 3721-8422
E-mail: gabinete@reitoria.ufsc.br

(2) Memorando n. 118/2009/GR

(3) Universidade Federal de Santa Catarina – Gabinete do Reitor

(4) Ao Senhor Chefe do Departamento de Administração

(5) Assunto: **Instalação de microcomputadores**

(6) Em 7 de maio de 2009.

(7) 1. Nos termos do Plano Geral de informatização, solicitamos a Vossa Senhoria verificar a possibilidade de que sejam instalados três microcomputadores neste Departamento.

2. Ressaltamos que o equipamento seja dotado de disco rígido e de monitor padrão EGA. Quanto a programas, haverá necessidade de dois tipos: um processador de textos e outro gerenciador de banco de dados.

3. Sugerimos que o treinamento de pessoal para operação dos micros esteja a cargo da Seção de Treinamento do Departamento de Modernização, cuja chefia já manifestou seu acordo a respeito.

4. Mencionamos, por fim, que a informatização dos trabalhos deste Departamento ensejará racional distribuição de tarefas entre os servidores e, sobretudo, uma melhoria na qualidade dos serviços prestados.

(8) Atenciosamente,

(9) [nome]
[cargo]

Tarefa

Faça um memorando de acordo com os dados abaixo:

Você, como chefe do Setor de Manutenção do STF, deverá solicitar ao chefe do Setor de Compras o material necessário para instalação de computador.

REQUERIMENTO

1) Vocativo – título funcional de autoridade

2) Texto – qualificação do requerente
     petição ou pedido
     justificativa do pedido

3) Fecho – Nestes termos, pede deferimento.
     Nestes termos,
     espera deferimento.

4) Local e data de expedição – (por extenso)

5) Assinatura do requerente ou responsável

6) Anexo(s) – quando for o caso

Requerimento – Modelo:

(1) Ilmo. Sr. Diretor da Escola Estadual X

(Espaço reservado para o Despacho)*

(2) João da Silva, aluno do 2° ano do curso de Contabilidade desta escola, diurno, vem requerer a V.Sa. sua transferência para o noturno, uma vez que vai precisar trabalhar de dia.

(3) Neste termos,
pede deferimento.

(4) Rio de Janeiro, 20 de maio de 2002.

(5) João da Silva

(6) Anexo: Declaração da Firma.

Tarefa

Faça um requerimento, solicitando ao prefeito de sua cidade mais ônibus para seu bairro.

* Despacho é a aceitação ou não do pedido.

OFÍCIO

1) Número – na margem esquerda

2) Local e data – na mesma linha do n., à direita

3) Remetente

4) Destinatário

5) Assunto

6) Texto do ofício – **é composto de introdução, desenvolvimento e conclusão e pode ter tantos parágrafos quantos necessários**

7) Fecho – formas mais simples: atenciosamente ou cordialmente

8) Assinatura

9) Cargo do signatário

10) Nome do destinatário, acompanhado do cargo e endereço

11) Anexo(s) – quando for o caso

Ofício – Modelo:

(1) Ofício n. / 03   (2) Rio de Janeiro, 13 de maio de 2003.

(3) Do: Sr. Diretor da Escola Paulo VI

(4) Ao: Ilmo. Sr. Diretor da Escola Y

(5) Assunto: Convite

(6) No próximo dia 28 de maio, nossa escola estará comemorando mais um aniversário e gostaríamos de convidar V.Sa. e todo o corpo docente para esse evento, conforme programa anexo.

(7) Atenciosamente,

(8) Paulo Joaquim de Moura
(9) Diretor

(10) Ilmo. Sr.
　　　Pedro Paulo Rangel
　　　DD. Diretor da Escola Y

(11) Anexo: programa

Tarefa

Complete as lacunas.

a) O pedido feito através de um Ofício difere do Requerimento porque

_____

_____

_____

b) Geralmente o corpo do Ofício consta de três partes, que são:

_____ , _____ e

_____ .

c) O Ofício deve ser feito na _____ pessoa do _____ ou

_____ .

RELATÓRIO

Muito usados atualmente nos setores técnicos e científicos, os relatórios surgiram na antiga Roma, quando, por ordem do imperador, os fatos eram registrados no último dia do ano (**ânua** = relatório anual), daí provindo os **anais**, narração das ocorrências do ano. Atualmente, correspondem a publicações periódicas.

Basicamente, escrever um relatório é simples. Trata-se de anotar, **sistematizadamente,** os próprios pensamentos, de forma simples e clara.

Um bom relatório é aquele que contém todas as informações necessárias, se possível acompanhadas de documentário (gráficos, mapas, ilustrações, fotografias, diagramas), bem apresentado (papel adequado, boa disposição das partes), com **correção linguística**.

Antes de iniciar um relatório, pense:

• Quem vai recebê-lo?
• Por que e para que o faço?
• Que desejo como resultado?

Após a redação, releia seu trabalho e julgue:

• Os fatos estão em ordem, há coerência no texto?
• A linguagem está correta? (Em caso de dúvida, nunca entregue seu relatório sem a devida revisão por uma pessoa de sua confiança.)
• Os dados são exatos?

- Há uma introdução clara?
- Há um fecho, uma conclusão? (sem despedidas)
- O trabalho está bem apresentado, agradável de ser visto e lido?

Estrutura

As normas técnicas vigentes estabelecem como **elementos mínimos** para a elaboração de um relatório:

1. Título (identifica o documento, todas as letras maiúsculas)

2. Vocativo (a quem se dirige o relatório)

3. Texto:

   - Introdução – orienta o leitor, geralmente faz referências à ordem superior que determinou a execução do relatório

   - Desenvolvimento – expõe o assunto, geralmente dividindo-o em partes, tópicos

   - Conclusão – sistematiza, opina, sugere, agradece, fechando as ideias em torno do assunto relatado

4. Local e data

5. Assinatura

6. Anexos (auxílios visuais, provas, documentários)

Tipos de Relatórios

1. Quanto à finalidade, há relatórios: de pesquisa; jurídicos; econômicos; científicos; de cadastro; de informação.

2. Quanto à periodicidade, os relatórios podem ser: anuais; mensais; diários; eventuais; de rotina; de conclusão de trabalho, estudo, pesquisa.

3. Quanto à apresentação formal, há quatro tipos de relatório, a saber:

   a) **Relatório-resumo**: relata os fatos concisamente, apenas enumerando, citando os elementos básicos. Usado principalmente para trabalhos diários (relatório diário), prestação de contas, informações rápidas.

b) Relatório-roteiro: usado como medida de economia de esforço e tempo. Nele o relator apenas completa um formulário previamente elaborado. É o relatório mais utilizado atualmente em grandes empresas, escolas, órgãos estatais, bancos (cadastros).

c) Relatório-narrativo: narra minuciosamente os fatos em ordem cronológica, sem omitir detalhes. Tem seu emprego indicado quando se deseja analisar em profundidade um assunto. É mais usado nas áreas jurídicas, científicas e técnicas.

d) Relatório em tópicos: agradável visualmente, fácil de ser lido e analisado, o relatório em tópicos é o melhor e o mais largamente utilizado, prestando-se a todos os fins. Os assuntos são agrupados em ordem lógica, sob um título motivador, que resume o assunto tratado em cada parte.

Estrutura de um relatório em tópicos:

1. Identificação

    1.1 Relatório n. /
    1.2 Data:
    1.3 Assunto:
    1.4 Relatores:

2. Apresentação

3. Objetivos

4. Programa (Roteiro)

5. Desenvolvimento

6. Conclusão

Data por extenso

Assinatura

Exemplo de relatório em tópicos:

RELATÓRIO SOBRE VISITA PEDAGÓGICA À USINA SAPUCAIA S.A.

1. IDENTIFICAÇÃO
1.1 Relatório n. 01/97
1.2 Data: 30 de março de 1997
1.3 Assunto: Visita à Usina Sapucaia S.A.
1.4 Relatores: Lucas Wagner Gomes e Mateus Pereira de Almeida

2. APRESENTAÇÃO
Atendendo à solicitação do professor de Operações Industriais do Curso de Instrumentação Industrial, fazemos, em seguida, relatório das atividades desenvolvidas durante visita técnica à Usina Sapucaia S.A.

3. OBJETIVOS
3.1 Observar o processo de fabricação de açúcar em uma usina.
3.2 Conhecer os equipamentos usados nesse processo.

4. PROGRAMA (Roteiro)
4.1 Sair da escola às 8h
4.2 Chegar à usina às 10h
4.3 Visitar os diversos setores do processo de fabricação de açúcar
4.4 Almoçar às 12h
4.5 Continuar a visita
4.6 Lanchar às 15h
4.7 Retornar à escola às 17h.

5. DESENVOLVIMENTO
5.1 Saímos da escola no horário previsto e nos dirigimos à Usina Sapucaia. O chefe do setor de segurança e o engenheiro responsável pela produção nos recebeu.
5.2 Após colocarmos os capacetes de segurança, começamos a conhecer o processo de produção de açúcar – iniciado no corte de cana, seleção e lavagem.
5.3 Em seguida, percorremos os setores de esteiras e moagem de cana.
5.4 Continuando, visitamos os laboratórios de análise de sacarose e os fornos onde o açúcar é produzido.
5.5 Encerrada a visita, retornamos à escola.

6. CONCLUSÃO

6.1 Foi de muita importância a visita para nossa formação, pois pudemos ver *in loco* as diversas etapas de fabricação do açúcar e também os variados equipamentos usados.

6.2 Esperamos que outras visitas sejam realizadas.

Campos dos Goitacases, 30 de março de 1997.

Lucas Wagner Gomes   Mateus P. de Almeida

Currículo: Seu cartão de Visita

CURRICULUM VITAE

Rodrigo Magalhães Pedroso Dias

Brasileiro, solteiro, 29 anos
Rua Castor de Afuentes Andradas, número 109
Pampulha – Belo Horizonte – MG
Telefone: (31) 8888-9999 / E-mail: rodrigoaug@gmail.com.br

OBJETIVO

Cargo de Analista Financeiro

FORMAÇÃO

- Pós-graduado em Gestão Financeira. IBMEC, conclusão em 2006.
- Graduado em Administração de Empresas. UFMG, conclusão em 2003.

EXPERIÊNCIA PROFISSIONAL

- **2004-2008 – Rocha & Rodrigues Investimentos**
  Cargo: Analista Financeiro.
  Principais atividades: Análise técnica de balanço patrimonial, análise de custo de oportunidade, análise de estudos de mercado.
  Responsável pelo projeto e implantação de processos pertinentes à área.
  Redução de custos da área de 40% após conclusão.

- **2001-2003 – ABRA Tecnologia da Informação**
  Cargo: Assistente Financeiro.
  Principais atividades: Contas a pagar e a receber, controle do fluxo de caixa, pagamento de colaboradores, consolidação do balanço mensal.

- **2000-2001 – FIAT Automóveis**
  Estágio extracurricular com duração de 6 meses junto ao Departamento de Custeio.

QUALIFICAÇÕES E ATIVIDADES COMPLEMENTARES

- Inglês – Fluente (Number One, 7 anos, conclusão em 2001).
- Experiência no exterior – Residiu em Londres durante 6 meses (2004).
- Curso Complementar em Gestão de Investimentos de Renda Variável (2004).
- Curso Complementar em Direito Empresarial (2007).

INFORMAÇÕES ADICIONAIS

- Disponibilidade para mudança de cidade ou estado.

GABARITO

Capítulo XIV

Redação Oficial

Tarefa

a) O pedido feito através de um Ofício difere do Requerimento porque o Ofício é uma correspondência externa utilizada entre órgãos públicos de administração direta e indireta. É uma correspondência oficial.

O Requerimento é um processo formal de solicitar algo que pareça legal ao requerente. Documento de solicitação, de forma padronizada. É uma petição dirigida a uma autoridade.

b) Geralmente o corpo do Ofício consta de três partes, que são <u>Introdução</u>, <u>Desenvolvimento</u> e <u>Conclusão</u> e pode ter tantos parágrafos quantos necessários.

c) O Ofício deve ser feito na 1ª pessoa do <u>singular</u> ou <u>plural</u>.

CAPÍTULO XV

SEMÂNTICA

- Palavras Parônimas e Homônimas
- Exercícios de Fixação
- Gabarito

PALAVRAS PARÔNIMAS E HOMÔNIMAS

Amplie seu vocabulário, mas não confunda o sentido das palavras!

A Língua Portuguesa possui um extenso vocabulário, entretanto não se pode confundir, por exemplo, **incidente** com **acidente** ou **acender** com **ascender**. Para que tal eventualidade não aconteça em suas redações, saiba que:

Homônimas são palavras que **se igualam na pronúncia ou grafia**, embora traduzam **significados diferentes: cesta e sexta** são palavras homônimas.

Parônimas são palavras parecidas, mas com sentidos diferentes. São parônimas as palavras: **acidente** (choque, colisão) e **incidente** (desavença, irregularidade).

Convém destacar alguns **Parônimos** e **Homônimos** como estes:

Acedente — o que acede, o que concorda.
Acidente — choque, colisão; forma geográfica.
Incidente — desavença, desentendimento; o que incide.

Acender — ligar, inflamar, acionar.
Ascender — subir, elevar-se.

Acento — inflexão de voz; sinal gráfico.
Assento — lugar ou móvel onde sentamos.

Acerto — combinação, ajuste; forma correta.
Asserto — afirmação, assertiva.

Acessório — dispensável, secundário.
Assessório — que assessora (cf. assessor).

Apreçar — avaliar, dar preço.
Apressar — apurar, acelerar.

Arrear — colocar os arreios no animal
Arriar — baixar, descer

CAPÍTULO XV – SEMÂNTICA | 371

Atuar — agir, representar
Autuar — processar, lavrar os autos

Aferir — conferir
Auferir — obter

Asado — com asas, alado
Assado — cozido
Azado — oportuno, propício

Ascético __ místico, devoto
Acético — relativo ao vinagre
Asséptico — isento de germes patogênicos

Assoar — limpar o nariz
Assuar — vaiar

Avícola — relativo a aves
Avícula — ave pequena

Balça — matagal
Balsa — barco, jangada

Boça — cabo de atracação (náutica)
Bossa — aptidão, jeito

Bocal — embocadura, abertura de vaso
Boçal — rude, grosseiro, mal-educado
Bucal — relativo à boca

Bucho — estômago dos mamíferos e dos peixes; mulher muito feia
Buxo — arbusto ornamental

Brocha — tipo de prego
Broxa — tipo de pincel

Caçar — perseguir, capturar ou matar animais selvagens
Cassar — anular, tornar sem efeito

Cadafalso — patíbulo, lugar de execução
Catafalco — estrado metálico que sustenta o caixão fúnebre

Calção — peça do vestuário
Caução — documento de penhor, cautela, garantia

Censo — levantamento estatístico; recenseamento
Senso — juízo, razão

Cessão — doação, ato de ceder, entregar
Sessão — reunião; tempo de duração da atividade pública
Seção — parte, repartição, divisão; forma antiga: secção

Cesto — cesta, balaio
Sexto — ordinal de seis

Chá — planta, bebida, infusão
Xá — título hierárquico, soberano do Irã

Chácara — sítio, granja
Xácara — forma narrativa em verso (popular)

Cheque — ordem bancária de pagamento
Xeque — sequência no jogo de xadrez; chefe árabe

Comprimento — extensão em linha, distância
Cumprimento — saudação, aceno; ato de cumprir

Concertar — combinar, ajustar; harmonizar (música)
Consertar — reparar, emendar; arranjar as coisas

Conjetura — suposição, hipótese
Conjuntura — situação, conjunto de circunstâncias

Coser — costurar
Cozer — cozinhar

Costear — navegar próximo ao litoral
Custear — arcar com as despesas

Deferir — conceder, aprovar
Diferir — adiar, transferir; diferenciar

Degradar — aviltar, rebaixar, humilhar
Degredar — banir, exilar

Decente — decoroso
Descente — que desce

Descrição — exposição, ato de descrever
Discrição — qualidade do que é discreto; reserva

Descriminar — absolver, inocentar, tirar a culpa
Discriminar — separar, discernir, distinguir

Despensa — lugar onde se guardam as provisões
Dispensa — ato de dispensar, isenção

Dessecar — enxugar completamente
Dissecar — cortar, dividir em partes, examinar

Discente — corpo de aluno
Docente — corpo de professores

Emergir — vir à tona, elevar-se
Imergir — afundar, submergir

Emigrar — sair de, abandonar um país ou região
Imigrar — entrar em, ingressar num país ou região

Eminente — elevado; importante, destacado
Iminente — prestes a ocorrer, próximo, imediato

Esperto — astucioso, vivo, sagaz
Experto — experiente, perito

Estático — firme, imóvel, parado
Extático — deslumbrado, em êxtase

Flagrante — evidente, manifesto; no ato
Fragrante — aromático, perfumado

Incerto — vago, impreciso, duvidoso
Inserto — inserido, introduzido

Incipiente — iniciante, principiante
Insipiente — ignorante, insensato

Indefeso — sem defesa, vulnerável
Indefesso — infatigável, laborioso

Inflingir — aplicar (pena, castigo); submeter
Infringir — transgredir, violar, desrespeitar

Inerme — desprotegido, sem defesa
Inerte — imóvel, desacordado

Intercessão — ato de interceder, intervir
Interseção — corte, ponto de cruzamento

Mandado — ordem judicial; ato de mandar
Mandato — autorização ou procuração; delegação

Óptico — relativo à visão
Ótico — relativo ao ouvido (cf. otite)

Pleito — competição, liça, disputa
Preito — homenagem, louvor

Prescrever — determinar, fixar; reafirmar
Proscrever — proibir, condenar, banir

Prescrito — determinado, fixado
Proscrito — banido, fora da lei

Ratificar — confirmar, manter, reafirmar
Retificar — corrigir, emendar, alterar

Sanção — aprovação de uma lei
Sansão — homem forte, tipo de guindaste

Soar — Produzir som
Suar — transpirar

Sobrescrever — endereçar, escrever sobre
Subscrever — assinar, escrever embaixo de

Solver — resolver, dissolver sobre
Sorver — haurir ou beber, aspirando, absorver

Sortir — abastecer, fazer sortimento
Surtir — resultar, fazer efeito

Sustar — suspender
Suster — sustentar

Tachar — censurar, notar defeito
Taxar — estabelecer taxas

Terçol — tumor na pálpebra
Tersol — tipo de toalha

Tráfico — comércio ilícito, contrabando
Tráfego — trânsito, circulação, movimento

Vadear — passar a vau, cruzar o rio
Vadiar — vagabundear

Vultoso — volumoso, importante
Vultuoso — inchado, dilatado

Zumbido — som de insetos que voam
Zunido — som do vento

Evidentemente, você não deverá decorar estas palavras, pois elas, isoladas, não adquirem seu real sentido. A intenção da lista de homônimos e parônimos é a de servir de guia para você, quando fizer sua redação e surgirem dúvidas sobre o significado e emprego de uma ou outra das palavras arroladas.

Exercícios de Fixação

1) Coloque no espaço abaixo a expressão, o homônio ou parônimo que complete o sentido da frase:

1. Concordo. Suas ideias vêm _____ minha opinião. (de encontro a, ao encontro de)

2. O carro veio _____ árvore, chocando-se nela. (de encontro à, ao encontro da)

3. Esse relatório contém erros. É preciso _____. (ratificá-lo, retificá-lo)

4. Concordo com você e vou _____ os projetos na reunião. (retificar, ratificar)

5. Ela fala _____. (de mais, demais)

6. Comprei cadernos _____. (de mais, demais)

7. Naquela sala, era proibido _____ fósforos. (ascender, acender)

8. Seu único objetivo era _____ na empresa. (ascender, acender)

9. O malfeitor foi pego em _____. (flagrante, fragrante)

10. A mãe _____ as camisas do filho. (cozia, cosia)

GABARITO

Capítulo XV

Semântica

Homônimos e Parônimos:

1. ao encontro de
2. de encontro à
3. retificá-lo
4. ratificar
5. demais
6. de mais
7. acender
8. ascender
9. flagrante
10. cosia

CAPÍTULO XVI

REVISÃO GRAMATICAL

- Dificuldades Ortográficas
  - A fim de, afim, de repente, por isso
  - Mal, mau, má
  - Mas, mais
  - Demais, de mais
  - Onde, aonde, donde
  - Porque, porquê, por que, por quê
  - Há, a, à
  - Acerca, há cerca
  - Hora, ora
  - Vês, vez
  - Se não, senão
  - Palavras Parônimas e Homônimas
  - Concordância Verbal
  - Concordância Nominal
  - Crase
  - Pronomes Relativos (Que, quem, qual, cujo)
  - Regência Verbal
  - Colocação Pronominal

- Exercícios de Fixação

- Gabarito

Exercícios de Fixação

DIFICULDADES ORTOGRÁFICAS

A) **Assinale a palavra que completa corretamente as lacunas das frases abaixo:**

1. Recebi o prêmio em um bingo _____ na Escola.
   (beneficente / beneficiente)

2. Vão reformar a _____ do adro central da igreja.
   (abóboda / abóbada)

3. Suponho que os _____ estejam no fim da colheita.
   (aborígines / aborígenes)

4. Deixe-me _____ o que você trouxe!
   (adivinhar / advinhar)

5. O rapaz quase ficou _____ naquele acidente.
   (alejado / aleijado)

6. Você está dizendo um _____ de tolices.
   (amontoado / amontuado)

7. Não podemos nos _____ do que não é nosso!
   (apropriar / apropiar)

8. A cena foi tão real que senti um _____ de pavor.
   (arrepio / arripio)

9. Até hoje não consegui entender bem o uso do _____.
   (asterisco / asterístico)

10. Não concordo e não me venha com mais _____.
    (barganhas / breganhas)

11. Avise-o de que a _____ de sua bermuda está aberta.
    (barguilha / braguilha)

12. O salário dele é para comprar _____.
    (bugingangas / bugigangas)

Capítulo XVI – **Revisão Gramatical** | 381

13. Já se nota nele um princípio de _____.
(calvície / calvice)

14. Não dispensarei sua _____ de jeito algum.
(companhia / compania)

15. Os pivetes fizeram _____ na Praça Onze.
(depedração / depredação)

16. Conto com sua absoluta _____ sobre esse assunto.
(discrição / discreção)

17. Mandei fazer uns armários _____ na cozinha.
(embutidos / imbutidos)

18. Sua atitude hostil é _____ para resolver essa questão.
(empecilho / impecílio)

19. Tem havido casos de _____ na periferia da cidade.
(estrupo / estupro)

20. Precisamos conhecer a _____ da palavra.
(etimologia / etmologia)

21. Demonstrava um ódio _____ pelo irmão mais velho.
(fidagal / figadal)

22. Como é suave a _____ desse perfume!
(fragância / fragrância)

23. É uma pessoa muito _____.
(irascível / irrascível)

24. Não posso _____ suas expectativas.
(frustrar / frustar)

25. Que criança _____?
(irriquieta / irrequieta)

26. Veio aqui _____ das melhores intenções.
(imbuído / embuido)

27. Tenho o maior medo de _____.
(lagartixas / largatixas)

28. O centro da cidade foi tomado pelos _____.
(mendingos / mendigos)

29. Pedimos ao _____ juiz nossas desculpas.
(meritíssimo / meretíssimo)

30. Encontraremos as _____ no mercado.
(mexiricas / mexericas)

31. Estou querendo meio-quilo desta _____.
(mortadela / mortandela)

32. Ele iniciou a maior _____ sobre isso.
(discussão / discursão)

33. Sua atitude provocou uma grande _____ .
(repercussão / repercusão)

34. Queria ter o _____ de lhe dar a notícia.
(privilégio / previlégio)

35. Precisamos aprender a _____ nossos direitos.
(reivindicar / revindicar)

36. É um sujeito muito _____.
(retrógrado / retrógado)

37. Não depile as _____.
(sobrancelhas / sombrancelhas)

38. Sua intenção era a de nos _____.
(subjugar / subjulgar)

39. O problema é meu. Não tem nada _____ com você.
(haver / a ver)

40. O governo _____ a força da classe média.
(substimou / subestimou)

41. Foi _____ que você me chamou?
(por isso / porisso)

42. É muito _____ encontrar velhos amigos.
(prazeroso / prazeiroso)

43. Fiz tudo _____ de não o magoar. (afim / a fim)

44. Brincadeiras _____ acho que você está certo. (aparte / à parte)

45. Se você não agir direito, vai _____ comigo! (aver-se / avir-se)

46. Por favor, coloque aqui sua _____. (rúbrica / rubrica)

47. _____, concordo com você. (A princípio / Em princípio)

48. Produto biodegradável não _____ a natureza. (polui / polue)

49. Ela, em geral, acorda de _____ humor. (mal / mau)

50. Quando ficava zangado, nada o _____. (detia / detinha)

51. O policial _____ o assaltante. (deteu / deteve)

52. A empregada _____ as crianças. (entretia / entretinha)

53. Fiz isso devido à _____ de recursos. (precaridade / precariedade)

54. Ele se portou com grande _____. (espontaniedade / espontaneidade)

55. Pelo _____ chamava-se um médico. (auto-falante / alto-falante)

56. O jogador sofreu _____ entorse. (um / uma)

57. Ele caiu, mas só sofreu pequenas _____. (escoriações / excoriações)

58. Era grande a nossa _____ pelo jogo. (espectativa / expectativa)

59. O campo _____ prejudicou a partida. (enxarcado / encharcado)

60. A chuva provocou uma imensa _____. (enxurrada / enchorrada)

B) Complete as frases abaixo com uma das expressões, conforme convenha:

> **A fim de** (= para);
> **afim** (= que tem afinidade);
> **de repente, por isso** (sempre separados)

1. Como são pessoas _____, vão ao juiz _____ se casarem.

2. O carro estava sem gasolina, _____ parou.

3. Lutamos hoje _____ que nossos filhos vivam melhor amanhã.

4. Nossos interesses são _____; _____ nos associamos.

5. Ensinamos _____ aprender mais.

C) Complete as lacunas substituindo a palavra em destaque pelo seu antônimo:

> **Mal** (se o contrário é **bem**);
> **mau** (se o contrário é **bom**);
> **má** (se o contrário é **boa**).

1. Ontem acordei de **bom** humor. Hoje acordei de _____ humor.

2. Fiquei em **boa** situação. Fiquei em _____ situação.

3. Isto está **bem**-feito. Isto está _____ feito.

4. Teve **boa** educação, porém fez _____ criação.

5. Tudo foi **bem**-entendido? Não, houve um _____ entendido.

D) Complete com <u>mas</u> ou <u>mais</u>, conforme convenha.

Mas (= porém, contudo, entretanto = conjunção);
mais (= além, modifica substantivo, adjetivo, verbo e advérbio = advérbio).

1. É _____ esperta do que a outra, _____ não a engana.

2. São _____ novas, _____ parecem velhas.

3. Tenha _____ amor e menos confiança, _____ não desconfie de mim.

4. Dou-lhe muita vitamina, _____ ele não cresce, por _____ que eu faça.

5. Chegaram _____ alunos hoje.

6. O mar parecia furioso, _____ estava belo.

7. Cheguei _____ cedo.

8. Antigamente se estudava _____ .

9. Ele trabalhava muito, _____ continuava pobre.

10. Não é _____ diretor.

E) Complete as lacunas abaixo, usando <u>demais</u> ou <u>de mais.</u>

Demais (advérbio) = muito, bastante, além disso.
De mais (locução adjetiva) = antônimo de menos.

1. Era um aluno esforçado _____; estudar muito não lhe era nada

_____.

2. Vocês dois podem sair agora; os _____ esperarão a sua vez.

3. Sofreu _____ .

4. _____, nada posso fazer.

5. Ela é linda _____ .

F) Empregue adequadamente <u>porque</u>, <u>porquê</u>, <u>por que</u>, <u>por quê</u>.

Porque (conjunção subordinativa causal);
porquê (substantivo);
por que (= pelo qual);
por quê (final de frase interrogativa).

1. Não sabes _____?

2. Não sabes o _____ da dúvida.

3. Foi tragado pelas águas _____ não sabia nadar.

4. Sabes _____ caminhos deves andar.

5. Foste com eles _____?

6. _____ viajaste?

7. _____ choras sem razão?

8. É nobre a causa _____ lutava.

9. Ignoro as razões _____ saíste cedo.

10. Quem poderá conhecer o _____ das coisas?

11. Descobri _____ motivo vieste tarde.

12. Pergunto _____ razão vieste tarde.

13. O professor perguntou _____ razão eu não viera ontem.

14. A diretora quis saber _____ meu irmão se atrasara.

15. O futuro _____ anseias está próximo.

16. Seremos punidos_____ transgredimos a lei.

17. Eu, _____ tivesse medo, não participei.

18. Ninguém o atendia _____ exigia soluções impossíveis.

19. _____ não me visitaste mais?

20. Tu me delataste _____?

21. _____ me abandonaste?

22. Não fui à aula _____ chovia.

23. Deve haver um _____ para o seu gesto.

24. Gostaria de conhecer o _____ de tudo isso.

25. Não sei _____ não houve o curso.

G) Preencha as lacunas adequadamente, usando a, à ou há:

1. _____ pouco saímos do zoológico.

2. Daqui _____ pouco sairemos do zoológico.

3. Encontrei-_____ no parque.

4. A cidade fica _____ poucos quilômetros daqui.

5. Daqui _____ tempos haverá novas provas.

6. De hoje _____ três dias sairão os resultados.

7. _____ cerca de vinte pessoas à espera.

8. _____ sempre descontentes da vida.

9. Daqui _____ tempos haverá novo curso.

10. De hoje _____ três dias sairá publicada a concorrência.

H) Preencha adequadamente as lacunas com acerca ou há cerca.

1. _____ de dez oradores falando _____ de poluição.

2. Comentou-se muito _____ de ecologia.

3. O auditório esteve repleto _____ de duas horas.

I) Complete as frases com hora ou ora.

1. É _____ de sairmos.

2. Meu relógio _____ dá a _____ certa, _____ não.

3. Ocupava seu tempo _____ lendo, _____ não.

4. É o estudo que _____ me preocupa.

J) Use demais (muito) ou de mais (a mais), conforme convier:

1. Gosto _____ de meu trabalho.

2. Estou com dinheiro _____.

3. Estudei _____; preciso descansar.

4. Um amor _____ é sempre perigoso porque faz sofrer _____.

5. Comprei livros _____ e agora não tenho onde guardá-los.

6. Num dos lados da rua havia casas _____ .

7. Essa garota é linda _____ .

8. Ele morreu porque sabia _____ e conhecia _____ os segredos da organização terrorista.

K) Preencha com <u>mau</u> ou <u>mal</u>, conforme convenha:

1. _____ cheguei, todos me procuraram.

2. Estás muito _____ informado.

3. Procedeu _____, logo foi punido.

4. Não faças _____ a ninguém.

5. Livrai-nos do _____, Senhor.

6. Isto é _____ sem cura.

7. Quem é _____ vive sempre triste.

8. _____ saíste, eu também saí.

9. Remédio algum servia para a cura de seu _____ .

10. Quem não lê, _____ entende as coisas.

L) Preencha as lacunas com um dos termos entre parênteses:

1. O professor _____ por bem adiar o treinamento. (ouve – houve)

2. Se ele agora _____ é porque _____ um verdadeiro milagre. (ouve – houve)

3. Fez _____ esforço que não foi aprovado. (tão pouco – tampouco)

4. Ele não saiu; _____ eu fui à escola hoje. (tão pouco – tampouco)

5. Suas ideias não ficam _____ das minhas. (abaixo – a baixo)

6. Correu a arquibancada de alto _____. (abaixo – a baixo)

7. _____ de três oradores falando _____ das novas reformas. (acerca – há cerca)

8. Atrasou-se, _____ perdeu a oportunidade. (porisso – por isso)

9. _____ estudioso, vadia um pouco. (Conquanto – Com quanto)

10. _____ entusiasmo se conseguirá estudar? (Conquanto – Com quanto)

M) Assinale a forma correta nas duplas a seguir:

1. ( ) mal-educado   ( ) mau-educado
2. ( ) má-educação   ( ) mal-educação
3. ( ) mau humor   ( ) mal humor
4. ( ) caiu mau   ( ) caiu mal

N) Complete com <u>vês</u> ou <u>vez</u>:

1. Não sei qual foi a última _____ que estive com você.

2. _____ por que há tanto exercício errado?

3. Chegou sua _____ de falar.

4. Como _____, não podemos viajar amanhã.

5. _____ por outra, tu _____ a doente.

O) Relacione as colunas de acordo com a classificação da palavra <u>senão</u>:

(1) Não lhe descobri um senão.   ( ) palavra de exclusão.
(2) Não estavam tristes, senão alegres.   ( ) substantivo comum.
(3) Chegue na hora, senão irei sozinho.   ( ) conjunção coordenativa alternativa.
(4) Nada quero, senão o meu direito.   ( ) conjunção coordenativa adversativa.

P) Complete, usando corretamente uma das opções indicadas entre parênteses:

1. Ele não é um _____ menino. (mau, mal)

2. _____ ele saiu, começou a chover. (mau, mal)

3. Como ela canta _____! (mau, mal)

4. O _____ precisa ser combatido. (mau, mal)

5. Isto aconteceu _____ três meses. (a, há)

6. Daqui _____ três meses, haverá novo curso. (a, há)

7. Aqui estão as entradas para o _____ de hoje. (concerto, conserto)

8. Leve estes sapatos para o _____. (concerto, conserto)

9. No ano seguinte o IBGE fará novo _____. (censo, senso)

10. Isso faz parte do _____ comum. (censo, senso)

11. É uma falta de _____ agir assim. (censo, senso)

12. Neste fim de semana iremos _____ no Imbé. (caçar, cassar)

13. O **AI 5** permitia _____ os direitos políticos de qualquer cidadão. (caçar, cassar)

14. Há mudanças _____ acontecendo nos próximos dias. (eminentes, iminentes)

15. É um jurista famoso, um homem _____ . (eminente, iminente)

16. Penso que você deve agir com total _____ . (descrição, discrição)

17. Você poderia fazer a _____ do local para mim? (descrição, discrição)

18. Qual é o _____ desta sala? (comprimento, cumprimento)

19. Após os_____ se dirigiam à sala de jantar. (comprimentos, cumprimentos)

20. Espero que V.S.ª possa _____ o meu pedido logo. (deferir, diferir)

21. Ela não sabe_____ uma dobradura de uma dobradiça. (deferir, diferir)

22. Você _____ as apostilas amanhã? (trás, traz)

23. Aproximou-se por_____ e lhe deu um tremendo susto. (trás, traz)

24. O rapaz se dispôs a _____ os companheiros. (dilatar, delatar)

25. Espero conseguir _____ o prazo para pagar essas prestações. (dilatar, delatar)

26. Vou solicitar do professor minha _____. (despensa, dispensa)

27. Você precisa abastecer essa _____. (despensa, dispensa)

28. O _____ de carros na Avenida Brasil está muito intenso hoje. (tráfego, tráfico)

29. Há uma intensa campanha contra o _____. (tráfego, tráfico)

30. Ele deverá _____ sua atitude de inconveniente. (tachar, taxar)

31. O governo irá _____ ainda mais a indústria. (tachar, taxar)

32. Aperte o _____ de sua gravata. (laço, lasso)

33. Após tanto esforço, seus membros estavam _____. (laços, lassos)

34. Penso que devem deixar a janela _____ fechada. (meio, meia)

35. Não suporto _____ palavras! (meio, meias)

36. Ela só comeu _____ maçã. (meio, meia)

37. É preciso _____ tristeza e mais alegria. (menos, menas)

38. Você está prestando _____ atenção do que devia! (menos, menas)

39. Você irá _____ à reunião? (conosco, com nós)

40. Você irá _____ mesmos à reunião? (conosco, com nós)

Concordância Verbal

A) Complete com a forma adequada.

1. Amanhã _____ eu e você. (irei, iremos)

2. Amanhã _____ tu e eu. (ireis, iremos)

3. Amanhã _____ V.Ex.ª e ele. (irão, iremos)

4. Saberás que fui eu quem _____. (saiu, saí)

5. Saberás que foram eles que _____. (saiu, saíram)

6. Qual de vós se _____? (arrisca, arriscais)

7. Quais de vós _____? (reclama, reclamais)

8. Quantos de nós _____ alegres? (está, estamos)

9. _____ meio-dia. (Devem ser, Deve ser)

10. _____ uma e meia. (Pode ser, Podem ser)

11. Os relógios _____ meio-dia e vinte. (bateu, bateram)

12. No relógio _____ dez batidas. (soou, soaram)

B) Assinale a forma errada e corrija-a:

1. a) Era um dos que passaram. _____

   b) Perto de cem alunos saiu. _____

   c) A maioria dos alunos foi aprovada. _____

2. a) Pode haver algumas surpresas. _____

   b) Pode existir algumas surpresas. _____

   c) Podem existir algumas surpresas. _____

3. a) Deve haver três meses que ele viajou. _____

   b) Deve fazer três meses que ele viajou. _____

   c) Devem fazer três meses que ele viajou. _____

C) Complete, flexionando com o verbo indicado.

1. Sempre _____ problemas em nossa vida. (existir)

2. Nunca _____ tantos inscritos. (haver)

3. Temo que não _____ soluções. (haver)

4. Amanhã _____ três anos que nos conhecemos. (fazer)

5. _____ dez horas que saímos. (Transcorrer)

6. _____-se casas. (Alugar)

7. _____-se alugar casas aqui. (Dever)

8. _____-se de boas empregadas. (Precisar)

9. _____-se aos alunos muitas oportunidades. (Dar)

10. _____-se a bons espetáculos aqui. (Assistir)

D) Complete as lacunas com o verbo "ser", flexionando-o adequadamente.

1. Dois reais _____ pouco dinheiro.

2. Três metros _____ menos do que preciso.

3. Cinco quilos _____ mais do que o suficiente.

4. Duzentos gramas _____ bastante.

5. Da estação à fazenda _____ três léguas a cavalo.

6. Nas minhas terras o rei _____ eu.

7. O netinho _____ as alegrias dos avós.

8. Na mocidade tudo _____ esperanças.

9. Aquilo não _____ homens, _____ espantalhos.

10. A causa _____ os objetos.

E) Efetue a concordância, escolhendo a forma verbal adequada.

1. Naquele dia _____ dez alunos. (faltou, faltaram)

2. _____, naquela época, fatos terríveis. (Aconteceu, Aconteceram)

3. Ainda _____ quarenta blocos. (falta, faltam)

4. Ainda não _____ os documentos. (chegou, chegaram)

5. _____ cinco minutos para começar a aula. (Falta, Faltam)

6. _____ quatro pessoas para fazer o trabalho. (Basta, Bastam)

7. Um bando _____. (chegou, chegaram)

8. Um bando de alunos _____. (chegou, chegaram)

9. A multidão _____. (gritava, gritavam)

10. A multidão de torcedores_____. (gritava, gritavam)

11. Tu e teu colega _____ a tempo. (chegaste, chegaram)

12. Teus amigos e tu _____ o problema. (sabeis, sabem)

13. O Corinthians ou o Santos _____ o campeonato. (ganhará, ganharão)

14. Fortaleza ou Recife _____ bons lugares para as férias. (são, é)

15. Que _____ sinônimos? (são, é)

16. Quem _____ os culpados? (foi, foram)

17. _____ uma hora e dez minutos. (É, São)

18. _____ duas horas e quinze minutos. (É, São)

19. _____ bem mais de uma hora. (É, São)

20. Daqui a Campinas _____ cem quilômetros. (é, são)

21. Os culpados _____ vós. (sois, são)

22. O responsável _____ eu. (é, sou)

23. Capitu _____ as preocupações de Bentinho. (era, eram)

24. Laís _____ as alegrias da casa. (era, eram)

25. Aquilo _____ tolices de criança. (era, eram)

F) Para os exercícios de 1 a 35, adote o seguinte código:

> **a) apenas a sentença 1 está correta.**
> **b) apenas a sentença 2 está correta.**
> **c) apenas a sentença 3 está correta.**
> **d) todas estão corretas.**
> **e) todas estão incorretas.**

1. 1) Sucedeu, naquela época, acontecimentos inevitáveis.
    2) Faltou, naquele dia, cinco alunos.
    3) Ocorreu, naquela noite, fatos estranhos.

2. 1) Chegaram o mapa e os dicionários.
    2) Chegou o mapa e os dicionários.
    3) O mapa e os dicionários chegaram.

3. 1) Eu, tu e vossos amigos chegamos ao local.
    2) Eu, tu e nosso colega saímos de casa.
    3) Tu e teus amigos resolvestes o problema.

4. 1) Os alunos, os professores, os diretores, ninguém faltaram.
    2) As apostilas, os livros, os cadernos, tudo estavam fora do lugar.
    3) Primos, tios, sobrinhos, cunhados, todos foram ao casamento.

5. 1) Existe casos sem solução.
    2) Deve existir muitos casos sem solução.
    3) Devem haver muitos casos sem solução.

6. 1) Haviam, naquela época, muitos fatos estranhos.
    2) Deviam haver, naquela época, muitos fatos estranhos.
    3) Existiam pessoas que não compareceram à reunião.

7. 1) Na sala de aula havia vinte alunos.
    2) Na sala de aula existiam vinte alunos.
    3) Na sala de aula tinham vinte alunos.

8. 1) Faz dez anos que ele saiu.
   2) Devem fazer uns dez anos que ele saiu.
   3) Vão fazer uns dez anos que ele saiu.

9. 1) Fazem alguns anos que nós viajamos.
   2) Podem fazer uns dez anos que nós viajamos.
   3) Devem fazer vários meses que ele não aparece.

10. 1) Conserta-se sapatos.
    2) Aluga-se casas.
    3) Vende-se apartamentos.

11. 1) Vê-se muitas pessoas.
    2) Espera-se os resultados.
    3) Via-se, através da janela, os pássaros.

12. 1) Tratavam-se de assuntos muito importantes.
    2) Acreditavam-se, muitas vezes, em marcianos.
    3) Confiam-se em pessoas honestas.

13. 1) Obedeceram-se aos regulamentos.
    2) Precisa-se de pedreiros.
    3) Precisam-se de pedreiros.

14. 1) O relógio da igreja deu duas horas.
    2) Deu duas horas.
    3) No relógio da igreja deu duas horas.

15. 1) A torre da igreja bateu quatro horas.
    2) Bateu quatro horas.
    3) Na torre da igreja bateu quatro horas.

16. 1) Mais de um aluno ausentaram-se.
    2) Mais de dois alunos ausentaram-se.
    3) Mais de um caso ficaram sem solução.

17. 1) Mais de uma pessoa fugiram.
    2) Mais de um aluno, mais de um professor faltou.
    3) Mais de um atleta agrediu-se.

18. 1) Minas Gerais progrediram muito.
    2) As Minas Gerais progrediu muito.
    3) Os Estados Unidos enviaram poderoso reforço.

19. 1) A multidão aplaudiu a linda jogada.
    2) A multidão de torcedores aplaudiu a linda jogada.
    3) A multidão de torcedores aplaudiram a linda jogada.

20. 1) Alguns de nós resolveram sair.
    2) Alguns de nós resolvemos sair.
    3) Algum de nós resolveu sair.

21. 1) Quais de vós pretendem fugir?
    2) Quais de vós pretendeis fugir?
    3) Qual de vós pretende fugir?

22. 1) Foram eles que pretenderam o cargo.
    2) Fomos nós que pretendemos o cargo.
    3) Fui eu que fiz o exercício.

23. 1) Fomos nós quem pretendeu o cargo.
    2) Fui eu quem fez o exercício.
    3) Hoje sou eu quem paga a conta.

24. 1) Pedro ou Paulo ganharão as eleições.
    2) Maria ou Ângela casarão com Pedro.
    3) Macarrão ou carne me agradam.

25. 1) Cerca de quinze pessoas compareceu.
    2) Perto de trinta pessoas saiu.
    3) Mais de vinte times participaram do campeonato.

26. 1) Vossa Majestade sabeis de tudo.
    2) Vossa Excelência autorizastes o negócio.
    3) Sua Alteza concedestes o privilégio.

27. 1) Os alunos pareciam chegar.
    2) Os alunos parecia chegarem.
    3) As estrelas parecia brilharem.

28. 1) Ele não chegou, haja visto os últimos compromissos.
    2) Eles não saíram, hajam visto as dificuldades do trânsito.
    3) Eles não chegaram, hajam visto os problemas encontrados.

29. 1) É uma hora em ponto.
    2) É duas horas e trinta minutos.
    3) São meio-dia e meio.

30. 1) Daqui a Cristalina são uns duzentos quilômetros.
    2) Daqui a Santos é setenta quilômetros.
    3) Daqui a São José do Rio Preto é uns quatrocentos quilômetros.

31. 1) Quem é o culpado?
    2) Que são parônimos?
    3) Quem são os verdadeiros culpados?

32. 1) Os responsáveis são nós.
    2) Os culpados sois vós.
    3) O professor é eu.

33. 1) O mundo são ilusões perdidas.
    2) Tudo são flores no presente.
    3) Aquilo são sintomas graves.

34. 1) Trezentos carros é muito para aquela balsa.
    2) Cem metros são pouco.
    3) Dez quilos são suficiente.

35. 1) Pedrinho eram as preocupações de toda a família.
    2) Andréa eram os sonhos da mãe.
    3) Eles eram as delícias da avó.

Concordância Nominal

A) Faça a concordância dos adjetivos entre parênteses.

1. Ganhei uma rosa _____. (amarelo)

2. Ganhei meias _____. (vermelho)

3. Os alunos estavam _____ . (ansioso)

4. Tinha a barba e o cabelo _____. (preto)

5. Tinha _____ a barba e o cabelo. (preto)

6. Estou com a mão e o rosto _____. (sujo)

7. Estavam à procura de meninos e meninas _____ no bosque. (perdido)

8. Solicitamos tecnologia e financiamento _____. (estrangeiro)

9. Manifestaram _____ dor e pesar. (profundo)

10. Já deve ser meio-dia e _____. (meio)

11. Esta pimenta é _____. (bom)

12. É _____ entrada. (proibido)

13. Estejam sempre _____. (alerta)

14. São propostas o mais _____ justas. (provável)

15. Estavas _____ triste. (meio)

16. Elas _____ se exaltaram. (mesmo)

17. Os soldados estão _____ alegres. (bastante)

18. _____ permaneçam os alunos. (Só)

19. Mais amor e _____ guerra. (menos)

20. Laranjada é _____. (bom)

B) Assinale a opção correta, quanto à concordância nominal. Depois, corrija as demais frases.

1. Será proibido a entrada aos retardatários._____

2. Dado as circunstâncias, retirou-se._____

3. O governo destinou bastantes recursos para a Saúde. _____

4. Seguem anexo três certidões._____

5. Eu mesmo, disse ela, cuidarei disso._____

C) Substitua a expressão em destaque pela palavra do parênteses, fazendo a concordância correta:

1. Só tomei **metade da** taça de champanha. (meio) _____

2. Minha mulher está **um tanto quanto** agressiva. (meio) _____

3. Disponho de **muitas** moedas antigas. (bastante) _____

4. São pessoas **muito** queridas. (bastante) _____

5. Saímos **sozinhos**. (só) _____

D) Faça a concordância correta dos adjetivos ou pronomes entre parênteses:

1. Estava com a perna e o braço _____. (engessado)

2. Nunca senti _____ amor e dedicação. (tanto)

3. Seguem _____ à carta as fotos e os documentos. (anexo)

4. Só vieram um homem e uma mulher _____. (grávido)

5. Os soldados _____ cometeram um crime de _____ -patriotismo. (mesmo / leso)

E) Substitua as expressões em destaque pelas dos parênteses.

1. Estávamos todas **mais ou menos** cansadas. (meio)

_____

2. Deve ser **metade** baleia, **metade** tubarão. (meio)

_____

3. Alterou **muitos** detalhes do projeto original. (bastante)

_____

4. Suas aulas eram **muito** interessantes. (bastante)

_____

5. Já estamos igualmente **pagos**. (quite)

_____

6. Graças a Deus, estou **livre da dívida**. (quite)

_____

7. Nem todos se sentem bem quando estão **sozinhos**. (só)

_____

8. **Somente** os primeiros inscritos serão chamados. (só)

_____

F) Use a palavra proposta entre parênteses, fazendo a concordância correta:

1. Evitemos as _____ palavras. (meio)

2. Acolheu-me com palavras _____ estranhas. (meio)

3. Não temos razões _____ para impugnar sua candidatura. (bastante)

4. Estavam _____ felizes. (bastante)

5. Lemos _____ livros durante as férias. (bastante)

6. São fatos o mais reais _____. (possível)

7. São notas o mais _____ justas. (possível)

8. Ela definha a olhos _____. (visto)

9. Essa água é _____. (bom)

10. É _____ entrada. (proibido)

11. É preciso que todos estejam sempre _____. (alerta)

12. Temos _____confiança neste médico. (menos)

13. Eles estão _____ com suas obrigações. (quite)

14. O bom profissional deve estar _____ com seus deveres. (quite)

15. Há _____ indecisões do que parece. (menos)

G) Assinale as alternativas em que ocorre algum erro de concordância nominal e corrija-as.

1. Seguem anexos as faturas. _____

2. Seguem em anexo as faturas. _____

3. Incluso estão os processos. _____

4. Estou quite com meus credores. _____

5. Cometeu um crime de lesa-majestade. _____

H) Marque o item que completa convenientemente as lacunas:

1. Vão _____ aos processos várias fotografias.

   São paisagens o mais belas _____.

   Ela estava _____ tristonha.
   a) anexos – possíveis – meio
   b) anexos – possível – meio
   c) anexas – possíveis – meia
   d) anexas – possíveis – meio
   e) anexas – possível – meio

2. Vai _____ à carta o documento.

   Essas pessoas cometeram um crime de _____-patriotismo.

   Elas _____ não quiseram colaborar.
   a) inclusa – leso – mesmas
   b) incluso – lesa – mesma
   c) incluso – leso – mesmas
   d) inclusa – lesa – mesmas
   e) incluso – leso – mesmo

3. Faremos exercícios o mais difíceis _____ .

   Ela chegou ao meio-dia e _____.

   Esta sala tem _____ carteiras.
   a) possível – meia – bastante
   b) possível – meio – bastantes
   c) possível – meia – bastantes
   d) possíveis – meia – bastante
   e) possível – meio – bastante

I) Assinale a alternativa incorreta em cada grupo de frases:

1. (a) Ante o perigo, os guardas se mantinham alertas.
   (b) Sua família tinha muito menos riquezas que a nossa.
   (c) Há bastantes meses fala-se de sua vinda.
   (d) Pela porta meio aberta entrava uma tênue claridade.

2. (a) Embora houvesse avisos o mais claros possível, o carro foi pela ponte obstruída.
   (b) Já hastearam a bandeira alemã e italiana.
   (c) Juntos venceremos qualquer obstáculo.
   (d) Junto a mim deteve-se o estudante.

3. (a) Ganhei livros bastante bons.
   (b) Sós, os alunos permaneceram na sala.
   (c) Ele tem no braço tatuagens e cicatriz estranhos.
   (d) Deste lado da rua há menos casas do que daquele.

J) Redija, em cada item, uma frase, atendendo ao que for solicitado:

1. Use o substantivo **descobertas** acompanhado do adjetivo **técnico-científico.**

2. Use a expressão **um e outro** acompanhada de um substantivo e de um adjetivo à sua escolha.

3. Use a palavra **meio** empregada como advérbio.

4. Use a palavra **bastante** empregada como pronome indefinido.

5. Use a expressão **o mais possível,** referindo-se a um substantivo no plural.

Crase

A) Use o acento indicativo da <u>crase</u> onde for necessário:

1. Assisti a regata internacional.
2. Pintou o quadro a óleo.
3. Isto cheira a tolice.
4. Prefiro os cravos as margaridas.
5. Fomos a uma loja do centro.

6. O número dos aprovados não chega a cem.

7. Isto pertence a mim.

8. Não me referi a V.Exa.

9. Rezo a Nossa Senhora.

10. Fomos a Bahia.

11. Iremos a Londrina.

12. Fui a Botafogo.

13. Estamos dispostos a trabalhar.

14. Achava-se a distância de cem metros.

15. Seguiram-nos a distância, espreitaram-nos.

16. Voltamos a casa tristes.

17. Voltou a casa paterna.

18. Recorri a minha mãe.

19. Referiu-se a minha viagem.

20. Escrevi a Lúcia.

21. Não irás aquela festa.

22. Eles feriram-se a espada.

23. Os inimigos encontravam-se frente a frente.

24. Procuraram-no de ponta a ponta na praia.

25. Fiz alusão a Joana d'Arc, pois ela foi muito corajosa.

Pronomes relativos

A) **Reescreva os períodos, usando um <u>pronome relativo</u>. Faça as adequações necessárias.**

1. Já li o livro. Gostei muito do livro.

   _____

2. Conheço o professor. Todos se referem ao professor.

   _____

3. Tenho as revistas. Extraí estas poesias das revistas.

   _____

4. Apresentou-me à garota. Quero falar com a garota.

   _____

5. Apresentou-me ao vendedor. Não concordei com o vendedor.

   _____

6. Escutei o discurso. Não concordo com o discurso.

   _____

7. Vi o aluno. Você conhece o aluno.

   _____

8. Comprei o livro. Você leu o livro.

   _____

9. Comprei o livro. Você se referiu ao livro.

   _____

10. Comprei o livro. Você gostou do livro.

   _____

11. Conheço as crianças. Você conversava com as crianças.

   _____

B) Preencha as lacunas com o pronome relativo adequado, regido ou não de preposição. <u>Não</u> use o <u>qual</u> e flexões.

1. Conheço os livros _____ acabaste de ler.

2. Conheço os livros _____ vocês tanto gostaram.

3. Conheço os livros _____ necessitamos.

4. Já li o livro _____ você extraiu o texto.

5. Já li os romances _____ autores gosto.

6. Já li os romances _____ enredo você não se lembra.

7. Já li os romances _____ leitura você precisa.

8. Li o artigo _____ ideias você se referiu.

9. Li os textos _____ autores você falava.

10. Já me apresentaram as pessoas _____ vocês tanto gostam.

11. Já me apresentaram as pessoas _____ vocês se referiram.

12. Já me apresentaram as pessoas _____ eu dependerei.

13. Já me apresentaram as pessoas _____ não concordas.

14. Já me apresentaram as pessoas _____ necessitamos.

15. Acabei de ler o autor _____ livros as crianças gostam.

16. Já acabei de ler o autor _____ opiniões vocês aludiram.

17. Já acabei de ler o autor_____ nome ninguém se lembra.

18. Já acabei de ler o autor _____ obra a crítica se revoltou.

19. Acabei de ler o autor _____ ideias você se referiu.

20. Conferi o dinheiro_____valor o gerente duvidava.

C) Use um <u>pronome relativo</u> indicador de lugar, precedido de preposição se necessário.

1. Já visitei as regiões _____ foram meus irmãos.

2. Já visitei as regiões _____ te diriges.

3. Já visitei as regiões _____ viemos quando pequenos.

4. Já visitei as regiões _____ nascemos.

5. Já visitei as regiões _____ pensamos ir.

D) Assinale o período que exige:

1. o relativo **que**.

   a) Conheço o filme _____ você se refere.

   b) É difícil a carreira _____ você aspira.

   c) Trouxe os documentos _____ você deve visar.

2. o relativo **a que**.

   a) É puro o ar _____ aspiramos no campo.

   b) Não gostei do filme _____ assisti ontem.

   c) É de futuro a carreira _____ desejo.

3. o relativo **de que**.

    a) Há pessoas e lugares _____ estou precisando.

    b) Eis as cartas _____ me foram entregues.

    c) Eis o cheque _____ recebi.

4. o relativo **a cujo**.

    a) Eis o poeta _____ poesia você gosta.

    b) Eis a turma _____ aproveitamento você se referiu.

    c) Eis os alunos _____ redação falamos.

5. o relativo **de cujo**.

    a) Conheço o rapaz _____ ideal nos referimos.

    b) Ouvi a canção _____ letra você se referiu.

    c) Li o livro _____ autor você se esqueceu.

E) Complete as lacunas com o <u>relativo que</u>, regido de preposição, quando necessário.

1. Gostei muito das aulas _____ assisti hoje.

2. Dinheiro nem sempre é o _____ mais precisamos.

3. São difíceis os concursos _____ pretendo fazer.

4. São difíceis os concursos _____ estão realizando.

F) Complete com os pronomes relativos adequados, regidos ou não por preposição.

1. A balconista _____ nos atendeu era gentil.

2. Explora o povo _____ credulidade sabe manipular.

3. Apanhei o remédio _____ ele precisava.

4. Fez um desenho _____ havia uma gaivota.

5. Acompanhava o *show* _____ participava um grupo de Brasília.

6. Não ouvi barulho _____ denunciasse alguém no quarto.

7. Levaram o garoto _____ pais o esperavam na porta do *shopping*.

8. Não foi esta a moça _____ ele pagou a conta da luz.

9. Vou devolver o dinheiro _____ não é meu.

10. Acenderam as velas _____ chamas luziram na escuridão.

11. Interrogou o homem _____ suspeitava.

12. Usava brincos _____ valor era incalculável.

13. Levou frutas para o doente _____ pouca gente dava atenção.

14. Ferva o leite _____ se deve misturar o chocolate e o açúcar.

15. A janela _____ se via o jardim estava aberta naquele momento.

16. O jardineiro, _____ conversei, cuida da pracinha ali em frente.

17. O palhaço divertia o público, _____ aprovação se observava nas palmas.

18. Não quer visitar o cemitério _____ estão enterrados os pais.

19. Ganhou o prêmio o filme em _____ se conta a vida do último imperador chinês.

20. O vendaval destruiu as casas _____ moravam os lavradores.

21. Olhava o céu _____ estrelas admirava.

22. Consultava a cartomante, _____ palavras dependeria sua decisão.

23. O rapaz se aproximou do policial _____ implorava justiça.

24. O Brasil era um país _____ nem os brasileiros acreditavam mais.

25. Ali estava o homem _____ mãos entregaria as provas.

26. É uma festa _____ não posso participar.

27. É uma vida _____ muitos aspiram, mas _____ poucos alcançam.

28. São lembranças _____ nunca esquecerei.

29. São lembranças _____ nunca me esquecerei.

30. Leva a vida _____ sempre quis.

31. Leva a vida _____ visava desde jovem.

32. Leva uma vida agitada, _____ se adaptou rapidamente.

33. Leva a vida _____ sempre sonhou.

34. Procurei a moça _____ trabalha naquela sala.

35. Procurei a moça _____ muito admiro.

36. Procurei a moça _____ já me encontrara antes.

37. Procurei a moça _____ você se apaixonou.

38. Guarde o dinheiro _____ vai pagar o aluguel.

39. Guarde o dinheiro _____ ainda vai precisar.

40. Guarde o dinheiro _____ ele esqueceu no balcão.

G) Empregue pronomes relativos para transformar os períodos simples em períodos compostos.

> Exemplo: O campo apresentava um panorama festivo. As flores do campo misturavam cores variadas.
> O campo, **cujas flores misturavam cores variadas**, apresentava um panorama festivo.

1. A escravidão negra era encarada com certo romantismo pelos brasileiros. Castro Alves, em seus poemas, lutou contra a escravidão negra.

   _____

2. Vimos um bom filme. O tema do filme focaliza a humanidade do século XXI.

   _____

3. A secretária não estava no gabinete. Eu precisava consultar a secretária sobre o horário da palestra.

4. O inspetor recomendava aos alunos mais silêncio nos corredores. O inspetor fiscalizava o primeiro andar.

5. Os políticos brasileiros perderam a noção de honestidade. Tudo depende da honestidade.

6. O casal procurava um lugar mais discreto. Todos os olhares se dirigiram para o casal.

7. Aqueles rapazes cometeram um crime. Mais tarde arrependeram-se do crime.

8. Estavam terminando o relatório. Denúncias graves eram feitas no relatório.

9. O carro atolou no lamaçal. Aquela família viajava no carro.

10. Enviou para a editora um livro de contos. Esperava ganhar um bom dinheiro com o livro de contos.

Pronomes Pessoais

A) Complete com <u>eu</u> ou <u>mim,</u> conforme convier:

1. Para _____, todos são iguais.

2. Para _____ chegar, peguei um táxi.

3. Por _____, todos devem entrar.

4. Por _____ ser nervoso, não me saí bem.

5. É muito cedo para _____ .

6. É muito cedo para _____ ir.

7. Entre _____ e vocês há bom diálogo.

Regência verbal

1) Marque a frase com erro de regência verbal.

a) Aspirava o perfume das rosas.
b) O aparelho aspirou o pó.
c) Maurício aspirava o cargo de gerente.
d) Aspiremos à felicidade.
e) NDA.

2) Há erro de regência verbal em:

a) É preciso visar o passaporte.
b) Poucos visaram adequadamente o ponto na parede.
c) Visei um melhor relacionamento.
d) O homem de bem sempre visa a coisas superiores.
e) NDA.

3) Contraria a norma culta da língua quanto à regência a frase:

a) Perdoa aos teus inimigos.
b) Paguei os que trabalharam ontem.
c) Já paguei a dívida.
d) Perdoem nossa ignorância.
e) NDA.

4) Marque a frase correta quanto à regência verbal.

a) Prefiro mil vezes a ginástica do que o basquete.
b) Obedeça, meu filho, os códigos de segurança.
c) Não desobedeço as normas.
d) Preferia o leite ao vinho.
e) NDA.

5) Assinale o erro de regência verbal.

a) Informei a secretária de sua chegada.
b) Informei à secretária sua chegada.
c) Respondi-lhe que faria o possível.
d) Prefiro escrever a pintar.
e) NDA.

Onde ou aonde

Use Onde ou Aonde:

1) _____ foste com tanta pressa?

2) _____ comem dois, comem três.

3) _____ está o livro?

4) _____ mora a senhora?

5) Vê _____ queres chegar.

6) O lugar _____ ela reside é tranquilo.

7) Vamos _____ depois do trabalho?

8) _____ se encontra o novo *shopping*?

GABARITO

CAPÍTULO XVI

DIFICULDADES ORTOGRÁFICAS

A)

1. beneficente	16. discrição	31. mortadela	46. rubrica
2. abóbada	17. embutidos	32. discussão	47. A princípio
3. aborígenes	18. empecilho	33. repercussão	48. polui
4. adivinhar	19. estupro	34. privilégio	49. mau
5. aleijado	20. etimologia	35. reivindicar	50. detinha
6. amontoado	21. figadal	36. retrógrado	51. deteve
7. apropriar	22. fragrância	37. sobrancelhas	52. entretinha
8. arrepio	23. irascível	38. subjugar	53. precariedade
9. asterisco	24. frustrar	39. a ver	54. espontaneidade
10. barganhas	25. irrequieta	40. subestimou	55. alto-falante
11. braguilha	26. imbuído	41. por isso	56. uma entorse
12. bugigangas	27. lagartixas	42. prazeroso	57. escoriações
13. calvície	28. mendigos	43. a fim	58. expectativa
14. companhia	29. meritíssimo	44. à parte	59. encharcado
15. depredação	30. mexericas	45. avir-se	60. enxurrada

B)

1. Como são pessoas **afins,** vão ao juiz **a fim de** se casarem.
2. O carro estava sem gasolina, **por isso** parou.
3. Lutamos hoje **a fim de** que nossos filhos vivam melhor amanhã.
4. Nossos interesses são **afins,** por isso nos associamos.
5. Ensinamos **a fim de** aprender mais.

C)

1. Ontem acordei de **bom** humor. Hoje acordei de **mau** humor.
2. Fiquei em **boa** situação. Fiquei em **má** situação.
3. Isto está **bem**-feito. Isto está **mal**feito.

4. Teve **boa** educação, porém fez **má**-criação.
5. Tudo foi **bem**-entendido? Não, houve um **mal**-entendido.

D)

1. É **mais** esperta do que a outra, **mas** não a engana.
2. São **mais** novas, mas parecem **mais** velhas.
3. Tenha **mais** amor e menos confiança, **mas** não desconfie de mim.
4. Dou-lhe muita vitamina, **mas** ele não cresce, por mais que eu faça.
5. Chegaram **mais** alunos hoje.
6. O mar parecia furioso, **mas** estava belo.
7. Cheguei **mais** cedo.
8. Antigamente estudava-se **mais.**
9. Ele trabalhava muito, **mas** continuava pobre.
10. Não é **mais** diretor.

E)

1. Era um aluno esforçado **demais**: para ele estudar muito não era nada **de mais.**
2. Vocês dois podem sair agora; os **demais** esperarão sua vez.
3. Sofreu **demais.**
4. **Demais**, nada posso fazer.
5. Ela é linda **demais.**

F)

1. Não sabes **por quê?**
2. Não sabia o **porquê** da dúvida.
3. Foi tragado pelas águas **porque** não sabia nadar.
4. Sabes **por que** caminhos deves andar.
5. Foste com eles **por quê?**
6. **Por que** viajaste?
7. **Por que** choras sem razão?
8. É nobre a causa **por que** lutava.
9. Ignoro as razões **por que** saíste cedo.
10. Quem poderá conhecer o **porquê** das coisas?
11. Descobri **por que** motivo vieste tarde.
12. Pergunto **por que** razão vieste tarde.

13. O professor perguntou **por que** razão eu não viera ontem.
14. A diretora quis saber **por que** meu irmão se atrasara.
15. O futuro **por que** anseias está próximo.
16. Seremos punidos **porque** transgredimos a lei.
17. Eu, **porque** tivesse medo, não participei.
18. Ninguém o atendia **porque** exigia soluções impossíveis.
19. **Por que** não me visitaste mais?
20. Tu me delataste **por quê**?
21. **Por que** me abandonaste?
22. Não fui à aula **porque** chovia.
23. Deve haver um **porquê** para seu gesto.
24. Gostaria de conhecer o **porquê** de tudo isso.
25. Não sei **por que** não houve o curso.

G)

1. **Há** pouco saímos do zoológico.
2. Daqui **a** pouco sairemos do zoológico.
3. Encontrei-**a** no parque.
4. A cidade fica **a** poucos quilômetros daqui.
5. Daqui **a** tempos haverá novas provas.
6. De hoje **a** três dias sairão os resultados.
7. **Há** cerca de vinte pessoas **à** espera.
8. **Há** sempre descontentes da vida.
9. Daqui **a** tempos haverá novo curso.
10. De hoje **a** três dias sairá publicada a concorrência.

H)

1. **Há cerca** de dez oradores falando **acerca** da poluição.
2. Comentou-se muito **acerca** de ecologia.
3. O auditório estava repleto **há cerca** de duas horas.

I)

1. É **hora** de sairmos.
2. Meu relógio ora dá a **hora** certa, **ora** não.
3. Ocupava seu tempo **ora** lendo, **ora** não.
4. É o estudo que **ora** me preocupa.

J)

1. Gosto **demais** de meu trabalho.
2. Estou com dinheiro **de mais.**
3. Estudei **demais;** preciso descansar.
4. Um amor **de mais** é sempre perigoso porque faz sofrer **demais.**
5. Comprei livros **de mais** e agora não tenho onde guardá-los.
6. Num dos lados da rua havia casas **de mais.**
7. Essa garota é linda **demais!**
8. Ele morreu porque sabia **demais**, isto é, conhecia **demais** os segredos da organização terrorista.

K)

1. **Mal** cheguei, todos me procuraram.
2. Estás muito **mal**-informado.
3. Procedeu **mal**, logo foi punido.
4. Não faças **mal** a ninguém.
5. Livrai-nos do **mal**, Senhor.
6. Isto é **mal** sem cura.
7. Quem é **mau** vive sempre triste.
8. **Mal** saíste, eu também saí.
9. Remédio algum servia para a cura de seu **mal.**
10. Quem não lê, **mal** entende as coisas.

L)

1. O professor **houve** por bem adiar o treinamento.
2. Se ele agora **ouve** é porque **houve** um verdadeiro milagre.
3. Fez **tão pouco** esforço que não foi aprovado.
4. Ele não saiu; **tampouco** eu fui à escola hoje.
5. Suas ideias não ficam **abaixo** das minhas.
6. Correu a arquibancada de alto **a baixo.**
7. **Há cerca** de três oradores falando **acerca** das novas reformas.
8. Atrasou-se, **por isso** perdeu a oportunidade.
9. **Conquanto** estudioso, vadia um pouco.
10. **Com quanto** estusiasmo se conseguirá estudar?

M)

1. **mal**-educado
2. **má**-educação
3. **mau** humor
4. caiu **mal**

N)

1. Não sei qual foi a última **vez** que estive com você.
2. **Vês** por que há tanto exercício errado?
3. Chegou sua **vez** de falar.
4. Como **vês**, não podemos viajar amanhã.
5. **Vez** por outra, tu **vês** a doente.

O) (4), (1), (3), (2)

1. Não lhe descobri um **senão** – substantivo comum.
2. Não estavam tristes, **senão** alegres – conjunção coordenativa adversativa.
3. Chegue na hora, **senão** irei sozinho – conjunção coordenativa alternativa.
4. Nada quero, **senão** o meu direito – palavra de exclusão.

P)

1. Ele não é um **mau** menino.
2. **Mal** ele saiu, começou a chover.
3. Como ela canta **mal**!
4. O **mal** precisa ser combatido.
5. Isto aconteceu **há** três meses.
6. Daqui **a** três meses, haverá novo curso.
7. Aqui estão as entradas para o **concerto** de hoje.
8. Leve estes sapatos para o **conserto**.
9. No ano seguinte o IBGE fará novo **censo.**
10. Isso faz parte do **senso** comum.
11. É uma falta de **senso** agir assim.
12. Neste fim de semana iremos **caçar** no Imbé.
13. O **AI 5** permitia cassar os direitos políticos de qualquer **cidadão**.
14. Há mudanças **iminentes** acontecendo nos próximos dias.
15. É um jurista famoso, um homem **eminente**.
16. Penso que você deva agir com total **discrição.**

17. Você poderia fazer a **descrição** do local para mim?
18. Qual é o **comprimento** desta sala?
19. Após os **cumprimentos** todos se dirigiram à sala de jantar.
20. Espero que V.Sa. possa **deferir** o meu pedido o mais rapidamente possível.
21. Ela não sabe **diferir** uma dobradura de uma dobradiça.
22. Você **traz** as apostilas amanhã?
23. Aproximou-se por **trás** e lhe deu um tremendo susto.
27. Você precisa abastecer essa **despensa**.
28. O **tráfego** de carros na Avenida Brasil está muito intenso hoje.
29. Há uma intensa campanha contra o **tráfico** de entorpecentes.
30. Ele deverá **tachar** sua atitude de inconveniente.
31. O governo irá **taxar** ainda mais a indústria.
32. Aperte o **laço** de sua gravata.
33. Após tanto esforço, seus membros estavam **lassos**.
34. Penso que devem deixar a janela **meio** fechada.
35. Não suporto **meias**-palavras!
36. Ela só comeu **meia**-maçã.
37. É preciso **menos** tristeza e mais alegria.
38. Você está prestando **menos** atenção do que devia!
39. Você irá **conosco** à reunião.
40. Você irá **com nós** mesmos à reunião.

CONCORDÂNCIA VERBAL

A)

1. Amanhã **iremos** eu e você.
2. Amanhã **iremos** tu e eu.
3. Amanhã **irão** V.Exa. e ele.
4. Saberás que fui eu quem **saí/saiu.**
5. Saberás que foram eles que **saíram.**
6. Qual de vós se **arrisca?**
7. Quais de vós **reclamais/reclamam?**
8. Quantos de nós **estamos/estão** alegres?
9. **Deve ser** meio-dia.
10. **Pode ser** uma e meia.
11. Os relógios **bateram** meio-dia e vinte.
12. No relógio **soaram** dez batidas.

B)

1. a) Perto de cem alunos **saíram.**
2. b) **Podem existir** algumas surpresas.
3. c) **Deve fazer** três meses que ele viajou.

C)

1. Sempre **existiram** problemas em nossa vida.
2. Nunca **houve** tantos inscritos.
3. Temo que não **haja** soluções.
4. Amanhã **faz** três anos que nos conhecemos.
5. **Transcorreram** dez horas que saímos.
6. **Alugam-se** <u>casas</u> (sujeito).
7. **Devem**-se alugar <u>casas</u> aqui (sujeito).
8. **Precisa**-se de boas empregadas.
9. **Dão-se** aos alunos<u> muitas oportunidades </u>(sujeito).
10. **Assiste-se** a bons espetáculos aqui.

D)

1. Dois reais **é** pouco dinheiro.
2. Três metros **é** menos do que preciso.
3. Cinco quilos **é** mais do que suficiente.
4. Duzentos gramas **é** bastante.
5. Da estação à fazenda **são** três léguas a cavalo.
6. Em minhas terras o rei **sou** eu.
7. O netinho **é** as alegrias dos avós.
8. Na mocidade tudo **são** esperanças.
9. Aquilo não **são** homens, **são** espantalhos.
10. A causa **é** os objetos.

E)

1. Naquele dia **faltaram** dez alunos.
2. **Aconteceram**, naquela época, fatos terríveis.
3. Ainda **faltam** quarenta blocos.
4. Ainda não **chegaram** os documentos.
5. **Faltam** cinco minutos para começar a aula.

6. **Bastam** quatro pessoas para fazer o trabalho.
7. Um bando **chegou.**
8. Um bando de alunos **chegou/chegaram.**
9. A multidão **gritava.**
10. A multidão de torcedores **gritava/gritavam.**
11. Tu e teu colega **chegaram/chegastes** a tempo.
12. Teus amigos e tu **sabeis/sabem** o problema.
13. O Corinthians ou o Santos **ganhará** o campeonato.
14. Fortaleza ou Recife **são** bons lugares para as férias.
15. Que **são** sinônimos?
16. Quem **foram** os culpados?
17. É uma hora e dez minutos.
18. **São** duas horas e quinze minutos.
19. É bem mais de uma hora.
20. Daqui a Campinas **são** cem quilômetros.
21. Os culpados **sois** vós.
22. O responsável **sou** eu.
23. Capitu **era** as preocupações de Bentinho.
24. Laís **era** as alegrias da casa.
25. Aquilo **eram** tolices de criança.

F)

1.e	6.c	11.e	16.b	21.d	26.e	31.b
2.d	7.d	12.e	17.e	22.d	27.d	32.b
3.d	8.a	13.b	18.c	23.d	28.e	33.d
4.c	9.e	14.a	19.d	24.c	29.a	34.a
5.e	10.e	15.a	20.d	25.c	30.a	35.c

CONCORDÂNCIA NOMINAL

A)

1. Ganhei uma rosa **amarela.**
2. Ganhei meias **vermelhas.**
3. Os alunos estavam **ansiosos.**
4. Tinha a barba e o cabelo **pretos.**
5. Tinha **preta** a barba e o cabelo.
6. Estou com a mão e o rosto **sujos.**
7. Estavam à procura de meninos e meninas **perdidos** no bosque.
8. Solicitamos tecnologia e financiamento **estrangeiros.**
9. Manifestaram **profunda** dor e pesar.
10. Já deve ser meio-dia e **meia.**
11. Esta pimenta é **boa.**
12. É **proibido** entrada.
13. Estejam sempre **alerta.**
14. São propostas o mais **provável** justas.
15. Estavas **meio** triste.
16. Elas **mesmas** se exaltaram.
17. Os soldados estão **bastante** alegres.
18. **Só** permaneçam os alunos.
19. Mais amor e **menos** guerra.
20. Laranjada é **bom.**

B)

A frase correta é a **3.** (O Governo destinou **bastantes recursos** para a Saúde)

1. Será **proibida** <u>a entrada</u> aos retardatários.
2. **Dadas** <u>as circunstâncias</u>, retirou-se.
4. Seguem **anexas** <u>três certidões</u>.
5. Eu **mesma**, disse <u>ela</u>, cuidarei disso.

C)

1. Só tomei **meia** taça de champanha.
2. Minha mulher está **meio** agressiva.
3. Disponho de **bastantes** moedas antigas.

4. São pessoas **bastante** queridas.
5. Saímos **sós**.

D)

1. Estava com a perna e o braço **engessados**.
2. Nunca senti **tanto** amor e dedicação.
3. Seguem **anexos** à carta as fotos e os documentos.
4. Só vieram um homem e uma mulher **grávida**.
5. Os soldados **mesmos** cometeram um crime de **leso**-patriotismo.

E)

1. Estávamos todas **meio** cansadas.
2. Deve ser meia baleia, **meio** tubarão.
3. Alterou **bastantes** detalhes do projeto original.
4. Suas aulas eram **bastante** interessantes.
5. Já estamos **quites**.
6. Graças a Deus, estou **quite**.
7. Nem todos se sentem bem quando estão **sós**.
8. **Só** os primeiros inscritos serão chamados.

F)

1. Evitemos as **meias**-palavras.
2. Acolheu-me com palavras **meio** estranhas.
3. Não temos razões **bastantes** para impugnar sua candidatura.
4. Estavam **bastante** felizes.
5. Lemos **bastantes** livros durante as férias.
6. São fatos o mais reais **possível**.
7. São notas o mais **possível** justas.
8. Ela definha a olhos **vistos**.
9. Essa água é **boa**.
10. É **proibido** entrada.
11. É preciso que todos estejam sempre **alerta**.
12. Temos **menos** confiança neste médico.
13. Eles estão **quites** com suas obrigações.
14. O bom profissional deve estar **quite** com seus deveres.
15. Há **menos** decisões do que parece.

G)

1. Seguem **anexas** as faturas.
3. **Inclusos** estão os processos.

H)

1.e   2.c   3.c

I)

1.a   2.b   3.c

J) (Respostas pessoais.)

CRASE

A)

1. Assisti **à** regata internacional.
4. Prefiro os cravos **às** margaridas.
10. Fomos **à** Bahia.
14. Achava-se **à** distância de cem metros.
17. Voltou **à** casa paterna.
21. Não irás **àquela** festa.

PRONOMES RELATIVOS

A)

1. Já li o livro **de que** gostei muito.
2. Conheço o professor **a quem** todos se referem.
3. Tenho as revistas **das quais** extraí estas poesias.
4. Apresentou-me à garota **com quem** quero falar.
5. Apresentou-me ao vendedor **com quem** não concordei.
6. Escutei o discurso **com que/o qual** não concordo.
7. Vi o aluno **que** você conhece.

8. Comprei o livro **que** você leu.
9. Comprei o livro **a que** você se referiu.
10. Comprei o livro **de que** você gostou.
11. Conheço as crianças **com quem** você conversava.

B)

1. Conheço os livros **que** acabaste de ler.
2. Conheço os livros **de que** vocês tanto gostaram.
3. Conheço os livros **de que** necessitamos.
4. Já li o livro **de onde** você extraiu o texto.
5. Já li os romances **de cujos** autores gosto.
6. Já li os romances **de cujo** enredo você não se lembra.
7. Já li os romances **de cuja** leitura você precisa.
8. Li o artigo **a cujas** ideias você se referiu.
9. Li os textos **de cujos** autores você falava.
10. Já me apresentaram as pessoas **de quem** vocês tanto gostam.
11. Já me apresentaram as pessoas **a quem** vocês se referiam.
12. Já me apresentaram as pessoas **de quem** eu dependerei.
13. Já me apresentaram as pessoas **com quem** não concordas.
14. Já me apresentaram as pessoas **de quem** necessitamos.
15. Acabei de ler o autor **de cujos** livros as crianças gostam.
16. Já acabei de ler o autor **a cujas** opiniões vocês aludiram.
17. Já acabei de ler o autor **de cujo** nome ninguém se lembra.
18. Já acabei de ler o autor **contra cuja** obra a crítica se revoltou.
19. Acabei de ler o autor **a cujas** ideias você se referiu.
20. Conferi o dinheiro **de cujo** valor o gerente duvidava.

C)

1. Já visitei as regiões **para onde** foram meus irmãos.
2. Já visitei as regiões **para onde** te diriges.
3. Já visitei as regiões **de onde** viemos quando pequenos.
4. Já visitei as regiões **onde** nascemos.
5. Já visitei as regiões **aonde** pensamos ir.

D)

1.c   2.b   3.a   4.b   5.c

E)

1. Gostei muito das aulas **a que** assisti hoje.
2. Dinheiro nem sempre é o **de que** mais precisamos.
3. São difíceis os concursos **que** pretendo fazer.
4. São difíceis os concursos **que** estão realizando.

F)

1. A balconista **que** nos atendeu era gentil.
2. Explora o povo **cuja** credulidade sabe manipular.
3. Apanhei o remédio **de que** ele precisava.
4. Fez um desenho **onde** havia uma gaivota.
5. Acompanhava o *show* **de que** participava um grupo de Brasília.
6. Não ouvi barulho **que** denunciasse alguém no quarto.
7. Levaram o garoto **cujos** pais o esperavam na porta do *shopping*.
8. Não foi esta a moça **a quem** ele pagou a conta da luz.
9. Vou devolver o dinheiro **que** não é meu.
10. Acenderam as velas **cujas** chamas luziram na escuridão.
11. Interrogou o homem de **quem** suspeitava.
12. Usava brincos **cujo** valor era incalculável.
13. Levou frutas para o doente **a quem** pouca gente dava atenção.
14. Ferva o leite **a que** se deve misturar o chocolate e o açúcar.
15. A janela **de onde** se via o jardim estava aberta naquele momento.
16. O jardineiro, **com quem** conversei, cuida da pracinha ali em frente.
17. O palhaço divertia o público, **cuja** aprovação se observava nas palmas.
18. Não quer visitar o cemitério **onde** estão enterrados os pais.
19. Ganhou o prêmio o filme **em que** se conta a vida do último imperador chinês.
20. O vendaval destruiu as casas **onde** moravam os lavradores.
21. Olhava o céu **cujas** estrelas admirava.
22. Consultava a cartomante de **cujas** palavras dependeria sua decisão.
23. O rapaz se aproximou do policial **a quem** implorava justiça.
24. O Brasil era um país **em que** nem os brasileiros acreditavam mais.
25. Ali estava o homem **em cujas** mãos entregaria as provas.
26. É uma festa **de que** não posso participar.
27. É uma vida **a que** muitos aspiram, mas que poucos alcançam.
28. São lembranças **que** nunca esquecerei.
29. São lembranças **de que** nunca me esquecerei.

30. Leva a vida **que** sempre quis.
31. Leva a vida **a que** visava desde jovem.
32. Leva uma vida agitada, **a que** se adaptou rapidamente.
33. Leva a vida **com que** sempre sonhou.
34. Procurei a moça **que** trabalha naquela sala.
35. Procurei a moça **a quem** muito admiro.
36. Procurei a moça **com quem** já me encontrara antes.
37. Procurei a moça **por quem** você se apaixonou.
38. Guarde o dinheiro **com que** vai pagar o aluguel.
39. Guarde o dinheiro **de que** ainda vai precisar.
40. Guarde o dinheiro **que** ele esqueceu no balcão.

G)

1. A escravidão negra, **contra que Castro Alves, em seus poemas, lutou,** era encarada com certo romantismo pelos brasileiros.
2. Vimos um bom filme **cujo tema** focaliza a humanidade do século XXI.
3. A secretária, **a quem eu precisava consultar sobre o horário da palestra,** não estava no gabinete.
4. O inspetor, **que fiscalizava o primeiro andar,** recomendava aos alunos mais silêncio nos corredores.
5. Os políticos brasileiros perderam a noção de honestidade **de que tudo depende.**
6. O casal, **para quem todos os olhares se dirigiram,** procurava um lugar mais discreto.
7. Aqueles rapazes cometeram um crime **do qual mais tarde arrependeram-se.**
8. Estavam terminando o relatório **em que denúncias graves eram feitas.**
9. O carro **em que aquela família viajava** atolou no lamaçal.
10. Enviou para a editora um livro de contos **com o qual esperava ganhar um bom dinheiro.**

EMPREGO DOS PRONOMES PESSOAIS

A)

1. Para **mim**, todos são iguais.
2. Para **eu** chegar, peguei um táxi.
3. Por **mim**, todos devem entrar.

4. Por **eu** ser nervoso, não me saí bem.
5. É muito cedo para **mim**.
6. É muito cedo para **eu** ir.
7. Entre **mim** e vocês há bom diálogo.

REGÊNCIA VERBAL

1. C   3. B   5. E
2. C   4. D

ONDE ou AONDE

1. Aonde   5. Aonde
2. Onde   6. Onde
3. Onde   7. Aonde
4. Onde   8. Onde

CAPÍTULO XVII

A INTERPRETAÇÃO DE TEXTO E SUAS IMPLICAÇÕES

- Atitudes importantes que devem ser evitadas pelo leitor
- Dica Preciosa
- Alguns hábitos para uma eficaz interpretação
- Definições de Paráfrases
- Históricos de um bom leitor
- Textos

A INTERPRETAÇÃO DE TEXTO E SUAS IMPLICAÇÕES

A interpretação do texto é o alvo a ser atingido para qualquer tipo de leitura. O aluno terá esta missão dentro de quaisquer matérias. Quanto mais difícil o curso, concurso, mais dificuldade exigida, pelo fato de que se pressupõe estar o leitor preparado para aquela finalidade almejada.

ATITUDES IMPORTANTES QUE DEVEM SER EVITADAS PELO LEITOR

- esquecer-se de se colocar como um intérprete de um texto lido e escrito por um autor;
- imediatismo;
- discordar do autor, refutando as suas ideias;
- ler o texto sem se comprometer em tirar dele a mensagem transmitida pelo autor e esquecer-se de que você é o artista, o intérprete de um enredo que não é seu.

DICA PRECIOSA

Se o aluno ler o texto a ser interpretado à luz da mensagem que o autor quis passar, com certeza, não haverá nenhuma dificuldade para ele em responder às questões propostas e elaboradas dentro do conteúdo contido no texto. Deve, pois, ter coerência e não indiferença ao tema dado e comentado na leitura lida.

O processo da interpretação não é tarefa fácil. Há na filosofia uma matéria bem específica chamada de Hermenêutica dedicada a uma maneira mais apropriada de se fazer a interpretação de texto para se obter uma solução prática nesta tarefa, seguindo três etapas:

a) **Pré-compreensão:** para a leitura de um texto, o leitor há de ter um básico conhecimento do assunto. Sem um conhecimento prévio não existe a possibilidade de uma pré-compreensão. A leitura será enfadonha e rebuscada de suposições por parte do leitor. Certamente sem um pré-conhecimento não haverá compreensão e nem tampouco a interpretação, objetivo alvo da leitura.

b) **Compreensão:** este item, para todos, é o mais complexo. Ainda que se tenha em mãos um livro tão universal para toda humanidade, quanto mais se lê mais interpretações são encontradas, embora a mensagem do autor seja a mesma para todos. Se se tem uma pré-compreensão, ao entrar no texto, o leitor vai se deparar com informações novas ou reconhecer aquelas que já conhecia. Seja qual for o texto, o autor tem um propósito e uma intencionalidade. É imprescindível, no entanto, que o leitor busque o cerne da mensagem que lhe foi passada e daí o interprete com veemência e entendimento, dando o exato sentido às palavras arroladas no texto.

c) **Interpretação:** A interpretação é a resposta que o autor esperava de todos e são poucos que conseguem a exegese de um texto na sua íntegra, devido ao fato de muitos não terem a consciência dos erros que não se podem cometer. A sua indiferença aos pré-requisitos o levará a uma má interpretação, assim como a maneira de pensar que interpretar um texto depende da cabeça de cada um, ignorando as ideias e intencionalidade do autor. O leitor incorre em graves deslizes de interpretação ao não interagir com o texto e ao não entrar no enredo exposto com todos os meios e recursos estilísticos, semânticos e gramaticais contidos no texto para o crescimento do leitor.

ALGUNS HÁBITOS PARA UMA EFICAZ INTERPRETAÇÃO

- Concentração, interação, disposição.
- Dar valor à leitura.
- Nunca interpretar alguma palavra sem saber realmente o significado dela.
- O dicionário, o *google* resolvem a sua dúvida.
- Ler sempre informações diárias em diversos meios de comunicação.
- Aprimorar sempre o seu vocabulário.
- Saber parafrasear, ou seja, reproduzir a ideia do autor sem perder o sentido do conteúdo envolvido, usando outras palavras que ampliem novas formas de serem ditas.
- A paráfrase é usada em casos específicos: paráfrase-resumo, paráfrase-resenha e paráfrase-esquema.

- A paráfrase é muito comum para que se possa dar outras possibilidades de se falar sobre o mesmo assunto. É a reafirmação do sentido de um texto.
- A leitura deve ser feita com concentração a fim de que as ideias sejam concatenadas do princípio ao fim do texto dentro de uma sequência lógica.
- Se o aluno não teve a oportunidade de ouvir histórias infantis, fantasiosas, científicas, seria excelente ser leitor de textos para alguém, comece a ler e, ao longo do tempo, será um hábito aprazível e útil para o seu dia a dia.

DEFINIÇÕES DE PARÁFRASES

- **Paráfrase-resumo:** elaborar o texto de maneira concisa sem deixar escapar as ideias nele contidas, ou seja, resumir de forma sucinta as informações dadas.
- **Paráfrase-resenha:** esse outro tipo, além dos passos do resumo, também inclui a sua participação com um comentário sobre o texto.
- **Paráfrase-esquema:** depois de encontrar as ideias ou palavras básicas de um texto, esse tipo de paráfrase apresenta em tópicos ou em pequenas frases o seu conteúdo.

HISTÓRICOS DE UM BOM LEITOR

1) Leia no papel

Um estudo feito em 2014 descobriu que leitores de pequenas histórias de mistério em um Kindle, um tipo de leitor digital, foram significantemente piores na hora de elencar a ordem dos eventos do que aqueles que leram a mesma história em papel. Os pesquisadores justificam que a falta de possibilidade de virar as páginas pra frente e pra trás ou controlar o texto fisicamente (fazendo notas e dobrando as páginas) limita a experiência sensorial e reduz a memória de longo prazo do texto e, portanto, a sua capacidade de interpretar o que aprendemos. Ou seja, sempre que possível, estude por livros de papel ou imprima as explicações, registrar notas em cadernos, pois já foi provado também que quem faz anotações à mão consegue lembrar melhor do que estuda.

2) Reserve um tempo do seu dia para ler devagar

Uma das maiores dificuldades de quem precisa ler muito é a falta de concentração. Quem tem dificuldades para interpretar textos e fica lendo e relendo sem entender nada pode estar sofrendo de um mal que vem crescendo na população da era digital. Antes da internet, o nosso cérebro lia de forma linear, aproveitando a vantagem de detalhes sensoriais (a própria distribuição do desenho da página) para lembrar de informações-chave de um livro. Conforme nós aumentamos a nossa frequência de leitura em telas, os nossos hábitos de leitura se adaptaram aos textos resumidos e superficiais (afinal, muitas vezes você tem links em que poderá "ler mais" – a internet é isso) e essa leitura rasa fez com que a gente tivesse muito mais dificuldade de entender textos longos.

Os especialistas explicam que essa capacidade de ler longas sentenças (principalmente as sem links e distrações) é uma capacidade atroz, caso não for usada pelo leitor. Os defensores da leitura lenta dizem que o recomendável é que seja reservado de 30 a 45 minutos do dia longe de distrações tecnológicas para ler. Desta maneira, o cérebro poderá recuperar a capacidade de fazer a leitura linear. Os benefícios da leitura lenta vão bem além. Ajudam a reduzir o estresse e a melhorar a concentração!

Depois de treinar bastante e ler muito, o leitor estará pronto para interpretar os mais diversos tipos de texto! O bom costume de leitura, automaticamente, amplia conhecimentos, dando-lhe possibilidade de articular bem as palavras que compuseram o texto lido e a liberdade de interpretá-lo com leveza e segurança.

Observação

Os textos seguintes a serem interpretados foram escolhidos e retirados dos concursos públicos, já que o aluno visa a uma vaga nos Ministérios Públicos Federais e demais concursos, muito concorridos no meio acadêmico.

TEXTOS PARA INTERPRETAÇÃO

TEXTO 1 (Concurso Público para Analista Legislativo, Técnica Legislativa, Centro de Formação, Treinamento e Aperfeiçoamento – Cefor)

O fato de as pessoas não combaterem ativamente um regime político que as oprime talvez não signifique que tenham absorvido com facilidade as ideias e ideais os seus valores governantes. Pode ser que, após um árduo dia de trabalho, estejam exaustas demais e não tenham energia de sobra para envolver-se em atividades políticas, ou que sejam tão fatalistas ou apáticas que não percebam o sentido de suas atividades. Talvez tenham medo das consequências de opor-se ao regime; ou pode ser que desperdicem muito tempo preocupando-se com seus trabalhos, hipotecas e restituições de imposto de renda para pensar sobre isso. As classes dominantes têm a sua disposição inúmeras dessas técnicas de controle social "negativo», que são bastante mais prosaicas e materiais do que convencer seus sujeitos de que pertencem a uma raça superior ou exortá-los a identificar-se com o destino da nação. Nas sociedades capitalistas avançadas, os meios de comunicação frequentemente são considerados um possante veículo através do qual a ideologia dominante é disseminada; mas essa suposição não deve permanecer irrefutada. É verdade que boa parte da classe trabalhadora britânica lê os jornais do partido conservador, da ala direita; mas pesquisas indicam que um grande número desses leitores é indiferente ou ativamente hostil à política desses periódicos. Muitas pessoas passam a maior parte de suas horas de lazer vendo televisão: mas se ver televisão de fato beneficia a classe governante, não é porque ela contribui para transmitir a ideologia dessa classe a um bando de gente dócil. 0 fato politicamente importante acerca da televisão é, provavelmente, o ato de assistir a ela, mais do que o seu conteúdo ideológico.

> EAGLETON, Terry. *Ideologia* – Uma introdução.
> São Paulo: Boitempo, 1997 [Tradução Silvana Vieira
> e Luís Carlos Borges].

QUESTÃO 01

A respeito do texto NÃO se pode afirmar:

a) a classe trabalhadora foi citada no texto para se comprovar o desprestígio da ideologia do partido conservador britânico.

b) o autor é cético quanto à relação estabelecida entre o consumo de um veículo de divulgação e o consentimento aos valores que ele representa.

CAPÍTULO XVII – A INTERPRETAÇÃO DE TEXTO E SUAS IMPLICAÇÕES | 435

c) ao escrever de fato em negrito, o autor imprime um tom de dúvida à premissa de seu raciocínio.

d) infere-se do texto que a televisão, ao firmar os indivíduos em papéis passivos, isolados, privatizados, consumindo-lhes boa quantidade de tempo, está atuando politicamente.

e) infere-se do texto que a televisão é mais uma forma de controle social que um aparato ideológico.

QUESTÃO 02

Quanto ao texto:

a) o tema desenvolvido é: o poder político e as objeções à difusão da ideologia.

b) a tese defendida pelo autor é a seguinte: o poder político é incompatível com o domínio ideológico.

c) é questionado o pressuposto de que poderes não contestados implicam incorporação maciça, pela classe dominada, da visão do mundo dos dominadores.

d) são apresentados no primeiro parágrafo, sob a forma de hipóteses, as razões que justificam o fato de um regime político ser aceito unanimemente pela população.

e) é defendida a ideia de que as classes dominantes, recusando técnicas prosaicas de persuasão, consideradas "negativas", buscam convencer seus sujeitos estimulando-lhes os sentimentos elevados.

QUESTÃO 03

Considere as alterações efetuadas na pontuação original da estrutura: "É verdade que boa parte da classe trabalhadora britânica lê os jornais do partido conservador, da ala direita". I – É verdade: que boa parte da classe trabalhadora britânica lê os jornais do partido conservador, da ala direita. II – É verdade que boa parte da classe trabalhadora britânica lê os jornais do partido conservador da ala direita. III – É verdade, que boa parte da classe trabalhadora britânica, lê os jornais do partido conservador da ala direita. Relacione cada nova versão a uma das afirmações: x. a pontuação é correta e altera o sentido original. y. a pontuação é correta e não altera o sentido original. z. a pontuação é incorreta. A associação correta é:

a) I – z; II – x; III – x.
b) I – y; II – x; III – z.
c) I – x; II – z; III – y.
d) I – y; II – z; III – x.
e) I – z; II – x; III – z.

QUESTÃO 04

O par de palavras em que ocorre o fenômeno da parassíntese é:
a) intitular – enobrecer.
b) humanizar – enobrecer.
c) enterrar – intitular.
d) enobrecer – enterrar.
e) intitular – humanizar.

QUESTÃO 05

As unidades linguísticas que NÃO apresentam características polissêmicas são:
a) fio – tesouro.
b) espírito – humanidade.
c) despertar – trama.
d) título – instrumento.
e) vigilante – cotidiano.

QUESTÃO 06

Analise as assertivas: I – o orador exortara o público quando chegou a comitiva. II – o orador exortou o público quando chegou a comitiva. III – o orador exortava o público quando chegou a comitiva. Há concomitância nas ações verbais APENAS em:
a) I.
b) I e II.
c) II.
d) II e III.
e) III.

QUESTÃO 07

O segmento "a" destacado na segunda palavra da sequência constitui prefixo de negação da primeira em:

a) ferir – aferir.

b) fresco – afresco.

c) similar – assimilar.

d) variar – avariar.

e) fonia – afonia.

QUESTÃO 08

"Comunicação é convivência; está na raiz de comunidade". Desse fragmento é possível concluir que os vocábulos "comunicação" e "comunidade" são:

a) sinônimos.

b) homônimos.

c) cognatos.

d) heterônimos.

e) parônimos.

QUESTÃO 09

Apesar da interdependência existente na dualidade Língua e Fala, cada um desses elementos é descrito com características distintas. A correspondência correta é:

a) língua – individualidade.

b) fala – abstração.

c) língua – concretização.

d) fala – sistematização.

e) língua – coletividade.

QUESTÃO 10

Há correspondência entre ELEMENTO do processo de comunicação e FUN-ÇÃO da linguagem em:

a) emissor – poética.

b) destinatário – emotiva.

c) contexto – referencial.

d) código – fática.

e) canal – metalinguística.

QUESTÃO 11

No trecho "Para o bem e para o mal, a fala é a marca da personalidade, da terra natal e da nação, o título de nobreza da humanidade.", evidencia-se uma figura de linguagem, qual seja:

a) apóstrofe.

b) hipérbole.

c) catacrese.

d) gradação.

e) anacoluto.

TEXTO 2 – (IPAD/Prefeitura Municipal de Gravatá/Cargo Professor II – Língua Portuguesa/2008 – Concurso Público 2008 – Prefeitura Municipal de Gravatá, Cargo Professor II – Língua Portuguesa/Superior, Instituto de Planejamento e Apoio ao Desenvolvimento Tecnológico e Científico – IPAD)

COMUNICAÇÃO E SOCIALIZAÇÃO

Lembre-se o leitor como se fez gente: sua casa, seu bairro, sua escola, sua patota. A comunicação foi o canal pelo qual os padrões de vida de sua cultura foram-lhe transmitidos, pelo qual aprendeu a ser "membro" de sua sociedade – de sua família, de seu grupo de amigos, de sua vizinhança, de sua nação. Foi assim que adotou a sua "cultura", isto é, os modos de pensamento e de ação, suas crenças e valores, seus hábitos e tabus. Isso não ocorreu por "instrução", pelo menos antes de você ir para a escola: ninguém lhe ensinou propositadamente como está organizada a sociedade e o que pensa e sente a sua cultura. Isso aconteceu indiretamente, pela experiência acumulada de numerosos pequenos eventos, insignificantes em si mesmos, através dos quais travou relações com diversas pessoas e aprendeu naturalmente a orientar seu comportamento para o que "convinha". Tudo isso foi possível graças à comunicação.

CAPÍTULO XVII – A INTERPRETAÇÃO DE TEXTO E SUAS IMPLICAÇÕES | 439

Não foram apenas os professores na escola que lhe ensinaram sua cultura: foi também a comunicação diária com pais, irmãos, amigos, na casa, na rua, nas lojas, no ônibus, no jogo, no botequim, na igreja, que lhe transmitiu as qualidades essenciais da sociedade e a natureza do ser social.

A comunicação confunde-se, assim, com a própria vida. Temos tanta consciência de que comunicamos como de que respiramos ou andamos.

Na verdade, a comunicação é uma necessidade básica da pessoa humana, do homem social.

> BORDENAVE, Juan Díaz. *O que é comunicação.* São Paulo: Nova Cultura/Brasiliense. 1986, p. 17-19. Adaptado.

QUESTÃO 01

O texto 2, em seu todo, defende:

a) a importância de se poder contar com um grupo de amigos.

b) a relevância da socialização para a construção do conhecimento.

c) o papel do professor na transmissão da cultura de cada grupo.

d) a conveniência social de se adotar um comportamento adequado.

e) o valor de se conhecer quais as qualidades essenciais da sociedade.

QUESTÃO 02

Analise o seguinte trecho: "A comunicação foi o canal pelo qual os padrões de vida de sua cultura foram-lhe transmitidos". A forma como o segmento sublinhado está construído dependeu da regência do verbo 'transmitir'. Considere os enunciados a seguir e identifique aqueles em que a regência do verbo também foi respeitada.

1. A comunicação foi o canal do qual resultaram os padrões de vida de nossa cultura.

2. A comunicação social é um dispositivo no qual não podemos confiar inteiramente.

3. A comunicação foi o canal em que se apoiaram as crenças e os tabus que alimentamos.

4. A comunicação é um canal a que nos sujeitamos desde o início de nossas vias.

5. A comunicação foi o canal do qual nos referimos em cada consideração acerca de nossa cultura.

Estão corretos os enunciados:

a) 1, 2, 3 e 4 apenas.

b) 1, 2, 3, 4 e 5.

c) 2, 3, e 4 apenas.

d) 3, 4 e 5 apenas.

e) 1 e 5 apenas.

TEXTO 3 (Concurso Público 2008 – Prefeitura Municipal de Gravatá, Cargo Professor II – Língua Portuguesa/Superior, Instituto de Planejamento e Apoio ao Desenvolvimento Tecnológico e Científico – Ipad)

CULTURA

Certamente, a mais antiga e a mais recente obra do homem é a cultura. Desde que existe como espécie até o estádio atual, ele jamais deixou de produzir. O uso das cavernas para abrigar-se das intempéries climáticas, os desenhos e pinturas feitos nas paredes desses abrigos, a fabricação de ferramentas primitivas, a descoberta de um pedaço de madeira como arma, o cultivo do solo para alimentar-se, a produção industrial automatizada, a construção de grandes edifícios, de antigas pirâmides, a realização de uma grande obra literária, a nave que vai ao espaço, o coração, o rim, o fígado transplantados, a criação da democracia, o telefone, a televisão e o livro são algumas das realizações do homem. Tudo isso é cultura. São produtos da cultura humana.

Só o sentimento não é uma criação do homem. É algo inato nele. Mesmo assim, há, em cada cultura, formas diversas de se manifestar um sentimento. A vida e a morte, por exemplo, são celebradas de formas diferentes, de uma civilização para outra.

A cultura, enfim, é indefinível. Mas é a única obra perene do homem. Sem essa grande obra, o que seríamos? Não é possível imaginarmos nosso destino. Por isso, viva a bússola, viva a escrita e viva o papel. Eles orientam o homem para o caminho certo: o caminho da comunicação. Nesse caso, viva o gesto também. Enfim, que viva o homem, para continuar criando sua obra eterna: a cultura.

CALDAS, Waldenir. *O que todo cidadão deve saber sobre cultura.* São Paulo: Global, 1986, p. 9. Adaptado.

QUESTÃO 01

Pelas ideias apresentadas no texto 3, fica evidente que o argumento principal defendido pelo autor é:

a) existe, em cada grupo, formas diferentes de manifestar os sentimentos.

b) sem grandes obras, fica impossível ao homem imaginar o seu destino.

c) somente o homem é dotado da capacidade inata de ter sentimentos.

d) qualquer produção humana constitui uma manifestação de cultura.

e) a escrita – como uma bússola – orienta o homem para o caminho da comunicação.

QUESTÃO 02

Entre as informações trazidas pelo texto 3, uma, que está implícita, corresponde a que:

a) as civilizações primitivas não tinham cultura.

b) a cultura surgiu com a descoberta da escrita.

c) a cultura existe onde está a criação humana.

d) a comunicação é a única forma de ter cultura.

e) o caminho certo para a cultura é saber ler.

QUESTÃO 03

Considerando o modo de construção do texto, podemos dizer que se trata de um texto:

a) narrativo: com um cenário e uma sequência de fatos, embora haja apenas um personagem.

b) expositivo: a partir de um tema, o autor apresenta ideias e propõe conceitos.

c) descritivo: algo é objeto de uma descrição, que se revela inteiramente subjetiva e fictícia.

d) argumentativo: embora o autor não se pronuncie a favor de uma posição definida.

e) injuntivo: o leitor é orientado a adotar determinadas formas de comportamento.

QUESTÃO 04

Observe o trecho: "Certamente, a mais antiga e a mais recente obra do homem é a cultura. Desde que existe como espécie até o estádio atual, ele jamais deixou de produzir". Nesse trecho, os dois segmentos sublinhados expressam uma relação de:

a) sinonímia.

b) antonímia.

c) hiperonímia.

d) homonímia.

e) metonímia.

QUESTÃO 05

Conforme o texto 3, "Só o sentimento não é uma criação do homem. É algo inato nele. Mesmo assim, há, em cada cultura, formas diversas de se manifestar um sentimento." Considerando o sentido concessivo da expressão sublinhada, podemos dizer que uma paráfrase para esse trecho seria:

a) só o sentimento não é uma criação do homem. É algo inato nele, uma vez que há, em cada cultura, formas diversas de se manifestar um sentimento.

b) só o sentimento não é uma criação do homem. É algo inato nele, ainda que haja, em cada cultura, formas diversas de se manifestar um sentimento.

c) só o sentimento não é uma criação do homem. É algo inato nele; por isso, há, em cada cultura, formas diversas de se manifestar um sentimento.

d) só o sentimento não é uma criação do homem. É algo inato nele, para que, em cada cultura, haja formas diversas de se manifestar um sentimento.

e) só o sentimento não é uma criação do homem. É algo inato nele, pois há, em cada cultura, formas diversas de se manifestar um sentimento.

QUESTÃO 06

Reveja o trecho: "Mas é a única obra perene do homem". Uma obra perene é uma obra:

a) consistente.

b) edificante.

c) significativa.

d) duradoura.

e) relevante.

QUESTÃO 07

No texto 3, um segmento em que aparece um pronome com a função de retomar quase um parágrafo inteiro – como que resumindo-o – está citado na alternativa:

a) "Tudo isso é cultura".

b) "Eles orientam o homem para o caminho certo".

c) "É algo inato nele".

d) "Sem essa grande obra, o que seríamos?"

e) "Eles orientam o homem para o caminho certo".

QUESTÃO 08

No segmento "A cultura, enfim, é indefinível.", aparece uma palavra formada com um prefixo de sentido negativo. Também apresenta um prefixo de sentido negativo a seguinte série de palavras:

a) injetável, invejável, destituído.

b) imundo, imerso, interno.

c) inalar, inflamar, irromper.

d) inábil, inédito, irrestrito.

e) imaginação, invenção, irradiação.

QUESTÃO 09

Observe: "A vida e a morte, por exemplo, são celebradas de formas diferentes, de uma civilização para outra". Analisando a concordância verbal realizada nesse enunciado, está correto o seguinte comentário:

a) o verbo poderia estar no singular para concordar com o sujeito mais próximo 'a morte'.

b) o verbo poderia estar no singular, em concordância com o sujeito 'uma civilização'.

c) o verbo está no plural, para concordar com o sujeito composto 'a vida e a morte'.

d) o verbo 'ser' poderia admitir a concordância com o predicativo e ficaria no singular.

e) o verbo, nesse caso, admite o singular ou o plural: o sujeito é indeterminado.

QUESTÃO 10

"Sem essa grande obra, o que seríamos?" Nessa pergunta, a regência verbal foi respeitada. Tal como no seguinte enunciado:

a) a que grande obra nós dependemos?

b) de qual grande obra nós confiamos?

c) de que grande obra nós estamos sujeitos?

d) a que grande obra nós nos referimos?

e) a qual grande obra nós defendemos?

TEXTO 4 (Cesgranrio/INSS/Técnico Previdenciário/janeiro de 2005)

A ESCOLA ENTÃO ERA RISONHA E FRANCA?

Naquele ano de 1919, em Fortaleza, a nossa rua se chamava do Alagadiço: era larguíssima, longa sucessão de chácaras com jardim à frente, imenso quintal atrás. (...)

Do outro lado da rua, defronte ao poste do bonde, ficava a escola pública da Dona Maria José. (...) Nela estudava o meu tio Felipe, que era quase da minha idade. (...) E eu, que chegara um mês antes do Pará, tinha loucura pra frequentar a escola, mas ninguém consentia. Minha mãe e meu pai alimentavam ideias particulares a respeito de educação formal: desde que eu já sabia ler – aprendi sozinha pelos cinco anos – e tinha livros em casa, jornais, revistas (*O Tico Tico!*), o resto ficava para mais tarde. Eu então fugia, atravessava o trilho para espiar a escola. Principalmente nos dias de sabatina, quando a meninada toda formava uma roda, cantando a tabuada, a professora com a palmatória na mão. Primeiro era em coro, seguido: "6+6, 12! 6+7, 13!" O mais difícil era a tabuada de multiplicar, principalmente nas casas de sete pra cima e entrando no salteado: "7x*, 56; 8x9, 72!" Aí a palmatória comia e os bolos eram dados pelo aluno que acertava, corrigindo o que errava. E eram aplicados na proporção de erro. Tabuada de sete a nove era fogo. O pior era aluno grandalhão – iria pelos 14 anos – que não acertava nunca. Chegando a vez dele, a roda cantava: 8x7=?" A roda esperava e ele gaguejava, ficava da cor de um pimentão e começava a chorar. Palmatória nele. Eu, que espionava da janela e já tinha aprendido a tabuada, de tanto ver sabatina, soprava de lá: "56!" Dona Maria José, se ouvia, levantava os olhos pra cima e até sorria. Mas o pobre nunca entendia o sopro. Uma vez caiu de joelhos. Mas não perdoavam: bolo nele! E no dia seguinte ele vinha pra aula de mão amarrada num pano, sempre sujo.

As pessoas são cruéis. Menino é muito cruel. Agora me lembrei que chamavam o coitado de Zé Grandão. Nunca deu pra nada, nem pra caixeiro de bodega – não conseguia anotar direito as compras no borrador. Ele mesmo, mais tarde, nos contou isso.

(...)

Por isso me ficou a convicção, lá no fundo da alma: só se pode mesmo vencer na vida aprendendo tabuada de cor e salteado. Principalmente as casas altas de multiplicar.

> QUEIROZ, Rachel de. *As terras ásperas* – Crônicas. São Paulo: Siciliano, 1993.

QUESTÃO 01

O título do Texto I faz referência a uma idealização da escola que a crônica:

a) corrobora.

b) complementa.

c) questiona.

d) retrata.

e) reforça.

QUESTÃO 02

Considerando-se o resultado da aprendizagem de Zé Grandão, verifica-se que o uso da palmatória como recurso pedagógico era:

a) doloroso mas indispensável.

b) cruel mas criativo.

c) estranho e eficaz.

d) humilhante e ineficaz.

e) emocionante e inovador.

QUESTÃO 03

Marque a passagem em que a narradora se revela autodidata.

a) "tinha loucura para frequentar a escola," (l. 6, 7).

b) "– aprendi sozinha pelos cincos anos –" (l. 9).

c) "Eu então fugia, ...para espiar a escola." (l. 10,11).

d) "O mais difícil era a tabuada de multiplicar," (l. 14).

e) "Só se pode mesmo vencer na vida aprendendo tabuada ..." (l. 31, 32).

QUESTÃO 04

Coloque C ou l nos parênteses, conforme esteja correto ou incorreto o uso do acento indicativo da crase.

( ) Dona Maria José dirigia-se à cada criança e perguntava.

( ) O bonde elétrico já chegara àquela cidade.

( ) À custa de muito empenho, os alunos aprendiam.

A sequência correta é:

a) C – C – l.

b) C – l – C.

c) l – C – l.

d) l – C – C.

e) l – l – C.

QUESTÃO 05

"**Chegando a vez dele**," a roda cantava: "8x7=?" (l. 19, 20). A oração em destaque exprime ideia de:

a) causa.

b) concessão.

c) tempo.

d) finalidade.

e) consequência.

QUESTÃO 06

Assinale a frase correta quanto à concordância verbal.

a) existe ambiente escolares bem acolhedores.

b) evoluiu pouco a pouco as escolas e o sistema de avaliação.

c) por muito tempo ainda persistiu certos costumes.

d) haviam alunos que conseguiram superar dificuldades.

e) castigavam-se as crianças que não sabiam a tabuada.

QUESTÃO 07

Marque a opção em que o termo entre parênteses NÃO preenche corretamente a lacuna, pois não atende à regência do verbo da frase.

a) O emprego _____ aspirava requeria mais preparo. (a que)

b) Muitos alunos _____ frequentavam a escola se formaram. (que)

c) A palmatória era a razão _____ os meninos temiam as sabatinas. (com que)

d) Mesmo nas escolas de antigamente havia aulas _____ os alunos gostavam. (de que)

e) Os jogos _____ a menina assistia lhe pareciam emocionantes. (a que)

TEXTO 5 (Concurso Público para provimento de cargos de Técnico Judiciário Área Administrativa, Tribunal Regional Federal da 1ª Região, 2006, Fundação Carlos Chagas)

JANELAS DE ONTEM E DE HOJE

Os velhinhos de ontem costumavam, sobretudo nos fins de tarde, abrir as janelas das casas e ficar ali, às vezes com os cotovelos apoiados em almofadas, esperando que algo acontecesse: a aproximação de um conhecido, uma correria de crianças, um cumprimento, uma conversa, o pôr do sol, a aparição da lua.

Eles se espantariam com as crianças e os jovens de hoje, fechados nos quartos, que ligam o computador, abrem as janelas da Internet e navegam por horas por um mundo de imagens, palavras e formas quase infinitas.

O homem continua sendo um bicho muito curioso. O mundo segue intrigando-o. O que ninguém sabe é se o mundo está cada vez maior ou menor. O que eu imagino é que, de suas janelas, os velhinhos viam muito pouca coisa, mas pensavam muito sobre cada uma delas. Tinham tempo para recolher as informações mínimas da vida e matutar sobre elas. Já quem fica nas janelas da Internet vê coisas demais, e passa de uma para outra quase sem se inteirar plenamente do que está vendo. Mudou o tempo interior do homem, mudou seu jeito de olhar. Mudaram as janelas para o mundo – e nós seguimos olhando, olhando, olhando sem parar, sempre com aquela sensação de que somos parte desse espetáculo que não podemos parar de olhar, seja o cachorro de verdade que se coça na esquina da padaria, seja o passeio virtual por Marte, na tela colorida.

Cristiano Calógeras

QUESTÃO 01

Deve-se considerar que o tema central do texto, responsável por sua estruturação, é:

a) o antigo hábito de, das janelas das casas, ficar olhando tudo.

b) o hábito moderno de se ficar abrindo imagens da Internet.

c) o interesse permanente com que o olhar humano investiga o mundo.

d) a vantagem de se conhecer cada vez mais realidades virtuais.

e) a evidência de que o mundo se torna cada vez mais compreensível.

QUESTÃO 02

Considere as seguintes afirmações:

I. O primeiro parágrafo ilustra a afirmação de que havia mais tempo, antigamente, para recolher as informações mínimas da vida e refletir sobre elas.

II. O autor do texto afirma que a única diferença entre abrir as janelas das casas e abrir as janelas da Internet está no tipo de imagem que é recolhido.

III. Quaisquer que sejam as janelas que o homem abra, todas lhe dão a mesma sensação de que ele pouco tem a ver com o que observa a distância.

Em relação ao texto, está correto SOMENTE o que se afirma em:

a) I.

b) II.

c) III.

d) I e II.

e) II e III.

QUESTÃO 03

O trecho em que se expressa uma alternativa é:

a) eles se espantariam com as crianças e os jovens de hoje (...).

b) o homem continua sendo um bicho muito curioso.

c) mudou o tempo interior do homem, mudou seu jeito de olhar.

d) o que ninguém sabe é se o mundo está maior ou menor.

e) tinham tempo para recolher as informações mínimas da vida e matutar sobre elas.

QUESTÃO 04

O autor NÃO explora uma relação de oposição entre os segmentos:

a) os velhinhos de ontem / as crianças e os jovens de hoje.

b) (...) nos fins de tarde / o pôr do sol.

c) (...) viam muito pouca coisa / vê coisas demais.

d) (...) seja o cachorro de verdade / seja o passeio virtual.

e) (...) fechados nos quartos / abrem as janelas.

QUESTÃO 05

Transpondo-se para a voz passiva a frase: **"Os velhinhos viam muito pouca coisa"**, a forma verbal resultante será:

a) era vista.

b) eram vistos.

c) fora visto.

d) tinham visto.

e) tinha sido vista.

QUESTÃO 06

O segmento sublinhado em esperando <u>que algo acontecesse</u> pode ser substituído, sem prejuízo para a correta articulação entre os tempos verbais do primeiro parágrafo, por:

a) algo que acontecera.

b) que algo viesse a acontecer.

c) que algo tivesse acontecido.

d) algo que estiver acontecendo.

e) que algo venha a acontecer.

QUESTÃO 07

Os velhinhos iam para as janelas, <u>abriam as janelas</u>, <u>instalavam-se nas janelas</u> e <u>transformavam as janelas</u> em postos de observação. Evitam-se as viciosas repetições da frase acima substituindo-se os segmentos sublinhados, respectivamente, por:

a) abriam-lhes – instalavam-se-lhes – transformavam-lhes.

b) as abriam – lhes instalavam-se – transformavam-nas.

c) abriam-nas – instalavam-se nelas – transformavam-nas.

d) lhes abriam – instalavam-se nelas – transformavam-lhes.

e) abriam-nas – nelas se instalavam – lhes transformavam.

TEXTO 6 (Cesgranrio/Bndes/Técnico Administrativo/abril de 2004)

A graça da vida é não saber. Fica sereno quem arruma, com os entes e as coisas, o seu museu de encantamentos. Sem fichas. Nunca que eu quis explicações sobre o que eu tenho sentido. Vejo os meus sonhos. Ouço as minhas músicas. Ando pelos meus jardins.

Dou à minha gulodice o prazer que ela me fantasia. Estas mãos, tantas vezes pousadas em livros, em flores, em outros alimentos terrestres, continuam mãos abertas a todas as surpresas. Um dia na praia, o cavalheiro erudito, indo até lá, como disse: "Para sorver o ar isolado", porque me encontrou adorando a cor do céu, logo se manifestou: – Sabe por que é azul a cor do céu? – Confessei humilde: – Não. E não me conte, pelo amor de Deus!

> MOREYRA, Álvaro. *As amargas, não*. 2. ed. Rio de Janeiro: Lux.

QUESTÃO 01

Marque a melhor opção quanto à mensagem do texto acima?

a) o mistério da vida se desvenda, progressivamente, a cada momento.

b) o importante na vida é ter sensibilidade para captar a magia de cada momento.

c) o sentido da vida só existe para quem consegue defini-la.

d) a beleza da vida está em buscar o significado de cada momento vivido.

e) a vida é um mistério que deve ser investigado e interpretado.

QUESTÃO 02

Assinale a frase com a qual o narrador apresenta para si próprio a consequência de "A graça da vida é não saber". (l. 1)

a) "Sem fichas". (l. 2)

b) "Vejo os meus sonhos". (l. 3)

c) "Ouço as minhas músicas." (l. 3, 4)

d) "Ando pelos meus jardins". (l. 4)

e) Dou à minha gulodice o prazer que ela me fantasia. (l. 5)

QUESTÃO 03

A passagem cuja carga semântica acentua o desejo do narrador de não querer perder a graça da vida é:

a) "...o seu museu de encantamentos." (l. 2)

b) "Sem fichas". (l. 2)

c) "...mãos abertas a todas as surpresas." (l. 7)

d) "...adorando a cor do céu." (l. 8, 9)

e) "...pelo amor de Deus!" (l. 10)

QUESTÃO 04

Assinale a alternativa **improcedente** quanto aos trechos indicados:

a) "...**Fica** sereno quem arruma," ...**continuam** mãos abertas a todas as surpresas..." – Os verbos destacados apresentam a mesma predicação.

b) Em "...o seu museu de **encantamento.**" e "Dou à minha gulodice o **prazer**..." – Os vocábulos destacados são substantivos abstratos.

c) "Nunca que eu quis explicações **sobre** o que eu tenho sentido..." ... "continuam mãos abertas **a** todas as surpresas..." – As preposições destacadas constituem caso de regência nominal.

d) "...indo **até** lá,"... "é azul a cor **do** céu?" – As palavras destacadas são acentuadas pela mesma razão.

e) "...logo **se** manifestou." e "E não **me** conte." – A colocação dos pronomes se justifica pela presença dos advérbios.

QUESTÃO 05

Na passagem "Dou **à minha gulodice** o prazer..." (l. 5), o uso do acento indicador da crase é obrigatório, já que o termo em destaque exerce a função de:

a) predicativo.

b) objeto direto.

c) objeto indireto.

d) adjunto adnominal.

e) adjunto adverbial.

QUESTÃO 06

A oração cuja classificação está INCORRETA é:

a) "...quem arruma, com os entes e as coisas, o seu museu de encantamentos." (l. 1–2) – oração subordinada substantiva subjetiva.

b) "Vejo os meus sonhos." (l.-3) – oração absoluta.

c) "...que ela me fantasia." (l. 5) – oração subordinada adjetiva restritiva.

d) "...indo até lá," (l. 7, 8) – oração subordinada adverbial temporal.

e) "...por que é azul a cor do céu?" (l. 9) – oração subordinada adverbial causal.

TEXTO 7 (Concurso Banco do Brasil – Nível Médio/2018)

"Que país é este, que nega oportunidades às suas crianças e jovens, em qualquer que seja a profissão, de serem atores na vida? Milhões de brasileiros precisam, apenas, ter o direito à educação para dar, com dignidade, sua contribuição à sociedade.

Milhares de crianças utilizam sua criatividade, inteligência e seus dons apenas para sobreviver. São artistas nos sinais de trânsito, pedintes do asfalto. No entanto, a grande e esmagadora maioria tem como alternativas a violência, o furto, as drogas e a morte prematura.

É possível transformar essa realidade e isto custa muito pouco."

(Maurício Andrade – Coordenador Geral da Ação da Cidadania)

QUESTÃO 01 – Sobre flexão de número

O segmento "em qualquer que seja a profissão", colocado no plural, tem como forma correta:

    a) em quaisquer que sejam as profissões.

    b) em quaisquer que seja as profissões.

    c) em qualquer que sejam as profissões.

    d) em qualquer que seja as profissões.

    e) em quaisquer que seja a profissão.

QUESTÃO 02 – Sobre interpretação de texto

Ao usar apenas no segmento "Milhares de crianças utilizam sua criatividade, inteligência e seus dons apenas para sobreviver.", o autor quer dizer que:

    a) as crianças têm pouco a oferecer.

    b) o talento das crianças poderia ser mais bem empregado.

    c) milhares de crianças lutam pela sobrevivência.

    d) as crianças têm pouca criatividade e inteligência.

    e) a sobrevivência é apenas uma das preocupações das crianças.

QUESTÃO 03

A frase final desse segmento do texto – "É possível transformar essa realidade e isso custa muito pouco". – soa como:

a) condenação.

b) esperança.

c) desespero.

d) sentimentalismo.

e) protesto.

QUESTÃO 04

Ao perguntar, no texto 7, "Que país é este...?", o autor deseja:

a) satisfazer sua curiosidade.

b) tomar conhecimento de algo.

c) definir o seu país.

d) protestar contra uma injustiça.

e) revelar algo desconhecido.

QUESTÃO 05

"São artistas nos sinais de trânsito, pedintes do asfalto."; o comentário INCORRETO sobre esse segmento do texto é:

a) ser artista no sinal de trânsito é mostrar criatividade para sobrevivência.

b) "artista" e "pedinte" são atividades que se opõem em dignidade.

c) "asfalto" se opõe tradicionalmente a "morro".

d) todo segmento se refere a "milhares de crianças", no período anterior.

e) "artistas" está usado, neste caso, com sentido pejorativo.

TEXTO 08

ENCARANDO A FERA

A demissão é um dos momentos mais difíceis na carreira de um profissional. A perda de um emprego costuma gerar uma série de conflitos internos: mágoa, revolta, incerteza em relação ao futuro e dúvidas sobre sua capacidade.

Mesmo sendo uma possibilidade concreta na vida de qualquer profissional, somos quase sempre pegos de surpresa pela notícia. Apesar de se uma situação delicada, é possível, sim, transformar esse fantasma em algo bem menos assustador e, consequentemente, dar a volta por cima de forma mais rápida.

Em primeiro lugar, é preciso ter consciência de que ninguém é intocável. Não no mercado competitivo de hoje. Esteja, portanto, preparado para essa possibilidade. Isso nada tem haver com o pessimismo. Trata-se de manter os pés no chão e saber que as empresas trabalham com equipes cada dia mais enxutas. As mudanças acontecem em um ritmo frenético e há sempre risco de alguém não se adaptar a uma determinada filosofia.

Em segundo lugar, não espere ser demitido para começar a pensar nessa possibilidade. Mesmo estando bem empregado, continua sua *network*. Ou seja: mantenha contato permanente com pessoas que possam ajudá-lo futuramente a uma possível colocação. "Geralmente, a pessoa só se lembra de que precisa desenvolver sua *network* quando está desempregado", afirma Carlos Monteiro, diretor de recursos humanos. "Essa, no entanto, é uma lição de casa que deve ser feita dia a dia". Ele recomenda ainda manter o currículo, permanentemente atualizado, criar o hábito de retornar todos os recados e responder aos *e-mails* rapidamente. Em resumo, é fundamental ser acessível. Um exemplo disso foi a carta que Monteiro recebeu recentemente de um executivo que comunicava sua mudança de empresa. Ele falava do novo desafio em sua carreira e informava o número de seu novo telefone. "Ele tinha um novo emprego, mas nem por isso abandonou os contatos. O melhor momento para a *network* não é quando se precisa dela, mas quando se está bem colocado. Isso faz a demissão ser menos traumática."

VOCÊ. S.A – com adaptações

QUESTÃO 01

A respeito das ideias desenvolvidas no texto, assinale a opção **incorreta**:

a) Embora seja uma possibilidade na vida de qualquer profissional, admissão consiste em um dos momentos mais difíceis na carreira profissional de qualquer indivíduo.

b) No mercado competitivo de hoje, a possibilidade de demissão é iminente porque as empresas operam com equipes cada vez mais reduzidas.

c) Em virtude de as mudanças acontecerem em ritmo muito rápido, alguém, não se adaptando a essa veloz realidade, será inevitavelmente descartado do mercado de trabalho.

d) Entre as recomendações apresentadas para lidar melhor com a demissão, estão manter o currículo atualizado, responder a todos os recados e manter contatos com as pessoas convenientes.

e) É possível transformar o temor da demissão em algo racionalmente controlável e reverter a situação de maneira mais favorável.

QUESTÃO 02

Assinale a opção em que a reescrita do trecho do terceiro parágrafo do texto, além de apresentar correção gramatical mantém as ideias da redação original do texto.

a) Linhas de 14 a 17: Em segundo lugar, não espere ser demitido para começar a pensar nessa possibilidade: mesmo estando bem empregado, construa a sua *network*; ou seja, mantenha contato permanente com pessoas, que possam ajudá-lo futuramente em uma possível recolocação.

b) Linhas de 17 a 20: "Geralmente, a pessoa só se lembra de que precisa desenvolver sua *network* quando está desempregada" afirma Carlos Monteiro – diretor de recursos humanos: "essa no entanto é uma lição de casa que deve ser feita dia a dia".

c) Linhas de 20 a 22: Ele recomenda ainda manter o currículo permanentemente atualizado: criar o hábito retornar todos os recados; e responder aos *e-mails* rapidamente. Em resumo é fundamental ser acessível.

d) Linhas de 22 a 25: Foi um exemplo disso a carta que Monteiro recebeu, recentemente, de um executivo que comunicava sua mudança de empresa: ele falava de novo desafio em sua carreira informava o número de seu telefone.

e) Linhas de 25 a 28: "Ele tinha um novo emprego, mas nem por isso abandonou os contatos (...) O melhor momento para a *network*, não é quando se precisa dela, mas, quando se está bem colocado, isso faz a demissão ser menos traumática".

QUESTÃO 03

O texto apresenta, no último parágrafo, uma série de recomendações ao leitor. Assinale a opção que, alterando a pessoa gramatical relativa ao destinatário da mensagem, mantém unidade de tratamento e correção gramatical frente à norma culta da língua portuguesa.

a) Não espera a sua demissão para começar a pensar na possibilidade de teu desemprego.

b) Crie o hábito de retornar todos os recados enviados a você e responda aos *e-mails* de seus correspondentes.

c) Mantenham contatos com pessoas que possam ajudar-lhe no futuro e seja acessível.

d) Faça a sua lição de casa diariamente e mantenham cópias de currículo atualizado.

e) Mesmo estando você bem empregado, constrói a tua *network* rapidamente.

TEXTO 9

É JUSTO QUE AS MULHERES SE APOSENTEM MAIS CEDO?

A questão acerca da aposentadoria das mulheres em condições mais benéficas que aquelas concedidas aos homens suscita acalorados debates com posições não somente técnicas, mas também com muito juízo de valor de cada lado.

Um fato é certo: as mulheres intensificaram sua participação no mercado de trabalho desde a segunda metade do século 20.

Há várias razões para isso. Mudanças culturais e jurídicas eliminaram restrições sem sentido no mundo contemporâneo: um dos maiores e mais antigos bancos do Brasil contratou sua primeira escriturária em 1969 e teve sua primeira gerente em 1984.

Avanços no planejamento familiar e a disseminação de métodos contraceptivos permitiram a redução do número de filhos e liberaram tempo para a mulher se dedicar ao mercado de trabalho.

Filhos estudam por mais tempo e se mantêm fora do mercado de trabalho até o início da vida adulta. Com isso, o custo de manter a família cresce e cria a necessidade de a mulher ter fonte de renda para o sustento da casa.

A tecnologia também colaborou: máquinas de lavar roupa, fornos micro-ondas, casas menores e outras parafernálias da vida moderna reduziram a necessidade de algumas horas nos fazeres domésticos e liberaram tempo para o trabalho fora de casa.

A inserção feminina no mercado de trabalho ocorreu, mas com limitações. Em relação aos homens, mulheres têm menor taxa de participação no mercado de trabalho, recebem salários mais baixos e ainda há a dupla jornada de trabalho. Quando voltam para a casa, ainda têm que se dedicar à família e ao lar.

Essas dificuldades levam algumas pessoas a defender formas de compensação para as mulheres por meio de tratamento previdenciário diferenciado.

Já que as mulheres enfrentam dificuldades de inserção no mercado de trabalho, há de compensá-las por meio de uma aposentadoria em idade mais jovem.

A legislação brasileira incorpora essa ideia. Homens precisam de 35 anos de contribuição para se aposentar no INSS; mulheres, de 30.

No serviço público, que exige idade mínima, as mulheres podem se aposentar com cinco anos a menos de idade e tempo de contribuição que os homens.

Marcelo Abi-Ramia Caetano, *Folha de S. Paulo*, 21/12/2014.

QUESTÃO 01

O tema contido na pergunta que serve de título ao texto:

a) é defendido por uma opinião pessoal do autor.

b) é contestado legalmente no corpo do texto.

c) é visto como uma injustiça em relação ao homem.

d) é tido como legal, mas moralmente injusto.

e) é observado de forma técnica e legal.

QUESTÃO 02

"A questão acerca da aposentadoria das mulheres...". Assinale a opção que indica a expressão sublinhada que está corretamente grafada.

a) Há cerca de dez dias todos os políticos defendiam a aposentadoria.

b) As mulheres trabalham acerca de cinco anos menos que os homens.

c) A discussão na Câmara era a cerca da lei de aposentadoria.

d) Nada se discutiu a cerca da nova lei.

e) Estamos acerca de dez dias do final do ano.

QUESTÃO 03

A questão acerca da aposentadoria das mulheres em condições mais benéficas que aquelas concedidas aos homens suscita acalorados debates com posições não somente técnicas, mas também com muito juízo de valor de cada lado. Ao dizer que há "muito juízo de valor de cada lado", o autor do texto 1 diz que na discussão aparecem:

a) questões que envolvem valores da Previdência.

b) problemas que prejudicam economicamente os empregadores.

c) posicionamentos apoiados na maior experiência de vida.

d) opiniões de caráter pessoal.

e) questionamentos injustos e pouco inteligentes.

QUESTÃO 04

Dizer que as mulheres intensificaram sua participação no mercado de trabalho desde a segunda metade do século XX equivale a dizer que:

a) o trabalho feminino não existia antes dessa época.

b) a atividade de trabalho até essa época apelava para a força física.

c) as mulheres entraram no mercado de trabalho há pouco tempo.

d) os homens exploravam as mulheres até a época citada.

e) as famílias passaram a ter menos filhos desde o século XX.

QUESTÃO 05

"Há várias razões para isso." A forma do pronome demonstrativo sublinhado é justificada pelo fato de:

a) se referir a um fato futuro na progressão do texto.

b) fazer alusão a um acontecimento do momento.

c) localizar o tema como de autoria do interlocutor.

d) se prender a uma afirmação feita anteriormente.

e) realizar a seleção entre dois termos, destacando o mais distante.

QUESTÃO 06

"Mudanças culturais e jurídicas eliminaram restrições sem sentido no mundo contemporâneo: um dos maiores e mais antigos bancos do Brasil contratou sua primeira escriturária em 1969 e teve sua primeira gerente em 1984." Os exemplos citados nesse segmento do texto 1:

a) comprovam as mudanças citadas.

b) contrariam as modificações culturais e jurídicas.

c) demonstram o atraso cultural das mulheres.

d) indicam a permanência de determinadas restrições.

e) provam o despreparo das mulheres para o mercado de trabalho masculino.

QUESTÃO 07

Segundo o texto 9, a necessidade ou possibilidade de a mulher trabalhar se prende a diferentes motivos. As opções a seguir apresentam motivos presentes no texto, à exceção de uma. Assinale-a.

a) Aumento do tempo livre, em função da redução do número de filhos.

b) O desenvolvimento tecnológico, que auxilia nos trabalhos domésticos.

c) A manutenção dos filhos por mais tempo.

d) O desequilíbrio econômico da Previdência.

e) Os métodos contraceptivos, que limitam o número de filhos.

QUESTÃO 08

"Com isso, o custo de manter a família cresce e cria a necessidade de a mulher ter fonte de renda para o sustento da casa."

O segmento "para o sustento da casa" pode ser adequadamente substituído pela seguinte oração desenvolvida:

a) para sustentar a casa.

b) para que sustente a casa.

c) para que a casa fosse sustentada.

d) para a casa ser sustentada.

e) para que sustentem a casa.

QUESTÃO 09

O segmento do texto 1 em que o vocábulo "mais" pertence a uma classe diferente das demais é:

a) "A questão acerca da aposentadoria das mulheres em condições mais benéficas...".

b) "um dos maiores e mais antigos bancos do Brasil".

c) "Filhos estudam por mais tempo".

d) "recebem salários mais baixos".

e) "uma aposentadoria em idade mais jovem".

QUESTÃO 10

Assinale a opção que indica duas razões que mostram as limitações femininas no mercado de trabalho.

a) Dupla jornada de trabalho / tecnologia de apoio doméstico.

b) Tecnologia de apoio doméstico / necessidade de força física.

c) Necessidade de força física / interrupções legais do período de trabalho.

d) Interrupções legais do período de trabalho / salários mais baixos.

e) Salários mais baixos / dupla jornada de trabalho.

QUESTÃO 11

Segundo o texto, o que levaria a um tratamento diferenciado para as mulheres seria:

a) uma compensação masculina pela exploração anterior.

b) um reconhecimento de que o trabalho doméstico é pesado.

c) uma recompensa por sua atuação como mulher e mãe.

d) uma retribuição às maiores dificuldades de trabalho.

e) um pagamento por sua vida menos longa.

Se as mulheres enfrentam dupla jornada de trabalho, a forma eficiente de resolver o problema é por meio de mudanças culturais que tornem os homens mais ativos nos afazeres domésticos e por meio de boas creches e escolas que deixem as mães mais tranquilas com o cuidado dos filhos.

Não parece apropriada a ideia de que um problema de equidade do mercado de trabalho seja resolvido por uma saída antecipada deste mesmo mercado, mas, sim, por uma política efetiva de promoção de igualdade laboral entre homens e mulheres.

Alguém pode argumentar que mudanças culturais são difíceis de concretizar. São, mas não impossíveis. O leitor com mais de 40 anos deve se recordar que muitos consideravam os cintos de segurança como meros acessórios dos carros e que o cigarro reinava em propagandas, restaurantes, aviões e salas de aula das universidades.

QUESTÃO 12

"Se as mulheres enfrentam dupla jornada de trabalho, a forma eficiente de resolver o problema é por meio de mudanças culturais que tornem os homens mais ativos nos afazeres domésticos e por meio de boas creches e escolas que deixem as mães mais tranquilas com o cuidado dos filhos."

A substituição dos elementos sublinhados por outros de sentido equivalente só não é adequada em:

a) se / caso.

b) de / para.

c) por meio de / através de.

d) e / além de.

e) com / em companhia de.

TEXTO 10 (Concurso da Polícia Civil – Nível Médio-DF/2018)

UM POVO QUE ACOLHE E REJEITA

O clichê patriótico de que o Brasil é aberto e cordial não sobrevive a dez minutos de conversa com um desses imigrantes que aportaram no país nos últimos cinco anos. Quando a acolhida calorosa aos estrangeiros – que também existe, é claro – e a repulsa são postas em uma balança imaginária, o sentimento negativo é o que mais pesa no Brasil de hoje.

Xenofobia é o medo, a antipatia ou a desconfiança em relação a pessoas que vêm de fora do país. A xenofobia à brasileira, no entanto, tem peculiaridades únicas. Ao contrário do que ocorre em outras nações, não há, por aqui, pichações nos muros pedindo a saída dos imigrantes. Tampouco existem partidos políticos que incluam isso em seus programas de governo. Ataques violentos contra estrangeiros são raros e, quando ocorrem, (...) quase nunca são premeditados. (...). Manifestações xenófobas são esporádicas, fugazes e desorganizadas. Estão em pequenos gestos cotidianos que só os estrangeiros percebem. Tudo isso decorre de uma vantagem da miscigenação brasileira: a pouca importância que a questão étnica tem na sociedade. (...).

Talvez por isso a hospitalidade brasileira seja claramente seletiva. A rejeição a estrangeiros é maior em relação a pessoas de países pobres ou em desenvolvimento. Se esses imigrantes ou refugiados têm boa qualificação profissional e competem por vagas informais ou de salários baixos, a aversão é mais forte. (...) Por outro lado, quando os estrangeiros chegam de países desenvolvidos para ocupar vagas com bons salários, ganham a alcunha de "expatriados" e são recebidos com admiração. (...).

A recepção de estrangeiros com dois pesos, duas medidas não é novidade na história brasileira.

Ela apenas foi exacerbada pelas novas ondas migratórias, que começaram a ganhar volume em 2010, depois do terremoto que destruiu o Haiti. (...).

> Com reportagem de Luisa Bustamante e Luiza Queiroz Publicado em *VEJA* de 21 de fevereiro de 2018, edição n. 2570
>
> Site: https://veja.abril.com.br/revista-veja/um-povo-quea-colhe-e-rejeita/

QUESTÃO 01

Sobre o tema discutido no texto, é CORRETO afirmar que o posicionamento do autor é de que:

a) O tratamento conferido a estrangeiros pelos brasileiros, tende a levar em conta a condição socioeconômica e de origem dos imigrantes, e os que são oriundos de sociedades mais desenvolvidas são recepcionados de forma amistosa.

b) Os refugiados estrangeiros trazem consigo uma riqueza de cultura, por isso devem ser acolhidos com respeito, o que não ocorre com os migrantes de origem latina, em geral.

c) Os brasileiros são um povo hospitaleiro, por natureza, por isso não fazem distinção de cor, raça, desenvolvimento socioeconômico de origem do imigrante.

d) Tem uma forma particular de bem receber o imigrante que é favorecido por uma qualificação profissional, mesmo que advenha de países pobres.

e) A maneira hostil como o brasileiro, em geral, recepciona os estrangeiros é registrada tão somente na história recente da cultura brasileira.

QUESTÃO 02

O único trecho no qual NÃO se verifica uma avaliação e posicionamento do autor sobre o tema em debate é:

a) Quando a acolhida calorosa aos estrangeiros (...) e a repulsa são postas em uma balança imaginária, o sentimento negativo é o que mais pesa no Brasil de hoje.

b) A xenofobia à brasileira, no entanto, tem peculiaridades únicas.

c) Xenofobia é o medo, a antipatia ou a desconfiança em relação a pessoas que vêm de fora do país.

d) Talvez por isso a hospitalidade brasileira seja claramente seletiva.

e) A recepção de estrangeiros com dois pesos, duas medidas não é novidade na história brasileira.

QUESTÃO 03

O termo/palavra/expressão, entre parênteses, que substituiria a expressão marcada sem alteração do sentido para o texto, é:

a) Talvez por isso a hospitalidade brasileira seja claramente seletiva... (perfeitamente organizada).

b) A xenofobia à brasileira, no entanto, tem peculiaridades únicas. (observações).

c) O clichê patriótico de que o Brasil é aberto e cordial não sobrevive a dez minutos de conversa com um desses imigrantes que aportaram no país nos últimos cinco anos. (núcleo nacionalista).

d) Quando a acolhida calorosa aos estrangeiros – que também existe, é claro – e a repulsa são postas em uma balança imaginária, ... (indignação).

e) Manifestações xenófobas são esporádicas, fugazes e desorganizadas. (casuais, efêmeras).

QUESTÃO 04

Subentende-se uma relação de comparação marcada por recurso gramatical, em:

a) A xenofobia à brasileira, no entanto, tem peculiaridades únicas.

b) A rejeição a estrangeiros é maior em relação a pessoas de países pobres ou em desenvolvimento.

c) Ataques violentos contra estrangeiros são raros e, quando ocorrem, (...) quase nunca são premeditados. (...).

d) Manifestações xenófobas são esporádicas, fugazes e desorganizadas.

e) A recepção de estrangeiros com dois pesos, duas medidas não é novidade na história brasileira.

Trecho para a questão 05.

Xenofobia é o medo, a antipatia ou a desconfiança em relação a pessoas que vêm de fora do país. A xenofobia à brasileira, no entanto, tem peculiaridades únicas.

Ao contrário do que ocorre em outras nações, não há, por aqui, pichações nos muros pedindo a saída dos imigrantes. Tampouco existem partidos políticos que incluam isso em seus programas de governo. Ataques violentos contra estrangeiros são raros e, quando ocorrem, (...) quase nunca são premeditados.

QUESTÃO 05

Sobre as estruturas linguísticas é CORRETO o que se afirma em relação ao destaque no trecho:

a) A xenofobia à brasileira, no entanto, tem peculiaridades únicas. (Expressão inadequada para o contexto por tratar-se de linguagem de registro informal.)

b) ...não há, por aqui, pichações nos muros pedindo a saída dos imigrantes. (Inadequação gramatical, uma vez que a palavra marcada deveria figurar em sua forma de plural.)

c) Tampouco existem partidos políticos que incluam isso em seus programas de governo. (A palavra em destaque retoma, textualmente, a palavra pichações.)

d) A xenofobia à brasileira, no entanto, tem peculiaridades únicas. (A expressão marca oposição entre ideias, no texto.)

e) Ataques violentos contra estrangeiros são raros e, quando ocorrem, (...) quase nunca são premeditados. (Palavra inadequada observando-se a regência requerida por Ataques violentos, de forma que a sua correção seria mantida se, em vez de contra, fosse usada a palavra de.)

QUESTÃO 06

Marque a opção em que se estabelece uma relação de CONDIÇÃO entre a oração em destaque e a sua principal.

a) Quando a acolhida calorosa aos estrangeiros (...) e a repulsa são postas em uma balança imaginária, o sentimento negativo é o que mais pesa no Brasil de hoje.

b) ...quando os estrangeiros chegam de países desenvolvidos para ocupar vagas com bons salários, ganham a alcunha de "expatriados"...

c) Tampouco existem partidos políticos que incluam isso em seus programas de governo.

d) Se esses imigrantes ou refugiados têm boa qualificação profissional (...) a aversão é mais forte.

e) Ela apenas foi exacerbada pelas novas ondas migratórias, que começaram a ganhar volume em 2010,...

Texto II (Para as questões de 07 a 10).

Como planejar uma vida próspera tempo não é a mesma coisa que dinheiro. São riquezas distintas, que, somadas e bem usadas, dão novo sentido ao conceito de prosperidade. É a utilidade que damos a nosso tempo e a nosso dinheiro que nos faz mais ricos. Tempo bem usado pode nos fazer ganhar mais dinheiro. Tempo mal aproveitado pode custar muito dinheiro, enquanto uma boa dedicação de tempo ao nosso corpo e à nossa mente pode gerar benefícios, sem necessariamente custar algo.

Para muitos dos que sentem falta de mais tempo ou de dinheiro, o que falta é organização pessoal para definir como querem gastar seu tempo e seu dinheiro, para conseguir mais realização pessoal.

(...)

Para ter mais tempo e mais dinheiro, é preciso sair de seus limites atuais e aceitar desconfortos temporários, típicos de momentos de adaptação. Usar melhor seu tempo é literalmente aproveitar a vida. Não como se fosse seu último dia, mas como se fosse o primeiro dia de hábitos mais equilibrados para viver.

Uma boa forma de usar o tempo é fazer planos para uma agenda mais disciplinada, visando ter mais tempo para atividades que interessam. Paralelamente, devemos planejar também um uso mais inteligente do dinheiro, para que sobrem recursos para o que interessa.

Com mais tempo e dinheiro à disposição, estão reunidos os ingredientes necessários para a prosperidade. Uma escolha racional é investir parte desse tempo e desse dinheiro em cursos de aperfeiçoamento profissional. Outra parte pode ser investida em qualidade de vida e em atividades apaixonantes, que tragam bem-estar.

Alguém apaixonado sempre atrai novas oportunidades, se destaca do grupo, é promovido primeiro, é celebrado quando volta de férias, é convidado para ser padrinho ou madrinha e para ser companhia em momentos prazerosos.

Quanto melhor vivemos, mais motivos surgem para vivermos bem. A prosperidade é um ciclo que se retroalimenta. O importante é decidir fazer parte dele.

(https://epoca.globo.com/colunas-e-blogs/gustavo-cerbasi/noticia/2014/12/como-planejar-uma-bvida-prosperab.html -

GUSTAVO CERBASI. 29/12/2014 - 08h00 - Atualizado 26/10/2016 15h17)

QUESTÃO 07

"Tempo" e "dinheiro", tal como concebidos no texto, constituem:

a) Uma busca constante e inatingível para a maioria das pessoas em virtude do desconhecimento das regras básicas envolvidas na forma como gastam o tempo disponível.

b) Valores que, se bem administrados, são úteis para o bem-estar do homem e da sua prosperidade, mas isso só é aproveitado quando em idade mais avançada.

c) Finalidade maior para as atividades que agregam bem-estar à vida do homem, desde o seu nascimento.

d) Meios que podem concorrer para que seja viabilizada a felicidade, desde que sejam feitos os cálculos necessários à maneira de como gastá-los.

e) Riquezas importantes para o conforto do homem e, consequentemente, para que ele conquiste uma vida melhor, já que se configuram em prosperidade.

Confira no texto as palavras marcadas em I, II, III e IV, a seguir. Releia e analise cada um deles e responda a questão 8.

I. ... **para** conseguir mais realização pessoal.

II. ...**para** que sobrem recursos...

III. **Para** muitos dos que sentem falta de mais tempo ou de dinheiro,...

IV. **Para** ter mais tempo e mais dinheiro,...

QUESTÃO 08

A palavra em destaque presta-se à mesma função sintático-semântica em:

a) II, III e IV.

b) I, II e IV.

c) I, II e III.

d) I e IV, apenas

e) III e IV, apenas

QUESTÃO 09

Responder à questão 09 considerando o excerto abaixo:

Alguém apaixonado sempre atrai novas oportunidades, se destaca do grupo, é promovido primeiro, é celebrado quando volta de férias, é convidado para ser padrinho ou madrinha e para ser companhia em momentos prazerosos.

Quanto melhor vivemos, mais motivos surgem para vivermos bem. A prosperidade é um ciclo que se retroalimenta. O importante é decidir fazer parte dele.

Em: "O importante é decidir fazer parte dele.", a palavra **dele** retoma, textualmente:

a) ciclo.

b) Alguém.

c) padrinho.

d) grupo.

e) apaixonado.

QUESTÃO 10

Todos os segmentos oracionais em destaque nas opções abaixo constituem complementos verbais. Entretanto, no que se refere à natureza da vinculação entre verbo e seu complemento, apenas um deles difere dos demais. Assinale-o:

a) ...para definir como querem gastar seu tempo e seu dinheiro,...

b) ...é preciso sair de seus limites atuais e aceitar desconfortos temporários,...

c) ...somadas e bem usadas, dão novo sentido ao conceito de prosperidade.

d) Tempo bem usado pode nos fazer ganhar mais dinheiro.

e) Alguém apaixonado sempre atrai novas oportunidades,...

GABARITO

Texto 1

1 – A
2 – C
3 – E
4 – D
5 – E
6 – E
7 – E
8 – C
9 – E
10 – C
11 – B

Texto 2

1 – B
2 – A
3 – A

Texto 3

1 – D
2 – C
3 – B
4 – B
5 – B
6 – D
7 – A
8 – D
9 – C
10 – D

Texto 4

1 – C
2 – D
3 – B

4 – D
5 – C
6 – E
7 – C

Texto 5

1 – C
2 – A
3 – D
4 – B
5 – A
6 – B
7 – C

Texto 6

1 – B
2 – E
3 – E
4 – D
5 – C
6 – D

Texto 7

1 – A
2 – B
3 – B
4 – D
5 – E

Texto 8

1 – C
2 – D
3 – B

Texto 9

1 – E
2 – A
3 – D
4 – C
5 – D
6 – A
7 – D
8 – B
9 – C
10 – E
11 – C
12 – E

Texto 10

1 – B
2 – D
3 – A
4 – D
5 – C
6 – E
7 – B
8 – D
9 – B
10 – D

Referências

ALMEIDA, A.F. & ALMEIDA, V.S.R. *Português básico*: gramática, redação, textos. 4. ed. São Paulo: Atlas, 1999.

ANDRÉ, H.A. *Gramática ilustrada*. São Paulo: Moderna, 1997.

AQUINO, R. *Redação para concursos*. 3. ed. Niterói: Impetus, 2003.

_____. Interpretação de texto. Rio de Janeiro: Impetus, 2003.

BEZERRA, R. *Nova gramática da Língua Portuguesa para concursos*. 5. ed. São Paulo: Método, 2011.

BRASIL/Presidência da República/Gilmar Ferreira Mendes. *Manual de redação da Presidência da República*. Brasília: [s.e.], 1991.

CADORE, L.A. *Curso prático de Português*: literatura, gramática, redação. São Paulo: Ática, 1996.

CÂMARA JR. J.M. *Dicionário de Filologia e Gramática*. Rio de Janeiro: Iozon, [s.d.].

CEGALLA, D.P. *Novíssima gramática da Língua Portuguesa*. São Paulo: Companhia Editora Nacional, 1992.

COUTINHO, I.L. *Gramática histórica*. Rio de Janeiro: Livraria Acadêmica, [s.d.].

DE ALMEIDA, N.M. *Dicionário de Questões Vernáculas*. São Paulo: Caminho Suave, 1981.

Estudo de Língua Portuguesa: gramática. São Paulo: Moderna, 1985.

FARACO & MOURA. *Língua e literatura*. Vol. 3. São Paulo: Ática, [s.d.].

FERREIRA, A.B.H. *Novo Dicionário Aurélio da Língua Portuguesa*. 4. ed. atualizada conforme o Novo Acordo da Língua Portuguesa. Curitiba: Positivo, 2009 [com CD].

FERREIRA, M. *Aprender e praticar gramática*. São Paulo: FTD.

GARCIA, O.M. [Othon Moacyr]. *Comunicação em prosa moderna* [1912]. 22. ed. Rio de Janeiro: FGV, 2002.

GIACOMOZZI GÍLIO, G.V. & FENGA, C.R. *Descobrindo a gramática*. São Paulo: FTD, 1992.

INFANTE, U. & NICOLA, J. *Gramática contemporânea da Língua Portuguesa*. São Paulo: Scipione, [s.d.].

LUFT, C.P. *Moderna gramática brasileira*. Porto Alegre: Globo, 2002.

PAIVA, M. *Português instrumental*. Brasília: Fortium, 2006.

PEREIRA, G.C. *A palavra expressão e criatividade*. São Paulo: Moderna, 1997.

PIMENTEL, E. et al. *Língua Portuguesa*. Brasília: Vestcon.

PORTELLA, M. *Português para concursos*. 2. ed. Rio de Janeiro: Ferreira, 2009.

SANTOS, A.P.A. *Manual de Gramática do TRF 1ª Região:* estilística, dificuldades. Brasília: Poder Judiciário, [s.d.].

SAVIOLI, F.P. *Gramática em 44 lições*. São Paulo: Ática, 1983.

SILVA NETO, S. *História da Língua Portuguesa*. Rio de Janeiro: Livros de Portugal, 1970.

SILVEIRA MARTINS, D. & ZILBERKNOP, N.S. *Português instrumental*. Porto Alegre: Prodil, 1978.

SPADOTO & PASCHOALIN. *Teoria e exercícios:* gramática. São Paulo: FTD, 1996.

TERRA, E. & NICOLA, J. *Gramática e literatura*. São Paulo: Scipione, 1994.

TUFANO, D. *Estudos de redação*. São Paulo: Moderna, [s.d.].

Vocabulário Ortográfico da Língua Portuguesa. 5. ed. São Paulo: Global, 2009.

LEIA TAMBÉM:

Escrever, ler e aprender
na universidade

Uma introdução à alfabetização acadêmica

Paula Carlino

Esse livro não propõe incluir o ensino da leitura e da escrita nas matérias apenas porque os estudantes chegam malformados e nem pelo interesse em contribuir para desenvolver as habilidades discursivas dos universitários como um fim em si mesmo. Pelo contrário, pretende integrar a produção e a análise de textos no ensino de todas as disciplinas porque ler e escrever fazem parte da prática profissional acadêmica dos graduandos que esperamos formar e porque elaborar e compreender escritos são os meios inconfundíveis para aprender os conteúdos conceituais das disciplinas que esses alunos também devem conhecer.

Sendo assim, esse livro foi pensado para os professores de qualquer disciplina da educação superior, para os membros da gestão das universidades, os que possuem poder de decisão sobre os planos de estudo e são responsáveis por organizar a carreira docente e planejar ações de desenvolvimento profissional para os professores.

Paula Carlino é PhD em Psicologia pela Universidade Autônoma de Madri, pesquisadora do Conselho Nacional de Investigação Científica e Técnica (Conicet), Argentina. É autora de diversas obras sobre a formação de leitores e escritores.

Dinâmicas e jogos para aulas de língua portuguesa

Solimar Silva e Sara Costa

Este livro foi elaborado como recurso para a preparação de atividades criativas de revisão e fixação de conteúdo, de forma que os alunos possam absorver melhor as lições ensinadas nas aulas de Língua Portuguesa. As atividades propostas ao longo do livro abrangem jogos de quadro, de tabuleiro, de cartas e jogos de desafios variados para serem realizados em sala de aula sem precisar de recursos dispendiosos.

Solimar Silva é doutora em Linguística Aplicada pela UFRJ, mestra em Letras pela PUC-Rio, professora do Curso de Letras da Universidade do Grande Rio e no Ensino Fundamental pela SME/Duque de Caxias. É professora de Português e Inglês na Educação Básica por mais de vinte anos. Autora dos livros: *Dinâmicas e jogos para aulas de idiomas*; *Oficina de escrita criativa – escrevendo em sala de aula e publicando na web*; *50 atitudes do professor de sucesso*; *Histórias para encantar e desenvolver valores* (todos pela Editora Vozes). Escreveu também os infantis, *Mamãe foi trabalhar* (Escrita Fina) e *O hino nacional é legal!* (Autografia), sendo este último fruto de financiamento coletivo, tendo a primeira tiragem feita para distribuição gratuita a escolas públicas e particulares.

Sara Costa é técnica em informática e apaixonada pela língua portuguesa desde os seus primeiros anos na escola. Por isso, optou pela carreira de professora. Atualmente faz o curso de licenciatura em Letras Português-Inglês, tendo em vista especializar-se em Língua Portuguesa.

Conecte-se conosco:

 facebook.com/editoravozes

 @editoravozes

 @editora_vozes

 youtube.com/editoravozes

 +55 24 2233-9033

www.vozes.com.br

Conheça nossas lojas:
www.livrariavozes.com.br

Belo Horizonte – Brasília – Campinas – Cuiabá – Curitiba
Fortaleza – Juiz de Fora – Petrópolis – Recife – São Paulo

EDITORA VOZES LTDA.
Rua Frei Luís, 100 – Centro – Cep 25689-900 – Petrópolis, RJ
Tel.: (24) 2233-9000 – E-mail: vendas@vozes.com.br